科文证券点金丛书

新B股投资解码

中国B股市场研究组　编

光 明 日 报 出 版 社

科文(香港)出版有限公司

图书在版编目(CIP)数据

新B股投资解码/中国B股市场研究组编 .—北京:光明日报出版社,2001.4(科文工商管理经典文件)

ISBN 7-80145-394-8

Ⅰ.新… Ⅱ.中… Ⅲ.股票—证券交易—中国Ⅳ.F832.51

中国版本图书馆CIP数据核字(2001)第15143号

光明日报出版社
科文(香港)出版有限公司 出版发行

北京永安路106号

邮政编码:100050 电话:63184197

北京科文剑桥图书有限公司承销

北京安定门外大街208号三利大厦四层

邮政编码:100011 电话:64203023 购书网址:www.dangdang.com

※

开本850×1168 1/32 印张12.5 字数250千字

2001年4月第1版 2001年4月第1次印刷

定价:24.00元

中国B股市场研究组

组长：孙智飞

成员：向　伟　刘长新　于景林

政伟南　官成昊　王锦鹏

前　言

2001年2月19日，B股市场开放政策的公之于众，如同一颗重磅炸弹令2001年原本动荡不安的中国证券市场再次掀起轩然大波。一时间，B股成了坊间最热闹的话题。在B股相对低价格、低水平市盈率的诱惑下，国内投资者对B股市场心驰神往，试图通过各种渠道将手中人民币兑成外汇进而抢滩B股市场的境内投资者大有人在。同时，各大券商也纷纷推波助澜，展开争夺B股经纪的广告大战，顿时B股市场被塑造成了令人垂涎欲滴的美味馅饼形象。B股市场开放给境内投资者带来的机遇真的如此诱人吗？对A股股市乃至整个中国证券市场究竟会带来什么样的实质性影响？B股的上扬空间还有多少？28日复盘后，无量涨停5个交易日，随后沪市首先步入下跌行情，B股的蜜月匆匆而过，风险渐渐增大。但无论怎样，B股仍旧是万目瞩视的焦点，2001年B股将会有番无可估量的作为。

B股的正式名称是人民币特种股票。它是以人民币标明面值，以美元(上海)或港币(深圳)认购和买卖，在上海、深圳证券交易所上市交易的股票。以前，其投资人仅限于外国的、香港、澳门、台湾地区的自然人、法人和其他组织，定居在国外的中国公民，中国证监会规定的其他投资人。在A股解决了企业境内融资情况下，B股市场的设立主要为那些没有境外上市基础的企业建立起一个在境内市场对境外投资者融资的特殊市场。自1992年2月，上海真空B股在沪发行上市、深南玻B在深发行上市，宣告我国B股市场的诞生以来，与火热的A股市场截然不同的是，B股市场交投清淡，人气低迷，从而使得新股发行难、老股配股难，筹资渠道基本阻塞，最后市场规模无法扩大，公司质量无法提高，市场只能变得更冷清。整个市场在近10年的时间里一直涨少跌多，A股大涨B股小涨，A股小跌B股大跌，大多数股票跌破面值，一种极度悲观的气氛弥漫市场。1999年开始，管理层先后出台一系列政策开始加大对B股市场的扶持力度，如将B股的交易印花税由4‰降低至3‰，证监会取消对发行B股的企业所有制的限制，取消B股发行的审核预选制，发布关于公募增发的暂行办法等等。

政策上的朦胧利好带来了B股市场的回暖。从2000年起，深沪两市B股指数纷纷上涨，虽然在短期利空时出现回调，但是很快就以证监会周小川主席的讲话而结束，继而形成一个完整的上升通道。全年B股指数涨幅超过A股，沪市B指涨幅达136%。中国的B股市场成为全球最牛气的股票市场。

与此同时，大量的国内投资者通过各种间接的渠道投资B股市场。实际上，B股投资者中绝大部分已经成为国内的投资者。从这种意义上说，允许境内投资者投资B股，已是既无理论障碍，亦有实际基础了。2001年2月20日，向国内投资者开放B股市场的政策公布之后，B股市场的价值凸现。以价格最高的上海B股东信B为例，其19日收盘1.03美元，以1:8.27汇率计，合人民币8.52元，而同是东方电信的

A股价格却高达25.25元，相差近3倍，如此大的价格差，使得市值几乎必然地要翻上几番。

而对于场外的投资者，其吸引力亦无法阻挡。20日，各大营业部就不断接到咨询电话，B股开户人数也大增。而另一方面，国内身份证办理B股开户的具体细则还没有出台，暂时无法办理，许多券商就抢先推出了B股股东卡办理、开户预约服务，即等到股东卡办理细则出台以后，预约的客户可以先行办理。在银行里出现了戏剧性的场面：在一些没有和开展B股业务券商有银证合作的银行里，其营业部取外汇的人络绎不绝，而在那些有合作业务的银行里，外汇却是只进不出。

种种狂热现象表明，中国千千万万的老百姓已被B股市场背后蕴藏着的巨大财富刺激得热血沸腾，不能自已。可面对着这个热得烫手的“金娃娃”，许多人都因其须用外汇购买而觉得遥不可及，无从下手。更多的投资者即使入市后，仍旧对B股有关情况懵懂不清。为了让众多的老百姓能够走近B股，快速入门，并游刃有余地挖到B股第一桶金、第二桶金，我们这个由众多专家学者组成的中国B股证券市场研究小组，将多年致力于B股市场的研究成果，以及对目前我国B股市场发展的诸多感悟精心整理，汇集成册，以飨读者。

本书打开了一幅B股市场由来和发展历程的历史画卷，介绍给初入市者便捷进入B股投资市场的方方面面，系统清晰地展示投资B股市场的种种风险，从宏观层面和微观层面细致分析了投资B股的不同技巧。为了方便投资者全面把握市场动脉，本书还汇集了有关政策的评析和权威专家对市场的诊断。在本书附录中，汇集了沪深两市上市公司资料、一些重要政策法规的全文以及助你成功的个股操作指导汇编，以期读者能够“胸有成竹”，而致“游刃有余”。

如果您是刚刚进入B股市场的新股民，本书将陪伴您完成从充满期望的初入市者演变为成熟理财投资者的全过程，并与您共同发掘B股世界的魅力！

如果您已经在B股市场打拼多年，本书将为您提供最前沿、最实用的炒股技巧和权威专业人士的市场预测，我们将与您共享翱翔B股天地的成功！

希望本书能和你一起在B股海洋中扬帆破浪，走向辉煌！

目　录

第二部分　快速迎战入门篇

第三部分 B股市场任我行

第四部分 工欲善其事,必先"知风险"

第五部分　游刃有余搏技巧

第六部分　众说纷纭评B股

第七部分　B股市场政策大透析

结束语

附录

第一部分

真真切切看B股

B股“开闸”后的日日夜夜

2001年2月19日，经国务院批准，中国证监会决定，允许境内居民以合法持有的外汇开立B股账号，交易B股股票。下午，B股市场全线停盘，随即而来的一场大风暴正在悄悄地酝酿。

22日，中国证监会和国家外汇管理局就境内居民个人投资上市外资股问题做出具体规定。宣布2001年2月26日是境内居民办理外汇资金划转和开户的第一天。在中国即将加入WTO的背景下，作为中国证券市场走向国际化的重要一步，B股市场的开放是中国证券市场发展中一个重要的里程碑。

28日，经过漫长的9天停盘、技术调整，B股市场全面向境内居民开放，恢复交易。股民的投资热情高涨。为了抢先购入B股，许多股民通宵达旦在证券公司门口排起长龙。正如市场所预料的那样，B股市场在这一天，出现无量空涨的走势。开盘以后，B股成交量萎缩，不到1小时，全线进入涨停趋势，并一直保持到下午三时交易结束。上证B股指数收报91.42点，上升8.22点，平均涨幅9.88%，成交量只有75万美元。深圳B股指数收报1 040.09点，上升12.37点，平均涨幅9.69%，成交量只有112万港元。整个交易日，深沪114只B股竟有约⅔没有成交或只有一两手的象征性成交。两市B股均出现“有价无市”的行情。众多新近开户的投资者只能望而兴叹。

3月1日，B股市场继续全线涨停，由于B股市交易系统2次测试失败，早盘继续上演无量飙涨的走势，几乎没有卖盘，只有10档个股成交，使得B股今后走势埋下更不确定性因素，市场预测中国政府在此后1到2天有更新的动作来合理稳定股市。在上海等证券经营机构较为集中的城市，办理资金划转和开立B股账户的投资者继续在银行和证券营业部门口长队等候。由于开立B股账户只能使用美元或港币，各银行的外汇交易呈现出活跃态势。两天来，沪深B股新增开户数超过了过去八年的总和。来自上证中央登记结算公司的统计显示，深沪B股两天内的新开户数已超过34万户，而此前十年内全国B股总开户数只有28万多户，出现了两天大于十年的新奇景观。

2日，深沪B指继续涨停，但成交量已经有所增加，成交约2220万，市场估计一些境外法人重仓所持B股，甚至一些流通盘大的B股有可能出现涨停板松动。当日上证B股指数收报110.40点，平均涨幅9.87%，深圳B股指数收报1 132.22点，平均涨幅9.36%。

3日、4日逢周末休市。证券机构和股民却没有休息，各地的B股讲座培训如火如荼。

5日，是B股重新开市交易的第四个交易日，全线涨停的壮观场面再次出现，不过成交量增加到深市1.23亿元，沪市5.83亿元，均超过过去三天的总成交量。退潮迹象已较为明显，部分股盘的抛盘也悄悄来临。早盘开市不久，轻骑B股的涨停板还一度被打开，说明经过连续的无量涨停，部分人士的获利已相当丰厚，兑现B股获利的可能性也越来越大。沪市的轻骑B股和深市的深赛格B更是创下了上市以来的最大换手，分别为16%和5%。

6日，沪市成交额高达8亿多美元，相当于人民币70多亿，很显然场内机构在大规模套现，在极大利好刺激下承接力仍然很踊跃。沪市出现涨停板打开个股，而深圳B股继续全线涨停。但是一旦上海B股整体出现调整，深圳B股也应会有所动作。

7日，沪深B股市场惊心动魄，多空双方进入肉搏战，最终多头损失惨重，从涨停到下跌的个股比比皆是，很多高位追进的投资者当天就损失20%，而且B股市场阴云密布，投资者心情很沉重，不知B股市场还有没有机会？当天，报上刊出两条有关B股的消息，B股在经过了连续五个涨停后，遭遇了周小川主席“A、B股在5～10年内不合并”和梁定邦“B股难进难出”两大棒打压，为B股发出降温信号。

8日，股市开市不久，B股交易量仍然在不断上涨，而各股股价多有不同程度的下挫。但两市B股震荡趋缓，再也没有出现前一日疯狂跌停的局面，深市共有9只股票涨停，沪市则只有东贝1只涨停，显示个股明显分化。B股股市在3月6日涨停板打开之后，伴随着各股成交量的放大，大部分股票价格呈现下跌趋势，这预示着前一阶段无量上涨行情的结束。短线探底基本结束，后市将进一步向理性回归。

步履蹒跚的B股成长路——九个春秋七年低迷

世界瞩目的新生儿：昙花一现的短暂辉煌(1992年2月～1992年7月)

1992年2月21日9:30分，是个值得纪念的时刻。随着“黄马夹”敲响锣声，上海证券交易所交易大厅准时开盘，中国第一只B股电真空B股以71美元开盘，以88.50美元

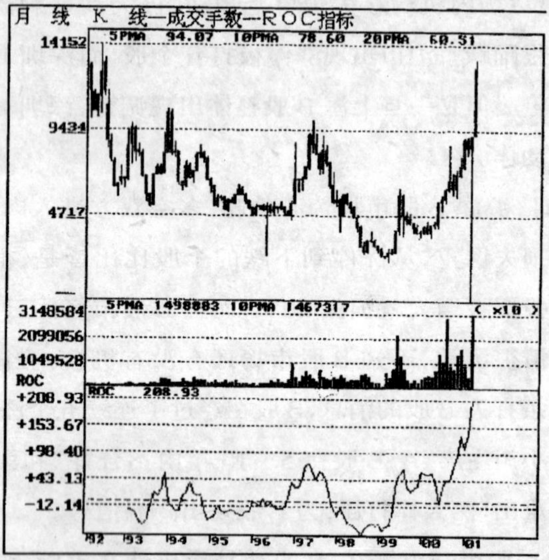

上证B股历史走势(1992年~2001年3月)

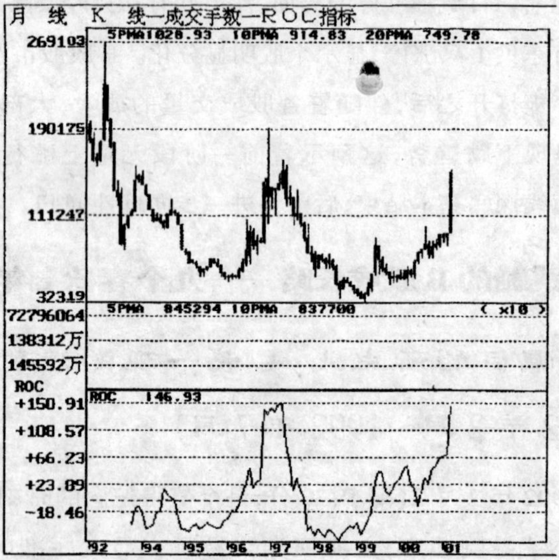

深证B股历史走势(1992年~2001年3月)

报收，全日成交金额达 297 978 美元。自此，中国新的外币股票市场形成，我国 B 股市场的产生，这也表明中国吸引外资走向新的阶段。从这一天起，在人民币无法自由兑换的前提下，中国企业在家门口就能从资本市场获取外汇。从此诞生了在境内设立的、以外币为计价单位、专门为境外投资者投资境内公司而设立的 B 股市场。

沪深两市 B 股指数均从 100 点起步，市场创建之初，由于上市少，上市的股票"物以稀为贵"而受到投资者的追捧。最典型的是真空 B 股的上市之初有行无市，买进盘大大超过卖出盘。21 日沪市 B 股指数开盘为 129.86 点，在真空电子 B 股的带领下，股价一路扶摇直上，涨幅一度超过发行价的 50%，沪市 B 股指数创下历史上的最高点 140.85，深市 B 股指数则攀升至历史次高位 186 点。其后，由于在境外一举发行了 8 家 B 股，二级市场骤然降温，沪市 B 股指数一路跌至 50.01 点，跌幅达 59%。B 股历史上短暂的辉煌期，只有四个月时间。这段时间里，B 股市场主要表现为：境外投资者热情高；个股交易品种少；新股发行价格高；股价走势波动幅度大。

长达七年的低迷萧条（1992 年 7 月～1999 年 2 月）

此阶段是 B 股市场持续最长、最有影响的一个阶段，又可分为三个次级运行阶段：

第一阶段是 1992 年 6 月至 1993 年 10 月，共计 16 个月。随着一级市场扩容速度的加快，二级市场出现大幅回调，沪市 B 指猛跌至 50.01 点。此时，B 股市场由热转冷，成交稀落,1993年1～10月份在周边、尤其是香港市场劲升的影响下,两市B股又开始一路走高,两市B股联袂攀升,并于当年年底沪市突破百点大关,报收于103.15点,涨幅高达98%,深市B股指数年底报收141.3点。但月均成交量仅为0.77亿股,股指在51～105点间大幅波动。

第二阶段是1993年11月至1996年10月,共计36个月。此时,我国开始实施宏观调控,全球股市出现低迷。在港股走低的影响下,B股震荡滑落,回抽无力,B股指数从105点跌至47点,不过成交量却随着上市公司增至85家而跃上一个新台阶。1996年6月开始,深市B股突然火爆,创下了201.86点的历史最高记录;沪市在联动效应下也走出当年内新高87.12点,后虽有回调但仍收于67.03点。据统计,此阶段月均成交量上升至1.75亿股,较1993年1～10月的月均量增长了127%。

第三阶段是从1996年11月至1999年2月,共计28个月。在本次级阶段,在关于打击过度投机舆论影响下,市场出现回调。B股指数于1997年上半年出现了一次中级反弹行情,但是随后受东南亚经济危机严重冲击,跌势更猛,B股指在反弹后继续下挫,1997年底沪深两市分别以55.88点和98.86点收盘。股指从此在下降通道中运行,熊市的特征得以确立。从1997年8月底开始,直至1999年的3月10日,历时一年半,其中虽然有所反弹,但是都无力上行,反而每一次反弹都成了资金出逃的机会。并于1999年3月份创下了21.24点的历史最低记录,几乎所有的B股都跌破了发行价,且股价低于净资产值,市场一派凄惨,境外投资者纷纷挥泪离场,并且时时传言四起,人心惶惶。香港《信报》甚至断言中国B股市场已失去存在价值，建议取消B股市场。但值得注意的是，此时B股成交量却不跌反增，继续上升，并再次跨上了一个新台阶，此阶段月均成交量上升至3.84亿股，较第二次级阶段增加了120%。国内经济形势受特大水灾影响处于最低谷；亚洲金融危机未见好转，日本、俄罗斯经济金融形势的动荡等周边环境的恶化造成了海外券商恐慌性抛售；B股中报业绩普遍不佳；虽然有关方面对B股市场的状况也颇为关注，但由于没有具体举措出台，投资者看淡倾向更加严重。

恢复性的回转上升

(1999年3月～2001年2月)

"山重水复疑无路，柳暗花明又一村"是1999年中国B股市场的真实写照。1999年3月上旬B股市场虽然创下开市8年来的历史低点，但3月的成交额却放大到1.03亿美元，创下过去12个月来的成交金额高点。1999年前十个月的成交金额达256.71亿元，是1998全年126.53亿元交易额的两倍，这种严重的量价背离预示着历史底部的来临。1999年3月以后，B股市场运行开始发生转变，B股指数在历史的最低点21点起步后，逐步回升，目前已走出两个上升波：第一波是从21.24点上升到62.56点，第二波是从35.21点上升到90.51点。本阶段B股上市公司增加到114家，市场信心指数迅速上升，入市交易的投资者队伍迅速扩大，市场交易日渐活跃，B股市场的交易量不断创出历史新高。到2000年12月份，沪B股指数已突破原始下降通道。4月的走势对3月份的底部反弹略做调整，但成交金额仍达1.11亿美元，保持稳定，量在价先，这可能预示着B股市场离春天已经不远了。

1999年5月，追随A股市场5.19行情的爆发，B股市场也爆发了一轮井喷行情。5月成交1.78亿美元，月涨幅43.86%。6月更是大涨51.4%，收盘58.6点，创下过去16个月来的高点，成交金额高达6.54亿美元，创下过去43个月来的高点。

7月开始B股市场进入调整期，本次行情从2月的收盘指数24.4点到6月的58.6点共上涨34.2点，根据一般经验，对于本次行情的调整目标位可以按照0.618的调整幅度来估算，在37.5点附近。10月份沪市B股最低探到37.8点，收盘40.4点，成交金额萎缩至0.74亿美元，标志着调整已经基本到位。

到了12月15日，上海证券交易所有关负责人宣布，调整B股交易结算费用，降低交易成本。自2001年1月1日起，B股交易佣金由成交额的0.6%降至0.43%，取消交易的起点佣金，将清算费与过户费合并为按成交金额计算的“结算费”，结算费率为成交金额的0.05%。交易经手费和证管费不作调整，仍分别按成交金额的0.0255%和0.0045%收取。与此同时，上交所还分批推出促进B股市场健康发展的其他措施。这些措施包括：推行B股无形席位，提高交易效率，B股境内证券商可在场内保留一个有形席位的前提下，将其余B股席位改为无形席位，B股海外代理商可自行决定是否采用无形席位。B股无形席位将在认真测试的基础上自即日起分批试运行；全面开通B股即时成交回报，自即日起，B股券商可根据自身业务的需要，提出开通B股即时成交回报的申请;缩小申报价位的最小变动单位,提高成交率。自2001年1月1日起,B股申报价位的最小变动幅度将由目前的0.002美元调整为0.001美元;改进资讯,强化B股市场信息与宣传。上交所将在现有外部网中,增加B股市场业务指南、B股市场信息等内容,改进投资者服务栏目,尽快推出英文版,并做好B股市场的海外推介等。

推动本阶段B股市场由弱转强有五个主要因素:一是物极必反的运行规律;二是“A、B股并轨说”解除了B股市场上长期以来有关存续问题的系统性风险;三是转配股这一历史遗留问题的妥善解决,使投资者看到了政府在处理历史遗留问题时会充分考虑市场参与者利益;四是B股市场运行机制的改革,提高了B股市场的运行效率;五是B股市场中的制度创新,如允许B股公司的法人股流通,允许B股公司增发新股,解决了B股公司的融资问题等。

由于中国大陆B股市场持续发烧,四年前受到亚洲金融危机影响,撤离B股市场的外资,大呈再度重回中国大陆股市趋势。近日上海证券交易所外资券商的席位出现明显买单,外资资金不断加码进入股市:如里昂证券已汇入五千万美元,针对B股市场进行操作,另二千万美元的外资资金,也已透过大陆本土券商进行买卖;而华东、华南的台商则紧跟在后,撤离台湾股市大量资金转战大陆B股市场。由于近几个月来,台湾股市表现不佳,许多华东、华南的台商纷纷将在台湾股市的资金撤离,转战投入到上海、深圳B股市场,准备好好大赚一把。据了解,不少近日组团到大陆访问的台湾工商团体,频频向当地券商询问B股市场最新动态与个股,这些台湾股市大户也纷纷表示要投入大陆股市。

据了解,2000 年以来,上海 B 股市场指数涨幅已高达八成,深圳 B 股也达五成。近四年来,大陆的投资者通过各种方式反而成为专供外资交易的 B 股市场上的主力。不过,B 股市场出现明显的外资买单,并非出自“假外资”之手,而是来自真外资。

B 股市场特征

总的来讲,B 股市场是一个小规模市场或者说是“蚊形”市场,这种小规模包括两个方面:第一,市场规模小;第二,投资者数量少,而且基础狭窄。

一级市场

发行速度十分缓慢。B 股发行大致经历了由额度配给制到申报审批制、由深沪两市分头审批到证监会集中审批的过程,发行监管力度日益加强。但是,发行情况总的来讲不如人意。目前深沪两市共发行 B 股 114 家,相当每年平均只有 14 家左右,其中 1994 年最少,仅为 5 家。原国务院证券委曾于 1997 年 1 月 8 日和 1998 年 2 月 10 日先后公布了 33 家和 18 家 B 股预选企业的名单,表明了政府进一步扩大 B 股市场规模的决心,但由于市场过于低迷,发行速度十分缓慢,至今仍有相当数量的预选企业未能完成工作,部分企业已明确表示放弃发行 B 股的计划。

发行市盈率总体偏低。92 年初创时期,B 股市场的发行市盈率在 10 倍以上;1994~1995 年只有 6 倍左右;1997 年略有提高,在 7~11 倍左右;1998 年上半年发行的 5 只 B 股中有 4 只发行市盈率在 7 倍以下,均明显低于 A 股市场水平。

发行市盈率偏低不仅影响了发行企业的合理定价，而且也使二级市场的投资风险凸现。

B股投资者地区分布狭窄、类型固定单一。从种类上看，B股投资者大致可分为四类：第一类是专门投资H股、红筹股以及B股基金的机构投资者。这类投资者的数量和规模都有限。目前，只有英国商联保险集团于1997年底设立了专门投资于中国B股市场的中国指数基金，启动资金仅为1 300亿美元。第二类是境外券商的长期客户。这类客户认购B股并不是专做B股买卖，一般是为了保持其投资组合的平衡。第三类是港澳地区的广大中资企业。第四类则是无法统计的零星散户，这些散户投资额一般都较小。

境内券商逐渐成为B股承销配售的主力。B股发行过程中，往往由境内券商充当主承销商和上市推荐人，由境外券商担任国际协调人，并由他们邀请一些境内外券商共同组成一个承销团。在承销团内，境内与境外券商的包销比例为6:4，而且在B股市场起步初期，境外券商包销的比率更高。但是，从1998年已发行的5只B股的承销情况来看，这一状况发生了较大的变化：第一，境内券商已逐渐成为B股承销配售的主力，表一的内容显然说明了这一点；第二，活跃于B股市场的境外券商的规模趋小，主要是日本、台湾及香港本地的券商。

基于以上几个方面的特点，我们可以看到，B股市场的筹资能力是十分有限的。这不仅表现在与A股市场相比之中，即使与H股和红筹股市场相比，其筹资能力也稍逊一筹，B股的上市公司数量比H股和红筹股之和还多，但B股的筹资额、股本规模都远远低于H股和红筹股。同时B股市场与A

股市场或香港股市相比，无论是上市公司数量、上市股份总额，还是流通市值、市价总值，其份额都很小，只能算是一个“袖珍”市场。

二级市场

股价总体水平长期低估。在向境内居民开放前，B股市场的平均市盈率为20倍左右，A股平均市盈率为60倍，香港和纽约股市的平均市盈率为15～18倍，新加坡和泰国的平均市盈率为20～30倍，B股市场已成为世界上市盈率较低的市场。在A股市场波澜壮阔的1997年，深沪B股市值几乎下跌了一半，几乎所有B股股票一上市便跌破发行价。进入1998年后，情况更糟。有资料表明，境外券商向其客户所推荐卖出的B股家数远大于其推荐买入的家数。

市场走势总体是急涨阴跌的熊市形态。急涨阴跌是所有小规模市场的共性。在这样一个市场中，当行情看好时，投资者积极购买。由于股票稀缺，行情上涨异常迅速，数天之内股指急速上升。比如，深市B股指数1996年6月12日～18日上升63.6%，当年的11月15日～12月9日更是上升127.9%。由于从1996年12月起实行了10%的涨跌停板制，1997年8月14日沪深B股市场所有股票，仅两个小时的交易，均告涨停。而当市场中卖方为主导时，行情走势以阴跌为主，表现为下跌时间长，成交量稀少。就整个市场周期而言，涨的时间少，跌的时间多。

低换手率。换手率越高，意味着市场的流动性越高，股票被套牢风险越小，反之亦然。一般而言，A股市场的周平均换手率在10%左右，而B股市场则只有0.05%左右，显然偏低。在此状况下，股指只要上涨一点，投资者就会因畏高而抛售，股价又会持续下跌，成交量也持续下降。

上市公司质量低下。上市公司的经营业绩和未来发展潜质是决定股价走势最关键的。然而大多数B股企业经营业绩滑坡，财务指标欠佳，企业并没有显示未来增长的潜力。据2000年中期上海56家B股上市公司的中报显示，每股收益的算术平均值约为0.056元，二纺B、中纺B、轮胎B、永久B、钢管B、水仙B均为负收益。

价值被严重低估。仅仅用上市公司质量低下来解释B股的价格严重低于股票自身的价值的理由显然是不充分的。应该说，B股市场的这种现象实质上是在特定的市场上理性投资者对风险和收益的选择的结果。现代证券投资理论揭示，证券的投资收益率是由证券的不可分散化风险决定的。相对于境内投资者，境外投资者不得不承受更多的系统性风险。正是由于境外投资者对B股市场存在的较高的风险意识，使得B股股价在留有较大收益空间处达到均衡。

开放，意味着什么？

大量新增资金入市

沪深大盘2001年2月20日午市突然宣布B股停盘的同时，中国证监会公布了关于允许境内居民参与B股交易的决定，这引起了投资者的关注。

长期以来，境内投资者对投资B股抱以希望。A、B股之间一直有非常大的关联性，这一消息会大大刺激B股，促使行情上扬。我国居民外汇储蓄存款余额达749.3亿美元，而

B股当时的总市值只有60亿美元，并且B股的市盈率平均只有15倍，因此无论股价与市值都有相当大的落差。允许境内居民交易B股的决定公布，将会产生很大的牛市行情，连续出现几个B股涨停也是可能的，因此这一消息对B股来说是强劲利好。另外B股市场本身总市值很小，需要的资金相当有限。

在信心与预期利润的刺激下，B股资金流入在短期内有较大增加，且增量资金的来源以境外资金为主，境内外汇资金的进入将是一个较为缓慢的过程，而且资金量有限。主要原因是，我国人民币尚不能自由兑换，居民个人合法获得外汇收入的途径非常有限，资金量不会很大。虽然截止2001年1月份，我国居民外汇储蓄存款余额已达749.3亿美元，但其中的定期存款占到了94%，活期存款不到50亿美元，资金运用的灵活性受到限制，尤其是规定2001年2月19日前存入境内商业银行的现汇存款和外币现钞存款可以用于B股交易，2月19日后的存款则须等6月1日后才能入市，这更加限制了国内增量资金的较快进入，虽不排除一些境内外汇资金继续经过原有的途径变相进入B股市场，但其资金量是很有限的。相对应的，近几日境外投资者的开户热情高涨，新开B股账户急剧增多。所以，短期内进入B股市场的增量资金将主要以境外资金为主，境内资金的进入相对平稳，原来变相进入市场的境内资金的合法化反倒将成为最重要的变化了。

在台湾岛内，由于大陆宣布对内开放B股市场和台湾股市当时的下跌形成鲜明对比，不少客户间接投资大陆股市的热情空前高涨。保守估计，几家在香港设有据点的大、中型证券商最近受托间接投资大陆股市的金额都在新台币数千万元以上，并已有投资者准备汇出。

国内外券商欲分蛋糕

国内券商面对B股市场这块“大蛋糕”兴奋不已自是一回事，港台方面的反应更是有过之而无不及。

台湾券商积极抢进大陆B股市场。大陆B股效应近期在台湾掀起一股热潮，岛内券商积极抢进祖国大陆市场。包括无富证券、京华山一证券、元大证券等多家券商，或早已布局，或积极评估、申请，或计划开立“台湾接单、大陆下单”的模式，开拓为台湾投资人投资大陆股市的业务。

虽然台湾尚未开放证券业直接赴大陆从事证券业务，不过不少证券公司自去年起就频频派遣内部高级主管赴大陆考察。台元大京华证券公司总裁马志玲今年初就亲自和其他财团大老板赴上海了解当地证券市场的发展情况，并表示，一旦台湾“法令”准许，元大京华将以直接投资大陆证券公司的方式，以取代先前设立的办事处直接抢占大陆未来庞大而具潜力的股市商机。元富证券上海代表处首席代表翁基能则表示，由于大陆加快资本市场的脚步，同时也将加入WTO，B股市场在A、B股合并题材等多重利多刺激下，吸引外资近日加码买进。近日各券商B股席位境外单子相当多，B股成交量不断放大，外资预期大陆股市未来有二至三年的好光景。类似元大京华、元富证券公司一样，台湾多家证券公司早先已前往大陆布局、设立办事处，进行资料搜集、评估的工作，或是透过在香港子公司申请B股席位，从事经纪或随销业务。

券商提供的资料表明，目前大陆B股规模仅114四家，去年日均量仅3亿元人民币，在大陆本地资金流入B股之后，B股价格大涨是预期的事，而成交量也将激增。台湾证券商希望台湾当局调整“戒急用忍”政策，让台证券业务进军大陆B股市场，并朝向大型化、国际化作转型发展。

香港方面也是积极应对。由于看好中国B股的成长空间，世界各大投资机构已纷纷摩拳擦掌，为进入中国资本市场积极筹备前期工作，而原先缺乏准备的香港中小证券商也在积极寻找应急对策，争取早日进入B股市场。

但是，如何进入内地市场，却让许多中小投资机构绞尽脑汁。香港部分中小证券商正急于想办法进入内地，却苦于无门，不知如何才能找到合作伙伴。一方面，他们都很清楚，如果内地资本市场开放之日，自己仍在门外而不能参与，那么必然会丧失发展的重大良机；另一方面，香港的中小券商由于知名度不够、人力资源有限，加上以往忽视对内地资本市场的了解，对内地资本市场的开放时间表更缺乏判断，所以，面对内地资本市场突如其来加快开放步伐，部分中小券商开始着急。

据香港有关证券界人士介绍，香港中小证券公司虽然不能与外资大行相比，但相对于内地的中小证券公司来说，经济实力应不相上下。而且，由于香港证券公司长期在国际金融中心经营，有比较丰富的规范股市的操作经验，且在技术分析、经济视野、业务管理、商业化运作等方面也都有较成熟的经验。因此，香港的中小证券公司如能与内地券商合作将会有一番良好的前景。

投资者结构调整

一项网上调查显示,近七成投资者准备投资B股或准备加大投资力度,不准备投资和静观其变的投资者仅各占一成多。另外,有近九成投资者认为开放B股是长期利好并认为B股会走出好行情,其中45%的投资者认为会大涨,认为中线走牛和短期上升的投资者各占22%,仅有9%的投资者认为小涨后会出现回落。出乎一般人意料的是,有五成多的投资者表示曾在B股市场盈利,与以往认为投资B股亏损的观点有一定出入,仅有16.5%投资者表示损失惨重,其余三成投资者略有亏损或持平。

B股市场的散户格局将进一步深化。首先,机构投资者被排除在这次B股市场大开放的门槛之外。开放前散户开户数友占总开户数的94%以上,从2月26日起开始办理对居民的B股开户以来仅两天时间,上交所新开户数就超过了20万户,而B股创市十年来累计开户数也仅为15万户。另据全景网络调查,有七成的境内投资者有意进入B股市场。新增的居民开户数量大增使B股市场的散户格局将出现加强态势。

其次,大量前期套牢的境外资金特别是基金等机构资金有机会全身而退。境外的机构投资者进入B股市场的时间基本上较早,它们在B股市场中长期被套,许多陷入绝望的投资者在1997年金融危机后的B股市场数年下滑中已不计成本地出逃,但还有一些因损失过多无法出局,这些机构资金构成目前约30%的境外资金的主要组成部分。由于对B股市场的恐惧心理和对B股上市公司的不信任,开市后在有较大涨幅而解套或获利后，新进入的境内投资者极有可能成为这部分境外投资机构的"解放军"。

截止2月23日，上证所的A股投资者总数达到了3 033.6万户，其中90.28万户为今年新增的开户数。而从投资者的地区分布看，来自上海本地的投资者总数首次突破了400万，达4 084 414户，约占上海市常住人口的30%强。广东、江苏、四川也分别超过了200万户，另有6个省超过了100万户。在沪市B股市场向境内居民开放的头两个开户日，境内居民的开户数就达到了229 377户，大大超过了过去10年沪市B股的开户总数。

投资者的散户格局进一步深化已成定局，这对B股市场的后势如何演变增加了更多的不确定因素。由于散户投资与机构投资对个股的选择侧重面不同，市盈率将成为这一段时期制约B股股价的极为重要的因素。从形势上看，B股市场的资金面较为充裕，短线持续上涨勿庸置疑，但涨幅能有多大，则有必要根据市盈率的不同区别对待。首先，两市的高市盈率的绩差个股有可能率先打破涨停。在大盘前期普涨过程中新进资金必定涌向市盈率较低的绩优股如龙电、东电、茉织等，以期更大的上涨空间和更为安全的投资。其次，基于同样原因，市盈率偏低的深市B股市场将比沪市吸引更多的资金从而在短期内有更大的上涨空间。

对人民币及汇率产生影响

据推测，目前支撑B股市场的资金至少有70%是境内外汇，同时，截止到2000年底，深沪两市27.42万个B股账户中有25.77万个是个人账户，约占94%，这足以证明境内投资者涉足B股市场的程度。因此,我们认为B股市场资金由暗到明的、普遍的、迅速的本地化趋势将是不可避免的。

B股市场对内开放将对人民币汇率和境内居民外汇储蓄存款产生一定影响。由于在B股交易中,深圳以港币结算,上海以美元结算,为了进入B股市场,投资者需要将手中的资金兑换成港币或美元,如果境内投资者将大量人民币兑换成港币或美元,就会影响人民币蹬供求状况,对人民币汇率产生一定影响。同时,由于我国人民币尚不能自由兑换,人们为了获取港币或美元,有可能把目光投向非法套汇、黑市交易等违法行为。这一方面会破坏外汇市场秩序,另一方面也会对人民币汇率形成压力。但是由于这类资金的量不会很大,因此对人民币汇率的冲击也不会很大。

另一方面,由于短期内B股市场的投资机会非常诱人,因此境内居民外汇储蓄存款在短期内将会有一定程度的分流,但分流的数量不会很大,不会对商业银行的外汇资金来源造成较大影响,而且分流出的部分储蓄存款还会通过券商的B股保证金账户流回商业银行体系。

对于境内居民进入B股市场,人们最大的担心是外汇流失,但从目前中国各方面的情况看,这一担心可能是过虑了。从政策的角度考虑,对境内外币持有者开放B股市场,会影响到外汇市场短期内的供求关系和资本的国际间流动。同一家公司的股票不管是A股还是B股,每股权益都是一样的,但是由于B股市场与A股市场分割,A股和B股同权不同价,市价有着极大的差距,市盈率也有着天壤之别。如果A股和B股两个市场打通,则价格一定会趋同。换言之,B股的价格会攀升,考虑到A股和B股市场合并是我国资本市场化、规范化和国际化的必然趋势,资金持有者有浓厚的兴趣介入B股市场,只是受旧的法规限制而不得入内。因此,放开对投资者的限制意味着境内个人持有外币资金将进入B股市场,结果必然影响到我国外汇市场的供求进而影响汇率。

但是,这种影响是有限的。这是因为,原来放在B股里的资金本来就有相当一部分表面上是境外机构的居民,但实际上具有国内背景,资金来源于国内,这部分资金没有理由会在B股前景看好的情况下离开。据统计,深沪两市B股开户数绝大多数为个人投资者,约90%,只有少数部分是机构投资者,不到10%。此外,统计资料还表明,目前有近70%的投资者不源于国内。虽然原来投资在A股中的资金一定会兑换成美元或港元向B股市场流动,从而影响外汇的需求,对汇率产生上涨压力,但是考虑到我国现有的外汇制度以及外汇储备和居民外汇存款,我们认为对汇率的影响是短暂的和有限的。第一,人民币不能自由兑换,因此这种压力主要体现在外汇黑市上。第二,外汇黑市确实会影响到官方汇率。由于我国执行的单一的有管理的浮动汇率制,当官方汇率的稳定性受到影响时,货币当局一定会出手维护汇率的稳定。从可行性来看,维护汇率的稳定是轻而易举的,货币当局有足够的力量实施汇率目标。这是因为我国外汇储备高达1 300亿美元,境内居民持有的外汇保守估计也有600亿美元,而我国B股市场总市值则很小,约60亿美元。目前A、B股的价格差异相当大,差距大概在4~5倍之间,因此就算需要180亿美元进入B股市场将股价提高以达到A股持平的水平,货币当局在稳定汇率上也应该是游刃有余的。更何况，当B股市场因国内居民持有外币资金的准入而重新活跃时，真正的境外机构和居民又会重回B股市场。因此我们推测，在准许境内外资进入股市时，政府当局已经考虑到了上述因素。第三，从短期来看，美国的利率在持续下调，从这一点来看，人民币贬值的压力会进一步缩小。因此，我们预期，在短期内，黑市上的美元汇率会略有上涨，但长期会回落。

企业发展的良机

作为B股市场上最直接的参与主体——B股上市公司，也纷纷感受到新政策出台所带来的新机遇，这批与中国B股市场一起成长、发展起来的上市公司，充分肯定开放B股市场对促进公司经营的规范化和国际化起到了不可替代的作用，并结合企业以往的经验，表示B股市场开放后将进一步拓宽上市公司融资渠道、拓展B股公司发展空间。

B股市场的开放将拓宽上市公司融资渠道。长期以来，我们一直无法回避B股市场上出现的公司股票价格低于公司净资产的不合理现象。这一现象的出现使得B股市场未能充分发挥股票交易市场的筹、融资功能，对B股类上市公司进一步市场融资产生了较大的阻碍。而随着B股市场的开放，此种障碍将被逐步打破，它将有效地吸引大量的国内外币资金，在A股市场之外为国内企业开辟新的融资渠道。

真空电子管理层曾表示，新政策对具有A、B股的公司是个利好，过去这种公司碰到的共同问题是，配股受到B股股价的限制，没法配股，很多B股股东只好放弃配股。如现在公司B股价格只有0.5美元，与A股价格相差200%多，尽管采用不同的会计制度，但价格悬殊太大了，这样就造成想配股的股东由于股价太低而无法配股，所以过去就只能走增发的路子。而随着新政策的出台，一方面将开通海外投资者与公司相互了解的渠道，另一方面，对境内投资者开放B股市场，能显示出交易的公平性。

深万科也认为新政策将促使B股市场大为活跃，市场的活跃又将吸引更多海外资金的参与。因此，作为同时拥有A、B股的公司，万科将有望完全突破在海外市场再集资的瓶颈，进一步打开国际融资渠道，吸引国际资本，使公司加快进入快速增长期的步伐。

苏常柴B结合公司拥有10 000万股巨额B股的现况，认为对公司来说，这将是明显的利好，回首几年来常柴公司的配股历史，更是具有说明力。公司是江苏省内第一家A、B股并行的上市公司，1997年下半年公司申请A、B股同时配股并于稍后获得了证监会的批准，但由于原定配股日期内B股市场太过清淡，公司不得不在1998年7月放弃了该项配股计划。公司认为，在放宽了B股投资人限制后，A、B股上市公司的再融资选择也会随之多样化。

此外，珠江B、中鲁B、苏威孚B、山航B、东贝B、沙隆达B、闽灿坤B、冰箱压缩、龙电股份、黄山旅游、陆家嘴、大众交通等多家上市公司也纷纷表示，新政策的出台将进一步促使B股市场活跃起来，这将使B股公司的增发和实施配股成为可能，从而将恢复公司的筹资、再筹资能力，上市公司将拥有更广阔的发展空间。

与那些A股上市公司或A、B股并行的上市公司相比，作为一家纯B股公司，由于其所处的市场客观上存在着某些制度方面的缺陷，因此该类企业的发展在某种程度上也受到了一定的限制。而随着B股市场向境内投资者的逐步开放，一方面将加快中国B股市场规范化和国际化的进程，另一方面将改善长期困扰B股上市公司的治理结构方面的问题，这无疑将会为该类上市公司扫清未来发展道路上的碍阻，因此B股公司必将拥有一个更加广阔的发展空间。

以宁通信B为例，作为一家纯B股公司，宁通信对新政策表示欢迎。对上市公司本身的影响而言，境内居民参与买卖B股，意味着B股公司越来越被境内投资者关注，宁通信公司的主营产品一直是面向国内市场，因此，该政策出台，无形中会促进公司产品的生产销售；另外，该政策的出台，迫使上市公司除了对境外投资者负责外，还得对境内投资者负责，因此对上市公司的监管力度将会逐步加强。此外，该政策的出台，将使上市公司有了更多的运作空间，其中一个比较明显的方面是，将可能改变过去B股公司员工和高管人员不能持有B股股份的状况，如果允许这类公司的高管人员、业务骨干和员工持有B股，将对激励员工士气、提高公司效益有促进作用。

张裕B则表示，随着B股市场的活跃将使其资源配置效率进一步提高，有利于公司采取更加灵活的股利政策，使投资者能够更好地分享公司的经营成果，增强投资者投资张裕和参与公司决策的积极性，实现公司资本经营与生产经营的良性互动。

帝贤B董事长、总经理王淑贤称，由于企业的干部及职工将来都可能购买自己企业的股票，因此可以增强他们对企业的信心。另外，东方通信、京东方B、佛山照明等公司也纷纷指出，“决定”对上市公司来说是一个极好的机会，上市公司可以借此机会发展自己,使公司不断增强企业综合竞争的实力。

历史遗留问题的解决之道

B股的产生,是我国证券市场在发展过程中的遗留问题之一,如何解决这些遗留问题,是投资者较为关注的问题。B股的这一做法,将能创造性地解决中国证券市场历史遗留问题。由于一直以来B股市场的状态已远远背离了初衷,尤其是B股市场没有融资能力,就失去了其存在的基础,如果继续发行B股,就是贱卖我们的优质资产,更不利于中国证券市场的形象。解决这一历史问题,是中国证券市场真正能持续发展的基础所在,说明中国证券市场完全有能力抛弃历史问题,轻装上阵。B股境内交易不仅能较好地解决历史遗留问题,还能使投资价值真正回归,发挥市场融资功能。

B股开门,财源滚滚

“为迎接和争夺蜂拥而至的B股入市新军,一向恪守朝九午四的各证券公司破天荒地严重超时加班,不少部门甚至通宵达旦。”有贵族行业之称的证券公司营业部就这样度过了B股复盘前的周六和周日。B股大门向渴盼已久的境内投资者洞开,在目前外汇投资渠道极其有限的情况下,引起了投资者的极大热情。“这可能是历史性的一次机遇”。

为了淘来B股开放后的第一桶金,股民们大都争着往B股中跳,仿佛那里就是聚宝盆。有媒体报道说,中国证监会公布消息后的第二天上午,中国银行某地一营业部仅上午2个半小时,就有10多位股民办理了数额达200美元的转账外汇,其中最大的一笔有80多万美元。银行大门外的倒汇人群也增加不少,据说千方百计要入B股的准股民使美元对人民币的黑市价格也略有上窜。

在中国证券市场中,历来有政策创造奇迹之说,这句话再次从B股的凌厉走势中得到了印证。连续无量涨停之后,深沪B股的流通市值轻轻松松地增加了约30亿美元。在这个大奇迹中,最大的受益者无疑是那些早已携巨资驰骋于中国B股市场中的大富豪们,根据耀皮B的公开资料显示,1999年中期个人股东孙文雄先生持有耀皮B股1 488万股,至1999年底,增持至1 920万股,当时的市价是0.182美元,2000年6月底持仓量为1 881万股,市价为0.302美元,2月19日的市价是0.516美元。截至记者截稿日(3月5日)其市价已达0.757美元,如果他本人在去年6月份以来没有减持B股,短短四个交易日,这部分外汇资产已增值近50%。另据资料显示,孙文雄先生还同时大量持有英雄B、友谊B、华新B、轻骑B等多家上市公司的股份,换算结果是从B股复盘后4个交易日的16个小时交易时间中,他在B股市场中的资产完成了每小时约53万美元的增值,每天的获利约213万美元,从而成了这次政策性红包派送中当之无愧的大赢家。

看好B股,简直可以说出上百条理由。据统计,当时,沪市B股的平均市盈率在19倍左右,深市B股的平均市盈率则为11倍左右,两者都远远低于目前两市A股平均市盈率52倍的水平。由于B股市场长期低迷,股价严重偏低,为将来A、B股合并带来巨大的利润想像空间:深市B股市场59家上市公司中有45家A、B股并存,A、B股并存的上市公司平均差价为4.7倍!

另外，国内B股仅有114只，流通市值仅519.21亿美元，而目前仅境内居民的外币存款余额就达749.3亿美元，B股的后劲可想而知了！……

第二部分

快速迎战
入门篇

开户需知问答

开户程序

境内居民个人开立B股资金账户和股票账户，应当按照下列程序办理：首先，凭本人有效的身份证明文件，到其原外汇存款银行将其现汇存款和外币现钞存款划入证券经营机构在同城、同行的B股保证金账户，暂时不允许跨行或异地划转外汇资金。境内商业银行应当向境内居民个人出具进账凭证单，并向证券经营机构出具对账单。然后，凭本人有效身份证明和本人进账凭证单到证券经营机构开立B股资金账户，开立B股资金账户的最低金额暂定为等值1 000美元。再凭B股资金账户开户证明到该证券经营机构开立B股股票账户。办理上述手续时必须由本人办理，不能委托他人代办。以下是简要的流程表示：

境内居民B股票账户(凭B股资金账户)

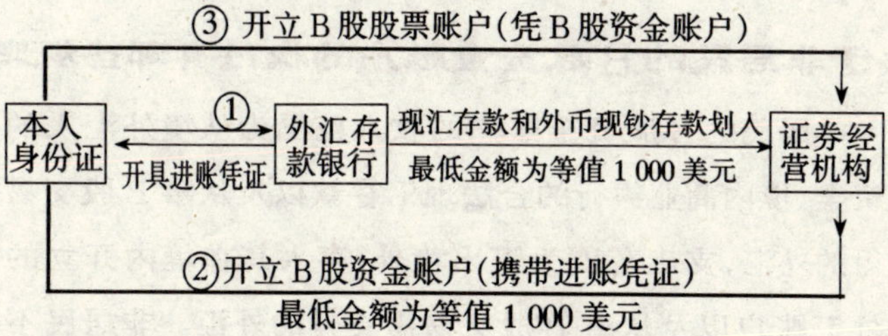

开户费用是多少？

在深圳证券交易所，境内居民个人B股开户费用为每户120港元。在上海证券交易所，境内居民个人开立B股股票账户，应按19美元/户的规定缴纳手续费。

开户资金的数量限制是多少?

上海证券交易所B股资金账户最低金额为1 000美元,深圳证券交易所B股资金账户最低金额为等值1 000美元,但没有规定上限。境内居民个人从外汇资金账户向证券经营机构B股保证金账户划转资金时,没有任何数量限制。

境内商业银行是如何为境内居民个人办理外汇划转手续的?

境内商业银行办理境内居民个人外汇划转手续是:须先按规定审核存款日期,在2001年6月1日前,从境内居民个人定期存款账户划转资金时,账户资金存入日期不能晚于2001年2月19日;从活期存款账户划转资金时,划转资金金额不得超过2001年2月19日前的账户存款余额;在办理外汇划转时,须将划出资金币种转为与证券经营机构B股保证金账户相同的币种。

关于非居民的B股资金账户的收付有哪些规定?

非居民的B股资金账户的收入范围为从境外汇入的外汇资金、境内商业银行的合法现汇存款以及从事B股交易所获得的外汇,支出范围为汇出境外、存入其在境内开立的合法外汇账户以及从事B股交易需支付的外汇。非居民不得从B股资金账户提取外币现钞。

境内居民个人持有的非B股结算币种的外汇能否投资B股?

可以。目前,上交所B股交易结算币种为美元,深交所B

股交易结算币种为港币。境内居民存在银行的非美元、港币外汇存款，经境内商业银行按照外汇牌价进行币种转换后，均可以转入B股资金账户。

境内哪些商业银行可办理B股外汇资金的收付业务？

所有为证券经营机构开立B股保证金账户的境内商业银行，均可以办理B股交易项下证券经营机构与证券登记结算公司之间以及证券经营机构总分支机构之间外汇资金的收付业务。

境内居民个人可以在哪些机构进行B股交易？

只要经证监会批准经营B股业务和经外汇局批准经营外汇业务的证券公司和信托投资公司，其总部和每一家分支机构都可以办理B股业务。境内居民个人可以在同城任何一家经批准经营B股业务的证券公司和信托投资公司及其分支机构进行B股交易。

必备交易知识提示

交易时间和交易单位

每周一至周五上午9:30－11:30，下午1:00－3:00(北京时间)。深市逢每周六、日及国内和香港公众假期休市，沪市为双休日和上证所公布的休市日休市。

委托买卖及清算的价格以一股为准。深市B股买卖数额以一手即100股或其整数倍为单位。不足100股的零股可以卖出,但不可买进。沪市B股买卖数额一手为1 000股或其整数倍为单位,不足1000股的零股可以卖出,但不能买进。

B股交易的基本规则是什么?

(1)深圳B股以港币结算,上海B股以美元结算。

(2)B股不允许买空或卖空。投资者委托买入时,资金账户须具有股票价款及各项税费的全额保证金。投资者委托卖出时,股票和资金账户须具有足够的股票及足以支付各项税费的保证金。

(3)B股买卖可以做T+0回转交易。

如何确定委托价格?

按B股委托价格区分,B股委托可分为限价委托和市价委托。现在国内证券经营机构大多接受限价委托。

所谓限价委托,即客户委托时,所有委托要素都已确定,包括品种、数量,买卖方向及价格等。券商只须按其指示,及时向交易所主机申报即可。按委托有效期限长短进行划分,限价委托又可分为当天有效、五天有效或有效直到取消(GOOD TILL CANCEL)。

市价委托,是客户除价格外其他要素全部确定的委托方式。市价委托在国外较为常见。由于B股市场的投资者基本为海外客户,所以他们下单时经常使用或参照国际市场上的一些报价方法。目前券商受理的市价委托主要有以下几种:

保证成交委托(Market Order)

这种委托要求在市场上以卖出价成交买单,以买入价成交卖单,原则上只要成交,价格不限、而且必须马上成交,作为券商,有义务以市场最有利价格为客户成交。

最低限量成交委托(All or Nothing)

这种委托一般限定价格范围,主要是要求保证成交达到一最低限量。考虑到投资成本或投资组合问题,一些基金客户经常要求委托须达到一定量才愿成交。一般券商应等到一定量的对应盘出现后才一笔挂入,保证其有量成交。

小心作主委托(Careful Discretion)

这种委托一般是由于客户一天内委托一笔数量较大的订单,为不影响市场,交由券商作主,由其在一天内以市场均价全部做成。这种委托对一些基金客户而言,非常重要,是目前 B 股市场适用最多的一种市价委托方式,也是对券商要求较高的一种委托方式。一般情况下,券商须凭经验判断,在市场上分时间段,替客户完成该项委托。

B 股交易方式是什么?

B 股交易方式分为集中交易和对敲交易。集中交易,指在交易时间内通过本所集中市场交易系统达成的交易。

对敲交易是指定的买方和指定的卖方以议价的方式,对相同的证券,以相同的价格和数量,经证券商撮合而产生的交易。对敲交易一般用于 B 股的大宗买卖委托。运用对敲交易,大宗的买卖能以同一价格成交,这符合买卖双方的利益。同时,以对敲交易来处理大宗买卖,可以减少市场的价格波动。除此以外,对敲交易对于减少交收的对手方、简化清算程序、防范交收风险等均能起到较大作用。

由于对敲交易是以议价而非竞价的方式进行，因而在成交价格处理上，如管理不严，则有可能对买卖一方造成不公正。目前上海交易所在对敲交易的处理上有下列操作规定：

(1)对敲交易的数量一般控制在5万股以上；

(2)对敲交易的价格一般控制在当日最高和最低成交价之间；

(3)对敲交易须由场内交易员填单申报，并由本所场内监理人员根据上述原则确认之后方可成交。

深市对敲交易指B股证券商在开市后至闭市前5分钟将其接受的同一种B股买入委托和卖出委托配对后输入，经交易所的对敲交易系统确认后达成的交易。

需特别强调的是，根据最新的《关于境内居民个人投资境内上市外资股若干问题的通知》，境内居民个人与非居民之间不得进行B股的对敲交易。

对敲交易值得注意以下几点：①对敲交易仅限于股份托管在同一证券商处且不同投资者之间的股份协议转让。②每笔交易数量须达到5万股以上。③证券商应及时向交易所申报交易有关情况，对敲交易经交易所对敲交易系统接受后，不可撤销。④对敲交易的价格上限以前一交易日收盘价加二十个价位或当日价位孰高原则决定，下限亦以前一营业日收盘价减二十个价位或当日最低价位孰低原则决定。

B股的涨跌有何限制？

与A股交易一样，B股交易也实行价格涨跌幅限制，除上市首日的证券外，每只证券的交易价格相对于上一交易日收市价的涨跌幅度不得超过10%，ST股票涨跌幅度不得超过5%。每只证券涨跌限价的计算公式为：上一交易日收市价×(1±10%)，计算结果四舍五入。深市B股每天公布的每只证券收市价是该只证券当日有成交的最后一分钟内所有成交价的成交量加权平均价；若该只证券当日无成交，其收市价位为上一交易日的收市价，沪市则以当日每只证券最后一笔成交价为收市价。

注：目前上交所A股股票、基金的开盘价通过集合竞价方式产生。B股和债券的开盘价以连续竞价的方式产生。投资者委托买入时，须缴付股票价金及各项税费的100%保证金。卖出委托时，须持有足够股份。禁止买空卖空。

B股的T+3和T+0是怎么回事？有哪些特殊规定？

证券营业部对B股的清算交割进行自动处理。深沪交易所规定：B股交易的结算交收期为(T+3)日，即交收制度为T+3。投资者虽然可做T+0回转交易，但其T日卖出股票的资金或买入股票的股份余额要在第三个交易日才能到账。因此卖出成交的资金只能在T+3日以后才可提取。

T+0回转交易是针对B股实行T+3交收制度而设立的交易方式，它能减少投资人的持仓风险，增强B股的流通性。上交所在1993年10月间引进了回转交易制度。

在回转交易制度下，投资人能够卖出的股票可分成两部分：一部分是已履行交收义务的股票，另一部分是已经买入，但还未交收的股票。但无论在何时买入或者卖出股票，他只能在成交后的第三个营业日才能办理这些交易的交收，并且，当天的买入和卖出是不能冲抵的。回转交易适用于在交易所内达成的集中交易和对敲交易。做回转交易应注意下列情况：

(1)如投资人没有库存股票余额,他只能买进后卖出。

(2)如投资人有未完成交收的股票余额,他能如数卖出该部分股票而不需到交收完毕再行卖出。

(3)投资人一次卖出股票的总量等于其已完成交收的股票余额加未完成交收的股票余额。

(4)投资人不同交易日买进卖出的股票只能分别清算,不能冲抵。

(5)不同交易日完成的交易都分别在成交后第三个营业日进行清算与交收。

B股的变更托管有何规定?

深圳B股与A股一样实行“托管券商制度”,在哪个券商买进的证券只能在该券商处卖出。若要转托管则需在买入成交的T+3日交收过后才能办理,并由转出券商处按交易所规定直接从账户扣取100港元转托管费。上海B股交易实行通买通卖,若投资者将在其他券商处买入的股票在证券营业部抛出,必须投资者本人办理,不能由委托人代办。

B股交易费用知多少?

沪市:总费用是成交金额的0.81%。

(1) 佣金:按成交金额的0.43%计收;

(2) 印花税:按成交金额的0.3%计收;

(3) 结算费:按成交金额的0.05%计收;

(4) 交易经手费和证管费：分别按成交金额的0.0255%和0.0045%计收。

深市：总费用是成交金额的0.8146%+50港币。

(1) 经纪佣金：为成交金额的0.43%；

(2) 印花税：为成交金额的0.3%；

(3) 交易规费：为成交金额的0.0346%，其中交易经手费为0.03%，主管机关规费为0.0046%；

(4) 结算费：为成交金额的0.05%(上限为500港元)；

(5) 深圳证券结算公司按50港币/笔收取B股转托管费。

B股盈利分配有新规

有关B股送股、转增股本、分红和配股是如何规定的？

B股与A股在分配上是同股同权，但具体操作情况不同：

送股和转增股本：送股后转增股本是登记公司在股权登记日(即最后交易日后的第三个工作日)按照上市公司方案将股票自动记入投资者的股票账户。

派发现金红利：上市公司与登记公司签订代理发放协议并在距股权登记日三个工作日前将红利款汇入登记公司指定账户。登记公司确认收到红利款后通知上市公司，并将领息股东名单提供给指定结算会员。指定结算会员书面确认后，从登记公司领取红利并转入其客户的资金账户内。

配股：a 配股权证：登记公司在配股权证登记日(即最后

交易日的第三个工作日)将权证自动记入投资者股票账户内。在之后的权证交易期间,配股权证可以通过交易方式转让。b配股:权证交易期结束后,登记公司将投资者持有配股权证的数据提供给上市公司及配股主承销商。由主承销商通知投资者在规定期限内将配股资金汇入指定的银行账户。银行将实际到账的明细提供给主承销商,主承销商据此确认实际配股结果,并制作成电子文件交登记公司,由登记公司将股票记入投资者的股票账户。

为什么B股设置配股权交易?交易时应注意哪些问题?

由于B股的投资对象主要为海外投资人,且B股的募集方式通常是定向私募方式进行,而配股在很多国家的证券法规中被定义为公开募集股本。因此,许多国家的投资人在B股上市公司进行配股时,均无法参与配股。如不开设配股权交易,海外投资人则要蒙受摊薄利润和价格除权的双重损失。因此,开设配股权交易,是保障海外B股投资人合法权益的重要措施。

配股权交易应注意以下几个要点:

(1)自股权登记日后,在除权日前购入或持有股票的投资人的股票账户将增加与新股配股率比例相等的配股权;

(2)配股权只有在约定的配股权交易期内方能进行交易,配股权交易期一般为5～10个交易日;

(3)持有配股权的投资人只有在规定的交款期内交纳相应的配股价款才能取得配售的新股;

(4)新股只能在规定的新股上市日始,方可转让。

配股权的理论价格=最后交易日之收盘价格-除权报价

需要配股的投资人,则在股票除权后由收款银行按投资人开立股票账户时在登记公司所留地址寄发通知,客户填写后交给指定结算会员,并在最后缴款日前在账户内准备好配股资金,由代理商在最后缴款日将配股款交收款银行。

B股在除息方面的规定有哪些?

由于B股实行的是T+3的交收制度,因而它的除息交易操作方法有别于T+1制度下A股的操作方法。首先应弄清三个日期及其含义,它们是"最后交易日"、"除息交易日"和"股权登记日"。

三个日期中首先要确定的是除息交易日。确定除息交易日是为了说明在该日以前买入或持有的股票为带息股票。其次是"最后交易日",弄清最后交易日是为了确定该日是带息股票交易的最后一天,并借此确定"股权登记日"的具体日期。最后是"股权登记日",根据T+3交收制度,应该是最后交易日的第三个营业日,因为只有在这天,投资人的股权登记才告完毕。如某股票除息交易日为9月1日,其最后交易日则为8月31日,其股权登记日即在9月3日(以上日期均当作营业日来计算)。

值得一提的是营业日不同于自然日,中国的营业日不等于是美国的营业日。这是因为上海B股是以美元来结算的,而美元现汇的收付由花旗银行纽约分行处理。由于两国的节假日各有不同,因而营业日的计算必须要剔除两国的节假日。T+3的交收更准确地说是成交后剔除两国节假日的第三个营业日交收。根据上述实例，如9月3日为美国节假日，则股权登记日应延期至9月4日，尽管9月3日上海证交所仍然开张营业，是营业日。

为保证新老投资者在除息交易前后享受同等的权益，维持股价的连续性和公平性需要在除息日对该股票的价格进行除息处理，经过除息处理的股价称为“除息报价”。除息报价的公式为：

除息报价＝最后交易日之收盘价－每股现金股利

若自除息日后，该股票的市场价高于除息报价，则称之为填息；反之，则称之为贴息。

B股除权和除权交易有哪些安排？

和除息交易一样，除权交易也需弄清三个日期，即最后交易日、除权交易日、股权登记日。这三个日期的计算方法和原理与除息交易相同。但除权报价的计算方法与除息交易不尽相同，这里重点介绍除权报价的计算方法。

送股除权报价＝最后交易日之收盘价/(1＋送股比例)

配股除权报价＝(最后交易日之收盘价＋配股价×配股比例)/(1＋配股比例)

送股与配股同时进行的除权报价＝(最后交易日之收盘价＋配股价×配股比例)/(1＋配股比例＋送股比例)

除息与配股、送股同时进行的除权除息报价＝(最后交易日收盘价－每股现金股利＋配股价×配股比例)/(1＋送股比例＋配股比例)

经除权处理之后的价格称为除权报价。除权日后，如股价超过除权报价则称为填权；反之，则称为贴权。

B股发行知识点点滴滴

对B股首次发行、增发及配股的特定法规有哪些?

针对B股首次发行、增发及配股(以下统称发行)的特定法规主要有:《国务院关于股份有限公司境内上市外资股的规定》、中国证监会《股份有限公司境内上市外资股规定的实施细则》、中国证监会《境内上市外资股(B股)公司增资发行B股暂行办法》、中国证监会《关于企业发行B股有关问题的通知》。

与发行A股的企业相比,申请发行B股企业需满足哪些特殊要求?

申请发行B股公司除需满足发行A股的基本条件外,还须满足下列特殊要求:

(1)必须符合国家有关利用外资的规定;

(2)以募集方式设立公司,发起人出资总额不得少于1.5亿元人民币;在公司增加资本、申请发行境内上市外资股时,公司净资产总值应不低于1.5亿元人民币;

(3)以募集方式设立公司发行境内上市外资股和公司增加资本发行境内上市外资股时,拟发行境内上市外资股的面值总额超过3 000万美元的,应当报国务院批准。

我国对上市公司申请增发B股有什么特殊规定?

公司增发B股需满足的条件与增发A股条件基本相同,

但B股增发与前次内资股发行之间的时间间隔可以少于12个月。

我国对从事B股发行的中介机构有哪些规定？

中介机构从事B股发行必须取得相应的从业资格：

(1)证券机构承销境内上市外资股必须取得中国证监会核准的B股承销商资格和外管局核发的外汇业务经营许可证；

(2)会计师事务所及律师事务所应当取得中国证监会核准的证券业务从业资格。

有关B股公司信息披露有哪些特殊规定？

由于B股投资人的特殊性，监管部门对B股上市公司的信息披露作出了一些特别规定，主要有：

(1)发行境内上市外资股的公司的信息披露文件须以中文制作；需要提供外文译本的，应当提供一种通用的外国语言文本。中文文本、外文文本发生歧义时，以中文文本为准；

(2)公司在中期报告、年度报告中，除应当提供按中国会计准则编制的财务报告外，还可以提供按国际会计准则或者境外主要募集行为发生地会计准则调整的财务报告。如果按两种会计准则提供的财务报告存在重要差异，应当在财务报告中加以说明；

(3)公司可以聘请符合国家规定的境外会计师事务所按国际会计准则或者境外主要募集行为发生地会计准则审阅或审计；但是在境内披露有关公司财务报告的审阅或审计报

告时,应当由中国注册会计师及其所在事务所签署;

(4)公司在分配股利时,所依据的税后可分配利润根据下列两个数据按孰低原则确定:

a. 经会计师事务所审计的根据中国会计准则编制的财务报表中的累计税后可分配利润数;

b. 以中国会计准则编制的、已审计的财务报表为基础,按照国际会计准则或者境外主要募集行为发生地会计准则调整的财务报表中的累计税后可分配利润数。

国家对境内上市外资股股利外汇折算率的确定是如何规定的?

境内上市外资股股利的外汇折算率的确定,由公司章程或者股东大会决议规定。如果公司章程或者股东大会决议未作出规定,应当按股东大会决议日后的第一个工作日的中国人民银行公布的所涉外汇兑人民币的中间价计算。

我国对B股法人股流通有何规定?

根据《关于境内上市外资股(B股)公司非上市外资股上市流通问题的通知》,凡发行上市前属于中外合资企业的B股公司,应就非上市外资股上市流通的问题征求原中外合资企业审批部门的意见,在获得原审批部门同意后,向中国证监会报送非上市外资股上市流通的申请方案。经中国证监会核准,B股公司外资发起人股,自公司成立之日起三年后,可以在B股市场上流通;外资非发起人股可以直接在B股市场上流通。

民营企业、中外合资企业是否可以申请发行B股？

根据中国证监会《关于企业发行B股有关问题的通知》规定，申请发行B股的企业，可以是国有企业、集体企业及其他所有制形式的企业，但原则上应为已经设立并规范运作的股份有限公司，必须符合《国务院关于股份有限公司境内上市外资股的规定》所列条件，能够适应国际投资者的要求。

充电外汇知识

有关外汇的基本了解

外汇基本概念

概括地说，外汇指的是外币或以外币表示的用于国际间债权债务结算的各种支付手段。外汇的概念具有双重含义，即有动态和静态之分。外汇的动态概念，是指把一个国家的货币兑换成另外一个国家的货币，借以清偿国际间债权、债务关系的一种专门性的经营活动。它是国际间汇兑的简称。外汇的静态概念，是指以外国货币表示的可用于国际之间结算的支付手段。这种支付手段包括以外币表示的信用工具和有价证券，如：银行存款、商业汇票、银行汇票、银行支票、外国政府债券及其长短期证券等。作为国际支付手段的外汇必须具备三性：可支付性、可获得性和可换性。

国际货币基金组织将外汇解释为："外汇是货币行政当局（中央银行、货币管理机构、外汇平准基金组织和财政部）以银行存款、财政部国库券、长短期政府债券等形式保有的、在国际收支逆差时可以使用的债权"。按照我国1997年1月修正后的《外汇管理条例》规定：外汇，是指下列以外币表示的可以用作国际清偿的支付手段和资产：

(1)外国货币，包括纸币、铸币；

(2)外币支付凭证，包括票据、银行存款凭证、公司债券、股票等；

(3)外币有价证券，包括政府债券、公司债券、股票等；

(4)特别提款权、欧洲货币单位；

(6) 其他外汇资产。人们通常所说的外汇，一般都是就其静态意义而言。

何谓现汇存款和外币现钞存款

现汇存款是指境外汇入或携入的外汇票据转存境内商业银行的存款，外币现钞存款是指境内居民个人持有的外币现钞存入境内商业银行的存款。

外汇的作用

(1)促进国际间的经济、贸易的发展。用外汇清偿国际间的债权债务，不仅能节省运送现金的费用，降低风险，缩短支付时间，加速资金周转，更重要的是运用这种信用工具可以扩大国际间的信用交往，拓宽融资渠道，促进国际经贸的发展。

(2)调剂国际间资金余缺。世界经济发展不平衡导致了资金配置不平衡。有的国家资金相对过剩，有的国家资金严重短缺的，客观上存在着调剂资金余缺的必要。而外汇充当国际间的支付手段，通过国际信贷和投资途径，可以调剂资金余缺促进各国经济的均衡发展。

(3)外汇是一个国家国际储备的重要组成部分，也是清偿国际债务的主要支付手段。它跟国家黄金储备一样，作为国家储备资产，一旦国际收支发生逆差时可以用来清偿债务。

外汇汇率的标价

外汇汇率的标价方法在于确定两种不同货币之间的比价，这就先要确定用哪个国家的货币作为标准。由于确定的标准不同，于是便产生了几种不同的外汇汇率标价方法。

(1)直接标价法，又称为应付标价法。是以一定单位的外国货币作为标准，折算为本国货币来表示其汇率。在直接标价法下，外国货币数额固定不变，汇率涨跌都以相对的本国货币数额的变化来表示。一定单位外币折算的本国货币减少，说明外币汇率下跌，即外币贬值或本币升值。我国和国际上大多数国家都采用直接标价法。我国人民币汇率是以市场供求为基础的、单一的、有管理的浮动汇率制度。中国人民银行根据银行间外汇市场形成的价格，公布人民币对主要外币的汇率。

(2)间接标价法，又称为应收标价法。是以一定单位的本国货币为标准，折算为一定数额的外国货币来表示其汇率。在间接标价法下，本国货币的数额固定不变，汇率涨跌都以相对的外国货币数额的变化来表示。一定单位的本国货币折算的外币数量增多，说明本国货币汇率上涨，即本币升值或外币贬值。反之，一定单位本国货币折算的外币数量减少，说明本国货币汇率下跌，即本币贬值或外币升值。英国一向使用间接标价法。

直接标价法和间接标价法所表示的汇率涨跌的含义正好相反，所以在引用某种货币的汇率和说明其汇率高低涨跌时，必须明确采用哪种标价方法，以免混淆。

(3)美元标价法又称纽约标价法，是指在纽约国际金融市场上，除对英镑用直接标价法外，对其他外国货币用间接标价法的标价方法。美元标价法由美国在 1978 年 9 月 1 日制定并执行，目前是国际金融市场上通行的标价法。

外汇汇率的种类

(1)从制定汇率的角度来考察：

基准汇率，通常选择一种国际经济交易中最常使用、在外汇储备中所占的比重最大的可自由兑换的关键货币作为主要对象，与本国货币对比，订出汇率，这种汇率就是基本汇率。关键货币一般是指一个世界货币，被广泛用于计价、结算、储备货币、可自由兑换、国际上可普遍接受的货币。目前作为关键货币的通常是美元，把本国货币对美元的汇率作为基准汇率。人民币基准汇率是由中国人民银行根据前一日银行间外汇市场上形成的美元对人民币的加权平均价，公布当日主要交易货币(美元、日元和港币)对人民币交易的基准汇率，即市场交易中间价。

交叉汇率。制定出基本汇率后，本币对其他外国货币的汇率就可以通过基本汇率加以套算，这样得出的汇率就是交叉汇率又叫做套算汇率。

(2)从汇率制度角度考察：

固定汇率，是指一国货币同另一国货币的汇率基本固定，汇率波动幅度很小。在金本位制度下，固定汇率决定于两国金铸币的含金量，波动的界限是引起黄金输出输入的汇率水平，波动的幅度是在两国之间运送黄金的费用。在二次大战后到七十年代初的布雷顿森林货币制度下，国际货币基金组织成员国的货币规定含金量和对美元的汇率。汇率的波动严格限制在官方汇率的上下个 1% 的幅度下。由于汇率波动幅度很小，所以也是固定汇率。

浮动汇率，是指一国货币当局不规定本国货币对其他货币的官方汇率，也无任何汇率波动幅度的上下限，本币听认外汇市场的供求关系决定，自由涨落。外币供过于求时，外币贬值，本币升值，外汇汇率下跌；相反，外汇汇率上涨。本国货币当局在外汇市场上进行适当的干预，使本币汇率不致波动过大，以维护本国经济的稳定和发展。

(3)从银行买卖外汇的角度考察：

买入汇率，又叫做买入价，是外汇银行向客户买进外汇时使用的价格。一般地，外币折合本币数较少的那个汇率是买入汇率，它表示买入一定数额的外汇需要付出多少本国货币。因其客户主要是出口商，本币卖出价常被称作“进口汇率”。

卖出汇率，又称外汇卖出价，是指银行向客户卖出外汇时所使用的汇率。一般地，外币折合本币数较多的那个汇率是卖出汇率，它表示银行卖出一定数额的外汇需要收回多少本国货币。因其客户主要是进口商，外币卖出价常被称作“出口汇率”。买入卖出价是根据外汇交易中所处的买方或卖方的地位而定的。买卖价之间的差额一般为1%～5%左右，这是外汇银行的手续费收益。

中间汇率，其是买入价与卖出价的平均数。报刊报导汇率消息时常用中间汇率

(4)从外汇交易支付通知方式角度考察：

电汇汇率，是银行卖出外汇后，以电报为传递工具，通知其国外分行或代理行付款给收款人时所使用的一种汇率。电汇系国际资金转移中最为迅速的一种国际汇兑方式，能在

1～3天内支付款项，银行不能利用客户资金，因而电汇汇率最高。

信汇汇率，是在银行卖出外汇后，用信函方式通知付款地银行转汇收款人的一种汇款方式。由于邮程需要时间较长，银行可在邮程期内利用客户的资金，故信汇汇率较电汇汇率低。

标汇汇率，是指银行在卖出外汇时，开立一张由其国外分支机构或代理行付款的汇票交给汇款人，由其自带或寄往国外取款。由于票汇汇率从卖出外汇到支付外汇有一段间隔时间，银行可以在这段时间内占用客户的资金，所以票汇汇率一般比电汇汇率低。

(5)从外汇交易交割期限长短考察：

即期汇率，是指即期外汇买卖的汇率。即外汇买卖成交后，买卖双方在当天或在两个营业日内进行交割所使用的汇率。即期汇率就是现汇汇率。即期汇率是由当场交货时货币的供求关系情况决定的。一般在外汇市场上挂牌的汇率，除特别标明远期汇率以外，一般指即期汇率。

远期汇率，是在未来一定时期进行交割，而事先由买卖双方签订合同，达成协议的汇率。到了交割日期，由协议双方按预订的汇率、金额进行交割。远期外汇买卖是一种预约性交易，是由于外汇购买者对外汇资金需在的时间不同，以及为了避免外汇风险而引进的。远期汇率是以即期汇率为基础的，即用即期汇率的“升水”、“贴水”、“平价”来表示。其中，如果远期汇率比即期汇率贵，高出的差额称作升水(Premium)；如果远期汇率比即期汇率便宜，低出的差额称作贴水(Discount)；如果远期汇率与即期汇率相等，则没有升水和贴水，称作平价(Par)。即期汇率、远期汇率与互换汇率的关系，可用如下计算公式表示：

在直接标价法下：远期汇率 = 即期汇率 + 升水

远期汇率 = 即期汇率 − 贴水

在间接标价法下：远期汇率 = 即期汇率 − 升水

远期汇率 = 即期汇率 + 贴水

(6)从外汇银行营业时间的角度考察：

开盘汇率，这是外汇银行在一个营业日刚开始营业、进行外汇买卖时用的汇率。

收盘汇率，这是外汇银行在一个营业日的外汇交易终了时的汇率。随着现代科技的发展、外汇交易设备的现代化，世界各地的外汇市场连为一体。由于各国大城市存在时差，而各大外汇市场汇率相互影响，所以一个外汇市场的开盘汇率往往受到上一时区外汇市场收盘汇率的影响。开盘与收盘汇率只相隔几个小时，但在汇率动荡的今天，也往往会有较大的出入。

⑦另外，人们常谈论的汇率种类还有以下几种：

现钞汇率，又称现钞买卖价，是指银行买入或卖出外币现钞时所使用的汇率。从理论上讲，现钞买卖价同外币支付凭证、外币信用凭证等外汇形式的买卖价应该相同。但现实生活中，由于一般国家都规定，不允许外国货币在本国流通，需要把买入的外币现钞运送到发行国或能流通的地区去，这就要花费一定的运费和保险费，这些费用需要由客户承担。因此，银行在收兑外币现钞时使用的汇率，稍低于其他外汇形式的买入汇率；而银行卖出外币现钞时使用的汇率则于外汇卖出价相同。

官方汇率，是由一个国家的外汇管理机构制定公布的汇率。在实行严格外汇管制的国家，一切外汇交易由外汇管理机构统一管理，外汇不能自由买卖，没有外汇市场汇率，一切交易都必须按照官方汇率进行。

黑市汇率，是在外汇黑市市场上买卖外汇的汇率。在严格实行外汇管制的国家，外汇交易一律按官方汇率进行。一些持有外汇者以高于官方汇率的汇价在黑市市场上出售外汇，可换回更多的本国货币，而这是黑市外汇市场的外汇供给者；另有一些不能以官方汇率获得或获得不足够的外汇需求者便以高于官方汇率的价格从黑市外汇市场购买外汇，这是黑市外汇市场外汇的需求者。

名义汇率也即市场汇率，与实际汇率对称，是一种货币能兑换另一种货币的数量。名义汇率通常是先设定一个特殊的货币如美元、特别提款权作为标准，然后确定与此种货币的汇率。汇率依美元、特别提款权的币值变动而变动。名义汇率不能反映两种货币的实际价值，是随外汇市场上外汇供求变动而变动的外汇买卖价格。

实际汇率即法定汇率，是按照铸币平价或黄金平价来制定的汇率。在金本位制度下，各国规定了每一铸币单位的含金量，两种货币的含金量的对比称为铸币平价。这是在金本位制度下两种货币实际价值的对比形成的汇率，是金本位制度下的实际汇率。在纸币流通制度下，纸币是黄金的价值符号，起初规定了纸币的含金量，这种纸币的含金量的对比称为黄金平价，以黄金平价作为汇率的决定基础。后由于纸币的法令含金量与纸币的实际代表的含金量脱节，因而纸币汇率改由其实际价值的对比来确定其汇率。总之，无论是在金本位制度下还是在纸币流通制度下决定汇率的基础都是货币实际价值的对比，实际汇率不依外汇市场供求波动而波动，不是市场实际外汇买卖的汇率而应是买卖外汇的基础。外汇市场上实际买卖外汇的汇率总是偏离实际汇率。

外汇管理

外汇管理亦称为外汇管制，是指对外汇的收支、买卖、借贷、转移以及国际间结算、外汇汇率和外汇市场所实施的一种限制性的政策措施。目前，我国外汇管理体制基本上属于部分外汇管制，即对经常项目的外汇交易不实行或基本不实行外汇管制，但对资本项目的外汇交易进行一定的限制。

我国外汇体制改革的目标是：在经常项目下可兑换的基础上，创造条件，逐步放开，推进资本项目下可兑换，从而实施人民币的完全可兑换。经常项目可兑换指对属于经常项目下的各类交易，包括进出货物、支付运输费、保险费、劳务服务、出境旅游、投资利润、借债利息、股息、红利等，在向银行购汇或从外汇账户上支付时不受限制。1997 年，国务院通过立法形式，明确了我国实行人民币经常项目可兑换，其中增加规定，国家对经常性国际支付和转移不予限制。

如何获得合法外汇？

国内投资者想要加入 B 股投资的队伍，首先须合法持有外汇这块进入 B 股市场的“敲门砖”。目前，国内居民合法取得外汇，有如下渠道：

(1)专利、版权：居民将属于个人的专利或版权许可转让给非居民而取得的外汇；

(2)稿费：居民个人在境外发表文章、出版书籍获得的外

汇稿费;

(3)咨询费:居民个人为境外提供法律、会计、管理等咨询服务而取得的外汇;

(4)保险金:居民个人从境外保险公司获得的赔偿性外汇;

(5)利润、红利:居民个人对外直接投资的收益及持有外币有价证券而取得的红利;

(6)利息:居民个人境外存款利息及因持有境外外币或有价证券而取得的利息收入;

(7)年金、退休金:居民个人从境外获得的外汇年金、退休金;

(8)雇员报酬:居民个人为非居民提供劳务所取得的外汇;

(9)遗产:居民个人继承非居民的遗产所取得的外汇;

(10)赡养款:居民个人接受境外亲属提供的用以赡养亲属的外汇;

(11)捐赠:居民个人接受境外无偿提供的捐赠、礼赠;

(12)居民个人从境外调回的、经国内境外投资有关主管部门批准的各类直接投资或间接投资的本金。

哪些外汇可做进入B股市场的"敲门砖"?

境内居民个人从事B股交易,在2001年6月1日前,只允许使用在2001年2月19日(含2月19日,下同)前已经存入境内商业银行的现汇存款和外币现钞存款,不得使用外币现钞和其它外汇资金;境内居民个人2001年2月19日前已经存入境内商业银行,2001年2月19日后到期并转存的,可以作为从事B股交易的资金。2001年6月1日后，允许境内居民个人使用2001年2月19日后存入境内商业银行的现汇存款和外币现钞存款以及从境外汇入的外汇资金从事B股交易，但仍不允许使用外币现钞。

境内居民个人的B股资金账户的收入范围为从现汇存款账户或外币现钞存款账户划入的外汇以及从事B股交易所获得的外汇，支出范围为从事B股交易需支付的外汇以及划回境内商业银行存储，不得用于向境外支付或提取外币现钞。境内居民个人从B股资金账户划回境内商业银行存储的从事B股交易的所有外汇，按照《境内居民个人外汇管理暂行办法》中有关现钞管理的规定以及其它现钞管理规定进行管理。境内居民个人不得从B股资金账户提取外币现钞。

允许境内居民个人从事B股交易后，非居民的B股资金账户的收入范围为从境外汇入的外汇资金、境内商业银行的合法现汇存款以及从事B股交易所获得的外汇，支出范围为汇出境外向境外支付、存入其在境内开立的合法外汇账户以及从事B股交易需支付的外汇，非居民不得从B股资金账户提取外币现钞。

境内居民个人如何提取B股资金账户中的资金？

境内居民个人开立的B股资金账户中的资金只能划回原外币现钞账户，或新开外币现钞账户存储，不能回到原现汇账户。境内居民个人也不得从B股资金账户直接提取外币现钞，如果境内居民个人提取外币现钞，应当按照《境内居民个人外汇管理暂行办法》及其它外汇管理规定中有关外币现钞的规定,从原外币现钞账户或新开立的外币现钞账户中提取。

第三部分

B股市场任我行

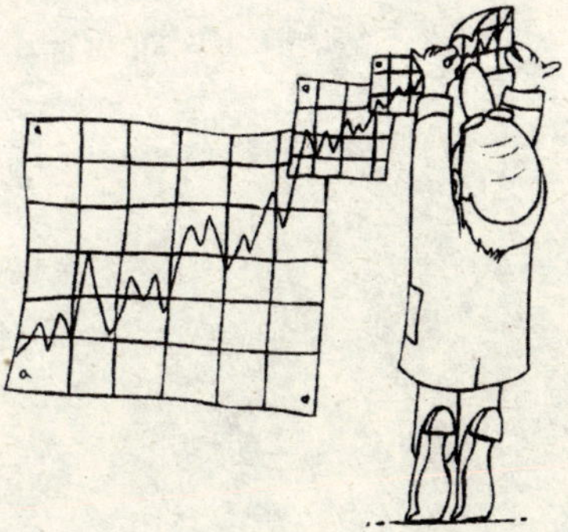

纵览全局看对比

对比A、B股市，析功能各异

在中国股市建立之初，考虑到计划经济向市场经济的过渡，决策层尽可能地要降低我国股市的风险系数。从而导致我国股市成为一个规模小、自由度小、但风险也小的小市场，这其中主要表现在外资不可进入中国股市，2/3的股票不能自由流通（主要指法人股）等方面。这些政策在一定程度上为整个市场的培育、防范金融危机起到了极为重要的作用。

但小市场却并不能顺应经济全球化以及资本市场国际化的趋势，一旦金融市场对外开放——这也是WTO的一项关键内容——大量外资蜂拥而进，小规模市场如何能够承载，最终势必会导致全面崩溃的危险。而且，当时由于政治的原因，以美国为首的西方国家对我国实行经济封锁，有些企业急需外汇却无法在国际金融市场上募集资金。基于这样的考虑，1992年2月，经国务院批准，建立外币交易的B股市场。考虑到城市间未来发展的差异，沪市的交易货币定为美金，而深市则用港币。

由于我国实行严格的金融与资本项目的管制，外国投资者不得进入我国资本市场，但通过B股市场，外国投资者可以顺利地进入和退出我国的资本市场。因此，B股市场的开设是在我国严格的外汇管理制度条件下，对外开放的一个重要渠道。

在本书一开始，大家就了解到B股市场的发展步履蹒跚，例如沪市B股市场，在建立之初的三个月内，就从100点摸高到140点，但历经7载后的1999年，却只剩下可怜的20点。2000年初，B股市场未来的命运，一度聚焦在了舍还是留的争论之上。

舍有舍的理由。首先，应同国际接轨。B股是国际金融市场上所没有的一种金融商品，尤其是在当今世界最发达的美国金融市场上，也并不存在。但竟然存在于金融相对落后的中国，即使是中国国情所致，但也难免被人认为是畸形的产物。其次，B股不规范。主要体现在：第一，A股与B股价格存在巨大差距，同股应同权、同价，为什么价格却悬殊如此之大？当然是不规范；第二，依货币主权论，一国金融市场上怎么可以有两种货币计价的金融商品同时存在呢？这违反单一货币原则，自然也是不规范。再有，B股已逐渐失去当初的意义。如今金融市场的国际化程度越来越高，真正有一定实力的国内公司，都会直接到海外融资，成为香港H股、到美国直接上市都是很好的途径，而B股已经被列入最后的选择，这样B股对外融资的功能大大弱化，于是B股上市公司中传统企业占大多数也就不足为怪了。

但留也自有留的道理。A股市场的市场功能讨论已多，在此暂且作为不言而明。在中国加入WTO的日程表越来越近之时，B股市场的功用得以重新体现。从性质上看，B股属于离岸金融品种。按照现行规则，B股交易市场的参与者应为非居民，这是一个“外—外”型市场；B股的发行市场是由境内企业与外国投资者构成的，即属于“内—外”型市场。以港元计价的深圳B股市场，可视作亚洲港元市场的一部分，而以美元计价的上海B股市场，则是亚洲美元市场的一个组成。搞清楚了B股的性质，就不会出现所谓国金融市场不应该有两种计价货币的错误认识。离岸金融市场是伦敦金融市场的重要组成部分，金融商品的计价货币有美元、欧元和日元等多种货币。纽约市场也存在着离岸金融交易，日元和西欧国家的货币都在充当计价货币；东京金融市场不但有亚洲美元交易，还存在着“美元—日元”双重货币的金融商品。

综上所述，B股是外汇管制条件下具有离岸金融商品性质的创新金融商品，她的某些优点是A股所不具有的：首先，她仍旧是我国企业利用外资的一条途径，发行B股，企业可以直接获得外汇资金；其次，她有利于我国上市公司的规范化经营，由于外国机构投资者对上市公司的信息披露有一整套规范化的要求，从而对上市公司形成较强的约束力；最后，相对于国内投资者而言，外国投资者对股票投资的经验较为丰富，同时也显得较为理性，从这个意义上讲，远低于A股的B股股价是一面镜子，照照镜子，看看泡沫有多大。

体会A、B股市，评B股上涨潜力

我们并非危言耸听，确实对于一个不成熟的、小规模的金融市场，往往是具有相当风险的。但是，对于广大持有外币的老百姓来说，为什么B股市场还是有这么大的诱惑力呢？原因很简单，B股市场具有丰厚的上涨空间。

巨大的A、B股价格“剪刀差”

A、B股价差是B股投资者追求的一个目标，特别是市场投机性较强的情况下，将B股价格与A股价格或同类A股价格相比，上涨空间巨大。从A、B股两个市场平均股价计算，2001年2月19日收盘A股加权平均股价为13.11元/股，而

B股加权平均股价为3.43元/股(按照2001年2月19日1美元=8.27元、1港币=1.06元换算),A、B股的平均价格比约为4倍,有些股票更是超过20倍以上,例如马钢股份、东方电机、兖州煤业等股票。这样看B股将可能存在282%的上涨空间。鉴于B股市场中外投资主体持有不同的投资理念,预计B股的上涨空间一定时间内不大可能达到这种涨幅(不排除个别B股有大的突破)。复盘后随着连续的涨停,A、B股价差的缩小进一步提速。以上海B股市场业绩居前的个股为例,上菱电器在B股停牌前的A、B股价差幅度181.31%,3月2日收盘后缩小为107.01%;东方通信同期原A、B股价差200.95%,现已缩小至115.05%。但在我国资本市场没有完全对外开放和人民币资本项目不能自由兑换之前,上涨空间会具有无限的想象,可想而不可及。也就是说,A、B股价差将在相当一段时间内存在较大差距。

根据以上有关分析可以看出,B股短中期内,从开放伊始的基础水平整体升幅可升达70%左右,长期看B股的上涨空间将可能超过280%。

为何同一上市公司的股票,A股和B股的市场价格却有如此差距呢?

一是由于市场规模的制约。中国国内投资者缺乏丰富的投资选择,只能投资A股市场,而国外投资者选择的投资品种较多,因此A　B股市场的需求极不平衡,造成A股价格远高于B股价格。

二是市场分割和信息非对称。由于国内投资者较国外投资者拥有更多的国内企业的经营信息,或者能够更早地获得企业信息,或由于不同的会计准则、信息披露制度和语言障碍，导致国外投资者比国内投资者面临更多的风险。因此，国外投资者会用更高的预期收益来面对风险，这样他们所愿意支付的B股价格就要比A股低。

再有市场流动性上的分析。由于B股的流通总市值小，截至2001年1月底，沪、深两地B股市场的流通市值约70亿美元，其交易没有A股交易活跃，交易成本也比较大，所以B股的价格也会低于A股的价格。

最后在投资理念上。由于国内外投资者对企业业绩、现金红利和股票红利认同的差异，也导致了对同一个企业股票市场价格认识上的差异。国内投资者对企业业绩和现金股利不敏感，而对高比例的红股有异常的热情。这些理念都与国外投资者有显著的不同，而实际上中国大多数企业上市后业绩一年不如一年，这样，仅仅主要针对国外投资者的B股股票价格就会低于A股股票价格。

市盈率差的背后

原B股的境外投资者，由于有国际成熟市场的运作经验，一般比较关注业绩的成长性和分红的多寡，对市盈率水平的高低较为敏感。目前A股市场平均市盈率水平在50倍左右，而开放伊始时B股市场整体市盈率平均水平在15倍左右；复盘后B股连续涨停，截至7日收盘，沪市B股平均市盈率达29倍，深市B股平均市盈率17倍，而对应的两市A股平均市盈率分别为54倍与50倍，仍旧相当悬殊。所以两市B股经过兑现盘的换手整理后，估计仍可重拾升势。

简单对比，B股整体上应有较大上涨空间。那么到底向谁靠拢呢？可以用定期存款利率指标进行衡量。目前人民币和外汇美元的存款利率不同，导致投资者不能简单类比A、

B股市场的股价高低。但可以作为一个标准计算A、B股的买卖参考市盈率。从下表可以看出，采用市盈率法计算的深沪两市B股整体上涨空间约70%，其中深圳市场B股的想象空间可能相对较大，达到120%左右，而上海B股整体升幅可能小一些，大约25%。当然按照市盈率法计算的股票市场空间是一种静态的观点，实际上股票市场的市盈率不同于用银行存款利率折算的市盈率标准，这里只是作为大家投资的一个参考。

表一：深沪A、B股市盈率均为2001年2月19日收盘平均市盈率

项　目	平均市盈率(倍)	人民币一年期存款利率折算的市盈率(倍)	港币一年期存款利率折算的市盈率(倍)	美元一年期存款利率折算的市盈率(倍)	按照存款利率计算的上涨空间
A股市场	52	44.44 (2.25%)			-14.54%
深圳B股市场	12.09		26.7 (3.75%)		+120.60%
上海B股市场	20.90			26.23 (3.8125%)	+25.50%

在连续5个涨停后，沪深B股市盈率分别达到30倍、18倍，按照同股同权的基本投资法则，B股市场应该说仍有继续上涨的空间。

存款与市值的衡量

如果仅从储蓄存款资金余额和流通市值比角度分析目前市场格局，也可以作为一个投资参考标准。从表二可以明显看出，假设A股市场目前的存款市值比约4倍的水平较为合理，那么B股市场10倍比的水平是否预示着应该降一降。如果简单推算也降为4倍，则B股流通市值可以上升到1 550

亿人民币。按照目前B股流通市值约600亿元人民币推算，上涨空间约158%。需要说明的是目前约6 200亿元(人民币计价)外汇(含外币)存款中实际上有大部分是中长期定期存款，真正能够流入股市的资金应该是有限的，另外这里对于储蓄存款的简单类比没有考虑境外投资者的资金数量和投资意愿，有较大的片面性。因此用这一方法来进行B股上涨空间的测算，准确性不是太高。但作为推断B股市场具有上涨潜力的一种思考角度，还是大有参考价值。

表二　2000年末人民银行统计数据和最近外汇统计数据

项　目	人民币储蓄存款(亿元)	外币存款(含外汇存款)(亿元人民币)	流通市值(亿元人民币)	储蓄存款/流通市值(倍)
A股市场	约6万		约1.5万	约4倍
B股市场		约6 200	约600	约10倍

B股急涨后的思考

在连续一周的持续涨停后，3月6日，部分沪市B股打开涨停板，预示着整个市场将出现大幅震荡，其后B股会出现分化，齐涨齐跌的现象会有所弱化。涨停板打开之后，B股进入放量振荡时期。经过大幅震荡，大量资金涌入B股市场之后，短线看B股市场应还有一定的盈利机会，但不再是“拣到篮子都是菜”了，投资者更是到了智慧投资把握盈利的时候了。

再看A股市场，3月1日起，新股发行都要进行网上路演，发行的市场化步伐更迈进了一步。据此推测，发行价格的市场化也将为期不远。所以，一直云集一级市场的资金将出现分化，一批成本较高的资金，在发行价格市场化之后将面临无钱可赚的窘境,另寻生财之道就成了它们的当务之急。银行股的上涨很可能就是上述的一部分资金将股价走势长期表现不佳,但盈利较有保证且行业前景仍较为乐观的大盘金融股当做了短线的建仓对象。但是,A股市场后市面临国有股减持、创业板市场等诸多因素困扰,一级市场部分资金的流入尚不足以使市场展开新的升势。

所以,就两个市场比较而言,短线B股市场更具备可操作性,在选股中投资者应重点关注沪市小盘B股和绩优B股。A股的机会短线看来不是很大,但一些市盈率较低的品种也可建少量中线仓位。

品味B股沪深两市,问孰强孰弱

投资B股市场,选择深市还是沪市呢?这其中最主要的无非要看深沪市分别还有多少的上涨空间。尤其对于新入市的股民来说,这直接关系着未来可取得的收益的多少。

如前所述,复盘前上海B股市场的平均市盈率为20几倍,2000年中期平均每股收益为0.06元,而深圳B股市场的平均市盈率为12倍左右,2000年中期平均每股收益为0.10元。可见,上海B股市场平均市盈率高出深圳市场将近一倍,平均每股收益低于深圳B股40%。从理论上来看,深圳B股与上海B股相比,深圳B股市场比上海B股市场具有较好的投资价值。在经过复盘后的连续涨停,沪市的简单平均市盈率已经达到26.8倍,加权平均市盈率为32倍左右,已超过国际上25倍的平均市盈率水平。

长期以来,都存在沪强深弱的格局。以2000年的情况看,两市共114家个股中,除去PT中浩和PT水仙外,年内涨幅前十位的B股中没有一只深市股。统计显示，涨幅最大的深市股ST深益力排在涨幅榜第22位。不仅是个股涨幅，大盘指数和成交量各种指标也都显示出这一特点。市场永远是正确的，这种厚此薄彼现象有其发生的必然性。首先，由于以不同币种进行交易和结算，两个市场基本上是完全隔绝的，投资者无法产生因逐利而相互流动的现象。从一般角度讲，沪深两市的投资者是不同的投资群体，两市的资金来源来自不同的渠道。其次，深市B股是以港币进行交易与结算的，虽然同样是可自由兑换的货币，但与美元相比，港币具有一定的局限性。在一般的商品市场和金融市场中，除亚洲特别是东南亚国家和地区外，港币基本上流通的范围较小，其地位与作为世界货币的美元绝不能同日而语，这种差异造成两个市场投资者的巨大不同，使沪市B市投资者和资金来源更趋多元化，而深市则相对单一。多元化的投资者和资金来源使沪市具有更强的抵抗系统风险的能力，最明显的例证是，从1997年金融危机以来两市都受到了主要来自外资撤退的沉重打击，多元化的投资者和资金来源使沪市经过了投资者的更替后，比深市更快地从谷底走出，有资金的注入和成交量的放大才有市场的活力。近期上交所公布的减少交易壁垒的五大措施(降低交易和结算费用等)更加确立了这一格局的地位。

深沪两个市场呈现各自特点。其共同点是，在两市涨幅居前的个股，都是业绩较差、价格较低的所谓重组概念股。如沪市的胶带B、金泰B、ST钢管B等，深市的ST英达、ST大洋B、ST中华B等，而绩优股的表现却不尽如人意。在同期沪深B股股指分别上涨125%和54%之际，两市个股却出现下跌的4家分别是杭汽轮B、深赛格B、深康佳B、小天鹅B。两市的不同之处在于，沪市的板块联动效应较为明显，市场上本地股和异地股、重组股和债优股的区分十分明显，阶段走势完全不同；而深市基本上只是个股行情，除ST股和新股今年走势总体较强之外，其它个股因各自业绩、题材等不同而有不同的市场表现，互相之间没有明显的联动效应，整体上较为凌乱和分散。

沪市本地重组股成为去年至今年A、B股市场的宠儿。十大强势股中无一例外都是上海本地的重组股。两市1999年3月探底以来，基本上确立了大盘的底部，八年的下跌行情出现反转。这一过程中，原先最不被市场看好、平均价格垫底的沪市的本地重组概念异军突起，一只又一只个股成为近两年来的市场明星。这类个股的特点是：数量多，占沪市上市公司总数的75%，形成对市场的强大影响力；较早上市，多集中在1992年至1994年期间；绩平或绩差，1999年平均每股收益仅为0.053美元；兼有A、B股且B股流通盘大；传统行业居多，公司经营状况不佳。这类个股在沪市中所占比例之大，长期无利润可供分配，严重影响了投资者的投资热情和市场的发展，而企业又无能力摆脱困境，因此当地政府从1998年起对这类企业采取了倾斜政策，企业的资产重组工作成为重中之重的话题。而个别企业成功的重组案例(早期的上菱B、汇丽B、近期的轮胎B等等)引发了市场对这类企业的无穷想象力，导致了市场上对板块内个股的极度炒作。截止到2000年12月20日，沪市B股平均股价为0.454美元，而1999年每股收益远低于异地平均水平的本地股中，价格已明显攀升至平均价格甚至其上的水平。A股市场也不例外，近期的胶带、ST钢管、ST中纺的巨大涨幅使这类股票令人瞩目,A、B股互相影响的联动作用盘中也屡见不鲜。

总之我们认为,短期内将会深弱沪强,截至3月7日收盘,深市55只B股、沪市4只B股连续3个交易日达到涨幅限制,可见一斑。深市B股在相对落后之后将变得比沪市更具投资价值。其原因在于:

首先,由于以往深市B股的开户限制在某种程度上要比沪市严格,这造成了国内投资者进入深市B股市场的难度,而近两年B股市场的投资主体主要是以境内外汇资金为主,这就使得深市B股无论是交易活跃程度还是相对涨幅都要逊色于沪市。然而,此次允许国内投资者进入B股市场的措施出台而使得沪、深两地B股市场的准入门槛持平。这样,深市B股将重新有可能与沪市看齐。

其次,比较沪、深两地B股上市公司的盈利情况,我们也可以发现在某种程度上深市B股上市公司的整体质量要优于沪市。根据国际审计准则公布的B股公司年度报告,深市B股公司在1999年度整体业绩较1998年度大幅增长,显示扭亏卓有成效。而沪市B股公司1999年度整体业绩较1998年度则有所下降,B股公司面临的重组压力较重。

第三,从沪、深两市A、B股之间的差价我们也可以看到,去年6月间,沪市平均差价倍率为6.06倍远高于深市的4.83倍,而经过这半年"沪强深弱"的运行,目前沪市为4.09倍已低于深市的4.46倍,从这角度出发,也可以认为深市B股的投资机会已略高于沪市。

第四,B股复盘连续涨停后,3月6日深沪B股市场盘中震荡加剧,成交量剧增。深市继连续收出4个涨停板后,再度以涨停板报收,并创出历史新高 203.17 点,成交 39 790 万港币。沪市报收 127.47 点,涨幅 5.07%,成交 84 953 万美元。但沪市除十余家个股依旧封在涨停外,其余 30 余家个股涨幅收窄,更有 6 家下跌,指数未能突破历史高位 140.85 点。可见深强沪弱的走势明显。加之按照现有美元和港币存款利率计算,B 股的市盈率在 26 倍左右,沪市市盈率已接近 30 倍,风险加大,而深市只有 18 倍左右,依旧在投资安全区域。同时,沪市出现明显的弱势板块。轻骑 B 股(900946)、五菱 B 股(900950)、陆家 B 股(900932)等在 3 月 6 日放量下挫,这些个股有的业绩较差,其下挫表明了市场的取向。而深市有望延续涨停走势,如有买入机会,对低价大盘、业绩较好的个股如本钢板 B(2761),绩优股中鲁 B(2992)、鲁泰 B(2726)、深万科 B(2002)等;对沪市走势强劲,同时有业绩支撑的个股如茉织 B 股(900955)、鄂绒 B 股(900936)、凌云 B 股(900957)等也可择机介入。

第五,从发展的眼光看,要一分为二:一方面,深圳 B 股的价位是从底部起来的,在市场资金量方面要比上海强,因为港资进入深圳市场相对要方便一些,估计经过进一步的换手后,在 5 月底仍然有望再出现一波行情,只是会受沪市的部分拖累;另一方面,长远来看,受交易和结算币种的限制及投资者和资金来源的限制,沪强深弱的格局还会再次出现。两地的资产重组类个股仍有继续走强的趋势,到 2000 年年报出完(2001 年 4 月底),业绩的良莠之分明确后,这一板块的炒作有可能告一段落。一些题材不明确或重组后无法给企业的长期业绩增长带来动力的个股有可能因过高的股价带来风险。与此同时,异地的绩优板块有可能整体走强,这类股票中出现黑马的概率更高，如东电 B、龙电 B、鄂绒 B、锦港 B 等。深市仍将以个股行情为主，万科 B、中集 B、闽灿坤 B 等或因业绩良好或因题材独特仍有上涨空间。行业成长性良好、企业业绩稳定的两市新股板块有望成为市场共同的焦点。另外，随着 WTO 的日益临近，受益于入世概念的纺织的外贸个股，最近的强劲走势已初现端倪，后市可重点关注。

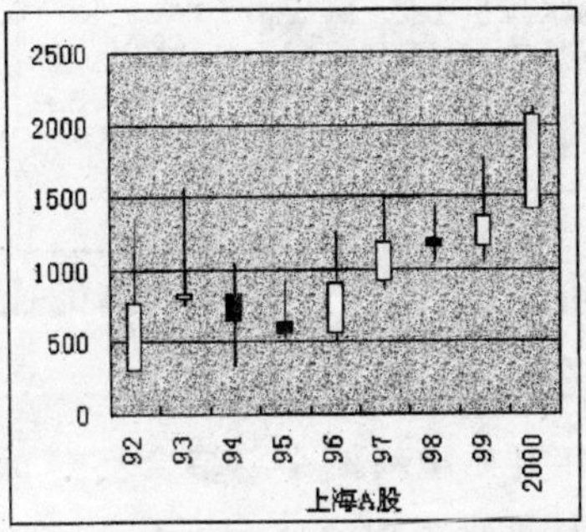

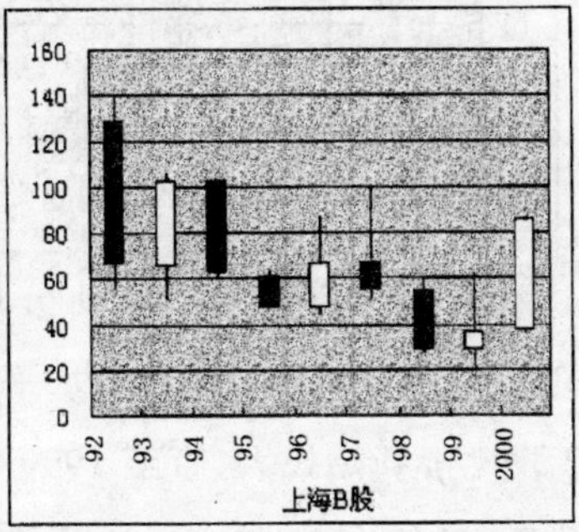

A、B 股市，路向何方

上图为上海 A、B 股的年线（截止于 2000 年 12 月 22 日）。我们注意到自 1992 年来，上海 A、B 股的年度走势不尽相同。而从 1999 年开始，现已连续两年年线收出相同的烛体。可以这么说，这是在金融危机后，境外资金退出，国内投资者介入加深的结果，毕竟国内投资者对于国内整个证券市场的走势看法是基本一致的。预计今后，随着 B 股投资基金的设立，市场资金的不断壮大，这种联动会继续保持下去。A 股的牛市自 1996 年开始已经持续了五年，而 B 股呢，只能说是小牛刚露尖尖角，2001 年的年线—— 一颗光头光脚的大阳线预示着今后的行情将是一个不断刷新高点的过程。

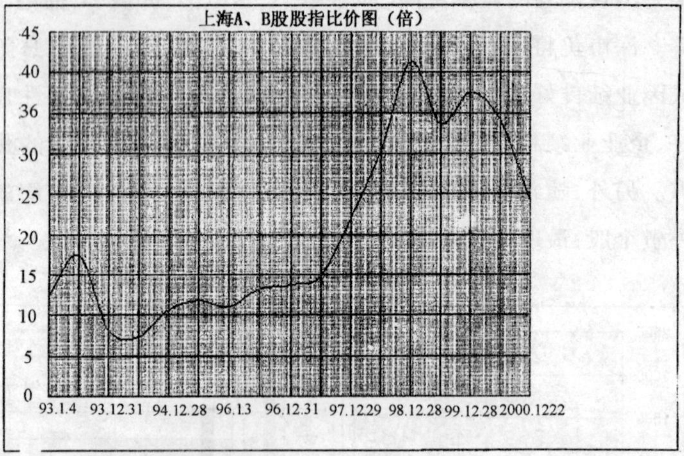

首先看看股指的对比分析。1993 至 1996 年股指的比价基本保持在较为稳定的水平(10～15 倍),1997 年之后,A、B 股比价开始拉大,直至 1999 年开始重新缩小。结合基本面分析,显然 1997 年之后比价的拉大是受到境外资金离场的抛售;随着金融危机的结束,以及境内机构的逐步介入,比价开始缩小。根据对上海 A、B 股的年走势分析及 1993 年以来两个市场股指对比(如上图),可得出一些分析结果如下:(1)由于所代表的股权、其背后经济内涵的一致性,以及 A、B 股市场合并的未来可能性,境内投资者参与的两个市场将继续保持紧密的联动。(2)A 股 2000 年登上 2 000 点,创出历史新高,而 B 股当时的点位仅相当与历史最高点的 60%。如果说 A 股能够正确地反映基本面的形势的话,那么在 B 股市场自身一系列利好(对境内居民开放、B 股投资基金、降低佣金、合并)的前提下,出现补涨,创出历史高点是一定的。(3)以历史数据分析(如下表), A、B 股股指由极端时的相差 40 倍以上正向 20 倍以下回归,而且正呈加速之势。可以预计 2001

年,B股的走势仍要强于A股,这也是B股市场在经受了金融危机的矫枉过正之后的一个报复性回升。加之现在对内开放后大量新增资金入市,B股的牛市刚刚来临。

值得注意的是,B股价格的定位,开始会出现齐涨,但B股公司也不是铁板一块,走势分化势在必然。但由于B股市场和A股市场一样不存在卖空机制,因此B股的市场价格将会高于合理定价,寻找有绝对投资机会的股票不大有可能,只能在相对的投资价值分析中寻找机会。另外,在市场对B股的需求增加后,B股的私募发行方式不透明,理应有所改变,如果改变成上市定价申购方式,那么将可能会为投资者带来一定的申购收益。

	93.1.4	**93.6.2**	**93.12.31**	**94.5.30**	**94.12.28**	**95.6.30**
A	814	1081	833	544	649	630
B	65	62	103	74	61	53
倍	12.52	17.43	8.08	7.35	10.63	11.88
	96.2.3	**96.5.30**	**96.12.31**	**97.6.2**	**97.12.29**	**98.5.28**
A	542	636	917	1336	1186	1397
B	49	48	67	90	54	46
倍	11.06	13.25	13.68	14.84	21.96	30.36
	98.12.28	**99.5.31**	**99.12.28**	**00.6.2**	**00.12.22**	
A	1159	1279	1348	1916	2069	
B	28	38	36	56	86	
倍	41.39	33.65	37.44	34.21	24.05	

(表中数据为沪市A、B股指收盘价及相差倍数)

有关专家预测,在放量振荡时期后,B股将迎来它的蓄势盘升阶段,特别是在6月1日左右,B股很有可能再创历史新高。从长期来看,A、B股股价将会越来越接近,B股市值将会进一步抬高。

未雨绸缪话 B 股

B 股市场除了股价表现长期低迷之外，还具有一些与 A 股市场不同的特征，作为 B 股投资者，你了解吗？

B 股上市公司概貌

行业扫描。沪深两地 B 股市场行业分布具有很大的趋同性，特点是绝大部分为传统行业，如房地产、传统制造业（家电、汽车及汽车零配件、机械制造、纺织和造纸业等）、商贸旅游、酿酒饮料、能源交通和基础设施（电力、港口、公路运输）、综合类等。据统计，上述传统产业公司总数为 107 家占了两市全部 B 股公司的 91%。这种产业特征也体现在新股发行频率加快的 2000 年，全年新上市的凌云 B、粤华包、中鲁 B、山航 B、帝贤 B 和雷伊 B 等 6 家公司中，均分属建材、包装、远洋渔业、航空和纺织服装等传统行业。

与此形成鲜明对比的是，属于高技术产业的公司很少。从行业属性看，两市仅有 7 家分属于制药（丽珠集团）、电子元器件（深赛格、京东方、真空电子）、通信设备（宁通信、上海邮通、东方通信等）等高技术产业。这些公司中，上市公司最早的是真空电子（1992 年），1997 年以后上市的公司中，基本上看不到高技术产业企业的身影。

事实上，同 A 股市场一样，B 股市场上市公司的产业结构也处于不断变化调整之中，目前对 B 股公司的行业划分已不足以准确地反映公司实际从事的产品和项目层次，有的公司虽然在行业划分上属于高技术产业，但是所从事的产品和项目已经跟不上经济发展和产业结构演变的加快，已经不能算严格意义上的高技术产品和项目。相反，一些处于衰退性传统行业的公司，为适应市场的需要，纷纷以资产重组为载体，通过大股东易主、资产置换和项目投资等方式，部分涉足或全面介入盈利性、成长性较高的新兴产业，这类公司的投资价值也将随之而重新定位。如业绩连年下滑的ST钢管正与宝钢信息产业有限公司进行重大资产重组，重组成功后可望淡出钢铁制造业，进入信息产业；以电力开发为主业的东电B2000年11月发布公告，拟出资4.875亿元参股中国光大银行，出资2.85亿元参股交通银行，12月底再次发布公告，拟以自有资金2.2亿元参与南方证券增资扩股，认购2亿股，进入金融业。

股权结构。在114家公司中，同时发行A、B股的公司有87家，总股本10亿以上者为东电B股、陆家嘴、深深房、长安汽车、本钢板材和氯碱化工等公司，只发行B股的有27家。从流通B股绝对数量看，最大为1997年上市的东电B股(69000万股)、陆家嘴(50960万股)，最小为1994年上市、从事电子产品开发的超小盘股深本实B，总股本仅6050万股，流通B股1573万股；从B股在总股本中比重看，最大的均为1994年上市的华新水泥(49.94%)、国旅B股(49.79%)，最小的为大江股份(8.88%)、深康佳(10.60%)。

发行B股的公司中，尽管总体上国有股、法人股比重在60%左右，但作为主要面向境外投资者的投资品种，这些公司的股本结构方面仍同A股市场有一定的差异：一方面表现在36家公司无国有股，占全部上市公司总数的31.58%；另一方面，23家公司拥有外资发起人股，这些公司一部分为1995年前进入公司，此后因公司发行B股而成为B股上市公司，这些发起人股被锁定，不能通过二级市场正常退出。

业绩表现。从总体上看，发行B股公司中，有一部分业绩较好，主要集中在基础设施、能源、通讯、造纸和机械制造等行业，其中从事集装箱制造的中集B连续三年居每股收益榜首，说明市场定位准确、拥有竞争优势的传统行业仍具有广阔的市场前景。与此同时，相当一部分B股公司业绩一直不佳，并存在结构性差异。以2000年中期业绩为例，A、B股并存的公司业绩不仅落后于纯B股公司，而且也不如两市上市公司的平均水平。根据统计，2000年中期B股平均每股收益0.0820元/股，而深沪两市上市公司每股收益平均为0.1037元/股。由此明显看出，B股上市公司整体业绩比整个证券市场上市公司业绩要差26%。

B股上市公司的价值发现

尽管A、B股分属两个相互隔离的市场，但由于处于同样的市场经营环境，同时很多公司既发A股、又发B股，在基本面方面具有共同之处，客观上存在价值回归的问题。

A、B股联动中的价值回归

我们通过找出A、B股比价偏差程度来探讨A、B股联动中的价值回归问题。这种比价关系首先体现在B股中有很多股票的股价低于其净资产，其次与A股相比，这些股票的整体市盈率偏低。再次，具有A股的B股，其B股的股价与A股相距甚远。

我国B股最初的投资主体主要是境外法人，经过1996年管理部门对国内B股账户的清理以及1997年5月禁止大中型企业及上市公司炒作股票，海外投资者在B股投资者结构中的优势更加显著,且仅机构投资者就占据一半以上的市场份额。由于他们不能投资A股,所以他们对A、B股价的比价关系并不明显,但是随着投资主体的变化,我们可以从2000年7月底B股市场统计资料看到,深沪两市B股开户数为22.98万户,其中个人投资者为21.39万户,占总数的93.08%;而机构投资者仅为1.18万户,占总开户数的5.13%。此外,统计资料还表明,目前有近70%的B股投资者来自于国内。他们中,有合法的市场准入者,也有非法的市场进入者,且后者在数量上甚至超过前者。越来越多的境内投资者,他们明显地感到了A、B股的比价关系,正是他们发现了这种投资机会。

以沪市的金泰B股为例,其每股净资产为1.56元,而其股价1998年11月时最低为0.054美元,折合人民币为0.45元。2000年4月底时,股价为0.148美元,2000年6月底股价为0.304美元合人民币2.51元左右,涨幅达到105.4%。而作为沪B股中绩优股的大众B股,每年平均业绩为0.40元/股左右,每股净资产为3.30元,从2000年4月底到6月底,股价从0.402美元上涨到0.542美元左右,涨幅也就在34.8%。深市B股也如此。2000年4月到6月B指的大幅度上涨基本上市由于这类B股股价上涨带动的。

到2000年年底为止,深圳市场A股市盈率(简单平均)为71.55,而B股的市盈率(简单平均)为15,两者之间存在着明显的差距。目前沪、深两市B股股价同净资产之比为2.41,具有A股的B股,其A股的股价同B股股价之比平均为4.30,如果将来A、B股合并,至少在现在所有的B股都比其A股更具投资价值。

虽然经过2000年B股的整体上涨，这种比价差距已经渐渐缩小，但是我们仍旧可以从A、B股比价关系考虑，发现一些具有投资价值的B股。

资产重组板块的价值定位

同A股市场一样，近年来资产重组也是B股市场的热点之一，投资价值也可以从这一板块中产生。以上海B股为例，上海本地B股居多，从行业上看又多是夕阳产业，他们近年业绩大幅滑坡，微利或者亏损。这些工业类上市公司资产重组项目是上海市1999年重组工作的一个重头戏，重组绩效必将在其后的年份中体现出来。到目前为止，1995年前上市的B股公司中已有60%以上涉足重组。经重组效益已得到大幅提升的个股如上菱、三毛、真空等已经在市场上形成了示范效应。通过重组进入新的行业，为今后的发展创造出良好的前景，这种在A股存在的投资理念，在B股中也得到运用，特别是这类的B股股本均偏小，有扩张的需要。他们的投资价值也得到了投资者的充分挖掘。

但是从2000年10月份B股股指的上涨中已经基本体现出了投资者的这种投资理念，上海本地重组类型的B股上涨是年底B股股指上涨的主要原因。从2000年10月初到12月底，胶带B股上涨104.62%，ST钢管B上涨67.83%，而同期上海B股上涨44.16%。与此同时一些尚没有明确重组的计划的上海本地B股也纷纷上涨。但是目前为止，不论从累计涨幅，还是从绝对价值来看，它们的投资风险已经相当大了。

热点行业的投资价值

从2001年A股市场来看，普遍认可的热点行业有通讯、生物医药、房地产、WTO相关行业等，如果考虑B股投资者新规定的执行，B股市场的投资主体将主要成为境内投资者。那么对于2001年B股的投资理念，经过2000年B股的普涨价值发现型机会已逐渐减少，而上海小盘B股重组在经过概念之后，也不会很快有明显的业绩提升，所以2001年B股的投资机会将会集中在与A股具有相同投资理念上的股票。也就是2001年最具投资价值的B股也会集中到与A股相类似的热点行业上来。

B股板块淘金

毋庸置疑，国内投资者的参与将给B股市场注入新的活力，一直以来被严重低估的B股投资价值也将因此得到回归。而A、B股的巨大股价差距、B股的低市盈率以及B股股价与每股净资产不足1的比值，更给广大投资者带来了巨大的想象空间。一批具有绩优、WTO、高科技、房地产和能源行业和重组概念的B股上市公司将成为投资者追逐的热点。

绩优概念股

绩优蓝筹股一直都是证券市场投资热点。因此，目前的B股上市公司中的一些业绩保持稳定增长、成长性好、分红稳定的个股将受到中长线资金的青睐，并将成为B股市场的领头羊。这些应被看好的个股包括：沪市的东信、鄂绒、海欣，深市的中集、深南电、粤照明、粤电力等。

WTO概念股

随着加入WTO的时间日益临近，B股市场相关的WTO概念股将是今年国内证券市场的又一投资热点。港口、交通运输、纺织服装以及外贸等行业的上市公司将直接受惠。它们中包括:沪市的三毛、开开、鄂绒、锦港、海航和深市的深赤湾、鲁泰、招商局等。

高科技、房地产和能源股

随着国内投资者的加入,曾经在A股市场倍受追捧的以通信、生物制药、新材料等行业为代表的高科技行业上市公司,以及目前正步入行业增长阶段的以房地产、能源、电力等行业为代表的传统行业上市公司,也将成为B股市场关注的焦点。相关公司包括:沪市的东信、龙电、邮通、金桥和深市的宁通信、深南电、粤电力、深万科等。

重组概念股

近年来,传统行业上市公司进行资产重组的越来越多,其中有相当一部分公司含B股。通过实质性资产重组,这些公司的资产质量和经营业绩都有了较大的改善和提高,有的公司还实现了由传统行业向高科技行业的升级转型,有的公司甚至跻身绩优上市公司行列。这些公司包括:沪市的上菱、冰箱、三毛、轮胎、汇丽、二纺和凤凰等,值得关注。

哪类B股走得更远

B股市场复盘后,短期内产生爆发性普涨行情后,建议投资者介入时不应盲目,应选择真正有基本面支持的品种,只有这些品种在与A股价格并轨的趋势中才会走得最长、最远。

考虑到普涨中可操作性不强,所以给出一个大致的操作空间,回避累计涨幅高的个股(尤其是资产重组类)。建议股价涨幅在30%以下仍旧可以买入,30%~50%之间个股的选择较为重要。若一步到位在50%,建议观望,待股市平稳后再考虑。

绝对价位低、A、B股差价大的股票

绝对价位较低的B股股票。因为开市初期肯定是一种普涨状态，因此选取一些低价位的股票，如折合人民币1～2元的个股，其上涨空间较大。

A、B股并存且价差较大的股票上涨空间会较大。以2月19日收盘价为例，A、B股价差（按牌价折算后）在5倍以上的有17只，去除ST、PT股票后共9只，分别是深南玻B(2012)、深华发B(2020)、飞亚达B(2026)、深益力B(2028)、宝石B(2413)、胶带B(900907)、轮胎B(900909)、凤凰B(900916)、邮通B(900930)。

具有较大内在价值的个股

首先是市盈率最低的B股排名，如表三。其次是B股市净率排名（市净率＝市价/净资产值），如表四。

表三　沪深B股市盈率排名

	股票名称	市盈率(倍)		股票名称	市盈率(倍)
沪市	东电	8.90	深市	ST中华	3.09
	真空	11.54		深康佳	5.76
	上菱	11.96		中集	6.17
	凌云	13.71		本钢板	7.42
	大众	14.11		小天鹅	7.84
	黄山	15.34		古井贡	8.41
	华源	15.77		粤高速	9.30
	龙电	16.10		粤照明	9.85
	鄂绒	16.11		晨鸣	10.05
	新亚	16.43		深南电	10.15
	锦港	17.41		粤华包	10.44
	东信	18.55		中鲁	10.56
	莱织	18.56		招商局	10.70
	海欣	18.97		粤电力	11.02
	上柴	19.11			

净资产收益率也是较好的衡量指标。2000年中期的B股上市公司的净资产收益率前五名(剔除2000年下半年上市的新股)为:鲁泰11.49%,闽灿坤11.29%,莱织华11.00%,张裕10.55%,晨鸣8.24%。

B股股价折算为人民币后低于每股净资产的股票,其价值回归的要求更为强烈。共12只,分别是深康佳B(2016)、招商局B(2024)、深赛格B(2058)、小天鹅B(2418)、皖美菱B(2521)、大冷B(2530)、粤电力B(2539)、沙隆达B(2553)、苏常柴B(2570)、长安B(2625)、本钢板B(2761)、上柴B(900920)。

符合国外理性投资者选股思路的个股

国外投资者的选股特点为流通性好、有垄断性或涉及国计民生、资源的稀缺性,境外的知名度高,有较稳定的投资回报(即分红派现),较充裕的现金流量与良好的财务状况的股票。预计国外投资者会选择东电、东信、深万科、振华、龙电、上菱、张裕、黄山、鄂绒、大众、本钢板等。笔者看好东电、张裕、龙电、振华、鄂绒、深万科。

增发与重组板块

增发对B股投资者的收益是非常明显的,无论对已经或可能增发的个股均应保持关注。这也是投资者最可能获利的投资品种。

表四 B股市净率排名

	股票名称	市净率(倍)		股票名称	市净率(倍)
沪市	轻骑	0.76	深市	本钢板	0.69
	上柴	0.88		皖美菱	0.70
	新锦	1.02		晨鸣	0.71
	上菱	1.08		苏常柴	0.71
	海欣	1.11		沙隆达	0.73
	新亚	1.12		深康佳	0.76
	鄂绒	1.16		鲁泰	0.77
	振华	1.24		小天鹅	0.79
	华新	1.27		瓦轴	0.80
	龙电	1.27		大冷	0.80
	真空	1.29		粤照明	0.84
	伊煤	1.33		粤电力	0.94
	氯碱	1.34		招商局	0.95
	耀皮	1.36		张裕	0.98
	凯马	1.37		深赛格	0.99
				长安	1.02
				丽珠	1.09
				苏威孚	1.11
				古井贡	1.12
				武钢	1.15
				深方大	1.17
				深赤湾	1.18
				深万科	1.19
				粤高速	1.19

首先是可能增发A股的B股。仅有B股的上市公司是最有可能增发A股的对象，目前仅有B股的上市公司有：ST大洋、瓦轴、武锅、深基地、宁通信、杭汽轮、粤华包、深建摩、中鲁、闽灿坤、深本实、山航、帝贤、雷伊、鄂绒、伊煤、凯马、东电、五菱、国旅、大化、东贝、汇丽、金泰、凌云、茉织。

二是已经增发或刚配A股的B股，如龙电、振华、张裕、开开、海欣、粤照明、晨鸣、新亚、鲁泰、深康佳、上菱、京东方、真空、粤高速。更为看好的转型至医药领域的开开、海欣；能得到国外投资者认同的张裕、龙电、振华、上菱、粤照明。总体上，此类个股的市场风险较小。另外，对A股市场炒作充分的胶带、金泰等，虽然可能得到增发，但主力获利过于丰厚且信息不对称，所以不作考虑。

三是单价低、可能有收购题材的个股。由于B股市价低，总流通市值不大，相对而言深圳B股有收购题材的可能性更大(ST先不算)。低于3港币的有：武锅、深建摩、长安、本钢板、宝石、深深房、皖美菱、瓦轴、深赛格、沙隆达、大冷、深国商、山航、粤华包、深华发、丽珠、飞亚达、深基地。

近年来上市的B股

由于相对没有套牢盘，而且介入其中的肯定是长线投资者(相对筹码也集中)，可从这一角度考虑，具体有：茉织华、东贝、凌云、粤华包、中鲁、山航、帝贤、雷伊。

含A股的B股

B股复盘后的一周，走势波澜起伏，震荡幅度之大颇令人惊心动魄，其中含A股的深圳B股联动走强，预计这一热点仍将在含A股而A、B股差价较大的个股中延伸下去。

潜力股推荐

这里，我们节选了最近各个媒体的潜力股推荐，从多角度供您参考。但还是那句老话“股市有风险，投资需谨慎”。

第一种意见

把个股分为两类：一类是价值型低市盈率的个股，按照美元定期利息3.5%的比例看，我们初步把价值型个股的投资上限定为30倍市盈率，同时考虑A股的股价；二类是非价值型个股，市盈率比较高，A股的股价高出B股4～8倍，A股的主力基本是控盘炒做，故不排除该主力在同一公司的B股份额上再做一回多，摊低A股的成本，这样，B股股票的投机上限是A、B股股价的平均值。

具体来说，在质优股中，粤电力B、中集B、张裕B等都值得投资，从中线角度来讲这些股票风险比较低；在老牌绩优股中，深方大B、苏常柴B两只股票的股价反应其基本面一般，但从“5·19行情”后都没有大涨，公司基本面调整已到底部，A、B股差价较大，经常出现放量情况，有资金在建仓，可以留意；新股次新股整个板块看好，特别是中鲁B值得关注，该股基本面较好，盘子小，与清华大学合作海洋药物的研究，上市后的两个月内换手率达300%，有资金在建仓；至于绩差股、ST股，只可投机，不可投资。

第二种意见

第一类是绩优B股板块。在沪市的B股中，可以关注龙电B(900937)、东信B(900941)、东电B(900949)等，而在深市的绩优股中，中集B(2039)、粤照明B(2541)、招商局B(2024)等，应引起注意。其中中集虽然2000年中期业绩榜居B股市场状元，集绩优、物流、世贸概念于一身，公积金也较高，但同A股一样，并未得到市场追捧，2000年全年涨幅只有46%；粤照明虽然年年业绩优秀，分红派现出手大方，但全年的涨幅只有33%，扣除派现因素实际涨幅不多。

第二类是增发A股的B股板块。1999年10月，随着证监会禁令的放开，深市只拥有B股的上市公司鲁泰、晨鸣、张裕、京东方分别增发A股再融资，原来同时有A、B股的粤照明也在12月份增发。虽然A股发行价格高,但募集资金投资的项目收益不错,增发后公司每股净资产有较大提高,而增发A股的上市公司的B股股价表现在2000年并不突出。除京东方外,其他B股价格未超过净资产;除张裕、京东方B股涨幅超过60%外,鲁泰B、晨鸣B、粤照明B涨幅均低于60%。而上海市场中的增发板块也同样有潜力,其中振华B(900947)、海欣B(900917)可以留意。

第三类是2000年刚发行的B股板块,由于未被充分炒作,因此也有机会。2000年,深圳共发行上市5只B股,其中帝贤B股7月份上市后,一路上扬,比上市第一天收市价上涨近100%,另外四只股票雷伊B、山航B、粤华包B、中鲁B股则表现一般,年终比上市第一天收市价平均上涨低于40%。而在沪市中由于去年发行B股较少,因此该板块不是很突出,可注意凌云B(900957)。

第三种意见

由于B股市场主要以传统产业为重,其中尤以纺织服装和家电电子类企业为多,因此我们的推荐主要以价值型公司为主,注重低市盈率的绩优公司,同时也考虑公司的成长性。另一方面,近几年发展迅猛的产业转型和资产重组也影响到了B股市场,一些公司因为重大的转型而需要进行价值的重估,因此我们的推荐中也考虑了这些因素。以下是我们重点推荐的九家B股上市公司:深万科B、张裕B、晨鸣B、ST深物业B、中集B、鄂绒B、鲁泰B、深益力B、粤电力B。

第四种意见

绩优股是市场永远的宠儿。深沪两市有一批绩优个股,如中集B、深万科B、粤电力B、上菱B股、东信B股、龙电B

股等，去年全年累计涨幅不是很大，目前市盈率也不高，值得投资。

增发A股的B股存在较大潜力。其中特别是深市B股收市价低于每股净资产，且去年涨幅低于指数涨幅者可关注，如晨鸣B、粤照明B、鲁泰B、振华B等。

A、B股价差大的个股可能会成为短线追逐的目标，由于两者的价格差异，使得远低于A股股价的B股可能会成为市场短线热点，典型的如深南玻B、深华发B、宁通信B、凤凰B股、伊煤B股、邮通B股。

2000年新发行上市B股可能会成为"追新族"的偶像。在2000年新上市的B股，其中有3只累计涨幅不大，值得关注，它们是雷伊B股、中鲁B股、凌云B股。

第五种意见

首先是与A股差距比较大的B股，如轮胎B股、凤凰B股、深南玻B、深中冠B、深华发B、深宝石B、飞亚达B等。

其次是在A、B比重比较大的B股，由于国有资本有逐渐退出或部分退出竞争性行业的战略，因此B股比重比较大的竞争性行业的B股为外资所看好，如深方大B、帝贤B、二纺B股、中铅B股、冰箱B股、上柴B股、友谊B股、鄂绒B股、汇丽B股、开开B股等。

再次是2月19日收盘价低于每股净资产的B股公司，如招商局B、小天鹅B、大冷B、粤丽珠B、新锦B股、上柴B股、粤电力B、沙隆达B、苏常柴B、瓦轴B、轻骑B股。

最后可关注2000年下半年增发A股的B股上市公司，有晨鸣B、张裕B、京东方B，因为其A股的发行价在一定程度上反映了近期市场对这些公司价值的定位。

第六种意见

第一类是绩优成长低市盈率B股，如茉织华B、鲁泰B、闽灿坤B、中集B、张裕B、粤电力B、万科B，它们大多业绩优良，成长性良好，行业地位突出，市盈率较低。

第二类为A、B差价大且业绩尚可的B股，如深中冠B、轮胎B、深华发B等，其特点是A、B股价差相对较大，想象空间较大。

第三类是增发A股的绩优B股，如张裕B、京东方B、东信B，它们大多业绩优良，行业地位突出。

第四类是价值低估的绩优B股，如招商局B、粤高速B、瓦轴B、本钢板B，它们业绩较好，股价低于每股净资产值，行业地位突出。

第七种意见

第一类可关注业绩优良型公司，其主要特点为业绩优良，公司发展前景好，在行业中居于领先地位，如中集B(2039)2000年中期每股收益0.61元，是中国最大的冷藏集装箱制造商；晨鸣B(2488)2000年中期每股收益0.27元，是国内造纸行业最大的企业；茉织华B(900955)2000年每股收益0.52元，是国内最大的制服专业生产企业。这类个股市盈率一般都比较低，平均在10倍到11倍左右，其投资价值明显，可作为中线投资对象。

第二类可关注小盘股，这类个股业绩或行业一般，其基本面综合而言在B股中居于中游水平，但流通盘较小，相对来说炒作较为容易，而在B股对境内居民开放后，经过最初几天普涨，市场对于那些流通盘超过1亿的个股可能会持谨慎态度。从短线上看，这类小盘股受市场青睐的可能性更大一些。其代表为：古井贡 B(2596)，流通盘 6 000 万股，2000 年每股收益 0.63 元；雷伊 B(2168)，流通盘 6 900 万股，2000 年中期每股收益 0.16 元；深康佳 B(2016)，流通盘 6 380 万股，2000 年中期每股收益 0.20 元。

重点关注的十大潜力 B 股

小天鹅 B(2418)：1996 年 7 月 B 股上市，1997 年 3 月 A 股上市。江苏小天鹅集团有限公司是中国 100 家最大企业之一，总资产 28 亿元，净资产 20 亿元。其核心公司———无锡小天鹅股份有限公司是国内最大的以生产洗衣机为主的上市公司，致力于新产品的开发，积极占领国际市场。

粤照明 B(2541)：佛山电器照明股份有限公司主营各种电光源材料及设备配件的生产、国内外销售和进口业务，国际招资业务，兼营第三产业、贸易、房地产等，1993 年 11 月 23 日在深交所上市。公司是产品应用范围广泛，公司拥有雄厚技术力量，不断有新产品面市。

开开 B(900943)：上海开开股份是中国服装业十强企业。公司的产品连续 5 年被评为上海名牌产品，主业做大的同时，公司积极向高附加值的药业发展。正形成服装、药业两大板块并重的新产业格局。

苏威孚 B(2581)：无锡威孚集团有限公司，1995 年发行 B 股。拥有 10 个分公司，6 个全资子公司，4 个控股子公司，并对多家中外合资企业和国内企业参股。核心企业———无锡威孚股份有限公司是国家百家现代企业制度试点单位之一，并已成为国内业绩优良的 A、B 股上市公司。

方大 B(2055)：深圳方大实业股份有限公司，1995 年 10 月 9 日，发行 5 000 万股 B 股及 2 000 万股 A 股，主要从事设计、制造用于交通能源基础设施、商业大厦、公用建筑、工业建筑及住宅之幕墙及门窗产品。

深万科B(2002):1991年1月A股上市,1993年4月B股上市,公司是深圳地区的第一品牌,2000年公司中期的营业收入和净利润分别较上年同期增长41.67%和42.88%。2000年,公司已将发展重心转移到上海地区,使其发展空间更广阔,相信今后在中国地产界必能有更大作为。前景良好,值得关注。

大众B股(900903):大众交通(集团)股份有限公司,主营汽车出租。今年公司已经出资组建无锡大众物流有限公司,还计划向外地发展,前景可观,极具投资价值。

东信B股(900941):东方通信股份有限公司,主营移动通信、程控交换、光电传输、激光照排设备及其配套产品,计算机和通信网络终端产品的研制、开发、制造、销售和服务,1996年7月11日公司发行B股10 000万股。1996年8月1日东方通信股份有限公司正式注册成立,东信公司的CDMA交换机已经通过全面测试,达到国际先进水平。

张裕B(2869):在我国葡萄酒市场,张裕1999年的市场综合占有率达21.42%,居同行之首,公司在2000年将继续执行所得税率为15%的优惠政策。张裕的酿酒技术在同行间应处于领先地位,所以市场前景看好。

闽灿坤B(2512):公司在1988年在内地成立,并取得外商独资企业独立法人资格。1993年6月在国内以B股上市。公司主营家电产品的设计,制造,装配和销售,产品95%以上外销。上市后公司各项经营指标稳步增长,在国内同行间处领先地位,前景看好,可投资。

从第五天仍然惜售的角度判断

B股市场连涨四天之后，在第五天逐渐打开，在T+0的刺激下，市场成交渐趋活跃。少数个股开始有下跌，但仍然有几支股票惜售，成交稀落。现为你一一解说：

深中冠B(2018)：当日成交仅197手，大量卖盘积压。这支股票主营棉布、印染。2000年中期每股收益报0.02元，净资产收益1.08元。初看上去没有什么吸引人的地方，但是该公司B股流通盘很小，只有2 662万股，可操作性很强.。资产负债率偏低：20.40%，股东权益较高，财务杠杆作用尚未显现。且其在被华联控股之后，频频进行业务调整，给投资者一个联想的空间。在2000年中，公司4名境外个人投资者将其持有的合计14.40%的股份转让给STYLE SUCCCESS LIMITED公司，并使其成为并列第二大股东。相信STYLE SUCCCESS LIMITED对该公司的经营管理将加强，间接促进深中冠的发展。

瓦轴B(2706)：当日成交仅779手。该公司流通盘比较大，为13 000万股。每股收益1999报0.14元，每股净资产2.99元。虽然规模比较大，但是资产负债率维持在53%左右，财务状况正常。迄今已经连续三年发放现金股，更显示其现金流量良好，且重视小股民的权益。该公司第二大股东瑞典SKF在公司上市之初即持有到现在，它是世界最大的轴承制造商。在中国即将加入WTO之际，瓦轴B(2706)的优势在：中国国内轴承老大，与世界大厂商有密切联系与合作。B股市场的初衷在这里得到了充分体现。

ST英达B(2030)：当日成交163手。大家可能会奇怪为什么一家ST公司会受到投资者如此重视？1998年中报亏

1.42 元，1999 年中报 0.17 元，2000 年中又报亏 0.1642 元，现在 2000 年年报还未出来。该股虽然业绩忽上忽下，却是典型的中小盘股（流通 B 股 3 960 万股），易于操作。而且该公司积极活动，减少对银行债务负担，并以对 ST 中华债权抵偿所欠母公司深圳市莱英达集团有限责任公司的相应债务，为资产重组创造条件。这都使投资者对公司抱以很大期望，从而惜售，导致交易冷清。

第四部分

工欲善其事，必先“知风险”

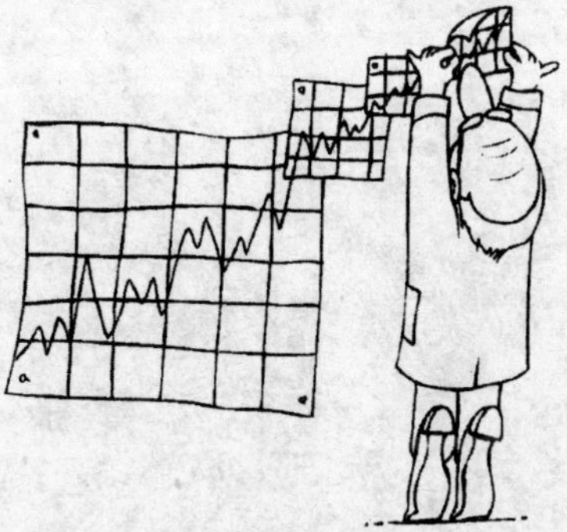

投资B股的狂热，绝对不能淹没掉对风险的认识及防范。如同投资A股市场一样，风险意识同样在B股操作上起着举足轻重的作用。好的风险意识不但能使你面对动荡不安的股价保持良好的心态，更是你预测股票走势的关键。总体来看，B股市场同A股市场一样，都有系统风险和非系统风险，系统风险包括政治风险、政策风险、经济周期风险、汇率风险、利率风险和市场风险等；非系统风险包括行业风险、公司风险等。由于两个市场在投资者结构、交易制度、市场规模等方面均有较大差异，同一类风险程度和对其的反应方式有着不同的特点。首先，了解以下股市都会面临哪些风险？然后再针对B股市场，提醒你关注风险并适当控制风险。

股市风险面面观

政治事件及政策风险

政治事件(战争、政变、动乱、政治人物健康或变动等)会引起股价异常变动，给股票投资带来风险。政治事件一般是突发的，人们对它们无法预测，因此政治事件风险也就不可能回避。但是，政治事件只要不引起经济的变动，它所引起的胜价异常变动是暂时的，当政治事件平息以后，股价运动又会恢复原来的运行通道。因此，政治事件一般只能影响股价中短期走势，而不能影响股价的长期走势。政治事件与股市风险的密切关系，一向为敏感的股民们所高度关注。

国家的股市政策以及其他金融、经济政策、税收政策都有可能引起股价的震荡，给投资者带来风险，这就是政策引发的风险。“政策市”是新兴股市的基本特征，是股市发展初期不可逾越的一个阶段。这是因为一个发育不成熟的新兴股市，由于法规不健全，监控不完善，运行不规范，市场调节机制没有建立，是难以自行健康运行的，必须从外部对其进行直接的政策引导，否则就会陷入无序运行状态。这有如一个处于发育期的不成熟的孩童，其思想和行为必须有赖成人的指引和约束。

经济周期及通货膨胀风险

股市是经济的晴雨表，它突出表现在经济周期决定了股市的长期走势，另一方面，股市运行的轨迹又超前反映了经济运行的轨迹。一些非经济因素虽然可以暂时改变股市的中期和短期走势，但它们改变不了股市的长期走势。

显然，经济周期风险主要存在于经济周期繁荣的末期、萧条的初期，在这些阶段进行股票投资是十分危险的，往往会遭长期套牢。对于长线投资者来说，经济周期引起的风险是最主要的一种风险。对于一般散户，要想非常切实地把握经济的周期变化，是不切实际的。但在炒股同时，应该尽可能地花一定的时间对国家整体发展以及世界形势有一个基本的了解，从而学会判断整个经济、股市大致的走势，不至于盲目跟风。

在经济发展过程中出现的通货膨胀，对股市也有很大影响。通货膨胀会使投资者的实际收益有可能偏离其预期值，因此，分析通货膨胀与股价走势的关系对于我们回避和减少通货膨胀风险具有重要作用。

通货膨胀与股价变化之间的关系并不是简单的单向运

行关系，不同时期、不同原因引起的不同类型的通货膨胀对股价的影响是不一样的。具体而言，可以从四个方面来分析两者的关系：一是发生在物价上涨初期的温和的通货膨胀，会刺激股价上扬，因此国外一些专家主张“开始通货膨胀时买进股票”；二是发生在物价上涨后期的严重和恶性的通货膨胀，投资者对经济前景普遍感到悲观，因而大量抛售股票，由此导致股价持续下跌。三是需求拉起的通货膨胀一般会引发股价上扬。四是成本推动的通货膨胀，通常会引起股价下跌；综上所述，股票价格与通货膨胀的关系错综复杂，两者有时逆向运行，有时又同向运行，投资者必须区别不同情况的通货膨胀，采取不同的投资策略，才能回避通货膨胀风险。

利率及汇率风险

美国股票操作大师保罗·麦肯有一句股市名言：“做股票，看着利率的脸色行事。”这句话形象地描述了利率与股市涨跌的关系。在影响股价的众多因素中，没有什么因素能超过利率对股价的影响，股票价格对利率的变动有着极为敏感的反应。利率上升股价下跌，买入股票者受损；利率下降，股价上涨，卖出股票者吃亏。因此，利率的变动给投资带来巨大的风险。格林·斯潘的言语受到美国股市的密切关注，以及我国股市对利率调整的反应，都验证了股市中的利率风险。

外汇汇率的变动对股市的影响主要表现在四个方面：第一，影响有进出口贸易业务的上市公司利润，继而影响到公司股价。如果外汇汇率上涨，则人民币发生贬值，由于产品出口获得的外汇兑换成人民币的数额比外汇汇率上涨前有所增加，因此产品出口的上市公司利润会增加。但原料和设备靠进口的上市公司的利润会下降，这是因为进口同样多的原材料和设备，花同样多的外汇，但结转兑换时比外汇汇率上涨前要多花人民币，从而引起生产成本上升。同样的道理，对于纯粹的外贸上市公司，从事商品出口的公司会因外汇汇率上涨而减少利润。外汇汇率的下降的影响刚好相反。

从下面一个具体的例子来说明这个问题。某公司从美国进口一批原材料，要用1 000万美元，签订协议时美元对人民币汇率为1美元比8元人民币，这样该公司就得准备8 000万元人民币的买汇资金，但等到支付时，美元升值了，美元对人民币的汇率升到了1美元对8.3元人民币，这样该公司的买卖资金上升到8300万元人民币，意味着原材料费用增加了300万元人民币，公司利润会因此而减少。

第二，影响通货膨胀升降。外汇汇率的上升，意味着人民币贬值，会对我国经济造成一定的通货膨胀压力，而过高的通货膨胀率会对股市产生不利影响。

第三，外汇汇率的波动，有可能导致社会上一部分资金从股市撤离，转移到外汇市场进行投机，从而造成股市资金减少，导致股市下跌。

第四，引起股价的波动。外汇汇率上升，因上市公司发放的人民币红利，从而减少了投资者的外币红利收入，从而造成B股价格下降。

行业及企业经营风险

上市公司股票的价格与它所属的行业密切相关。在同一时期，不同行业的股票，其价格高低和波动程度差异甚大；

在不同时期，不同行业的股票，其价格波动程度亦不相同；就是对于同一种股票，它处在行业的不同生命周期，其价格也会发生较大变化。股票价格这种由行业属性和生命周期带来的不确定性，构成了股票投资的行业风险。例如，一些传统行业，因被视为夕阳行业而遭到市场冷落，而诸如高科技行业、生物工程行业，应其行业的朝阳生命力，也有可能使个别“鸡犬升天”。这也就是说，归根结底要看到企业本身的经营状况。

企业业绩是股价的基石，股票价格的高低一般由企业收益来决定。当企业收益达不到投资者的心理预期时，股价就会下跌，给投资者带来损失。企业收益取决于企业竞争能力、收益增长能力，如果一家企业无力维持其竞争能力和收益增长能力时，将导致企业收益的波动和不确定，这就是企业经营引发的风险，简称企业风险。

在市场经济条件下，企业是一个开放系统，随着决策、投资、生产、交换、消费等各方面社会化程度越来越高，企业经营活动日益广泛、复杂，市场行情瞬时万变，企业所面临的经营因素不确定性有增无减，使得企业收益的不确定性也随之增大，企业经营引发的股市风险也越来越大。

企业的竞争地位、盈利能力及成长性和企业的经营管理能力，是衡量企业风险的重要因素。

技术是企业生存发展的重要基础，并且越来越成为企业核心竞争力的决定因素。它既给企业提供有利的发展机会，也同时带来生存与发展危机。在股票投资上应选择技术水平高、技术创新/开发能力强的企业作为投资对象，以规避风险、获取收益。

市场占有率是企业的立身之本、实现利润的前提，在投资时应选择市场开拓思路好、招数多、投入大、效果佳的企业作为投资对象，以保证投资收益的稳定和增长。

企业的财务指标，如主营业务收入、净利润、每股收益、每股净资产、净资产收益率、市盈率、资产负债率和净资产收益率等指标，能够从不同角度反映企业的规模、实力、经营效率、经营业绩和成长性，是个股投资选择上的重要依据。

在我国，上市公司的股权结构是影响股票流动性的重要因素，我国发行B股的公司中，国有股和法人股比重约为60%左右。国有股和法人股比重越大，股票流动性越差，投资风险越大；反之，流动性好，投资风险小。

对于高度投机的证券市场，人们还面临一种更大的企业风险，那就是由过度投机引发的泡沫股价风险。由于一些主力机构制造并传播虚假信息，恶炒少数劣质股票，使一些业绩低劣的“垃圾股”市盈率高达数百倍，个别甚至达到数千、数万倍。这些“垃圾股”或者有这样那样的炒作题材，或者都戴着一个“新利润增长点”的迷人光环。但是，股价严重背离业绩的状况不可能久存，“垃圾股”的泡沫股价迟早要向其价值回归。及早抛掉这些“垃圾股”，是投资者回避企业泡沫股价风险的明智选择。

信息风险

规范的股市讲求“三公”原则，即公平、公开、公正。信息的透明与对称，是实现“三公”原则的重要保证。在中国目前尚不规范的股市中，信息引发的风险相当突出，发生频率极高。

中国股市俗称“消息市”，市场上天天都弥漫着各种传闻、消息，一些投资咨询机构每天也都在散布着各种正式和非正式信息，真真假假，令人难辨。一则好消息，往往会引发股价大幅飙升百分之几十甚至百分之百；一条坏消息，又会致使股价一落千丈。当前上市公司对各种引发股价异动的虚假消息所发布的“澄清公告”几天便有一次，可见市场上虚假信息之多。中国股市通行一种“利好出货”的操作手法，导致股价“见光死”。于是，炒“朦胧消息”便成为一些人的投资策略。人们每天一到证券营业部，第一件事便是相互打听有什么传闻消息。当某个股价发生异常波动，就认为一定是某种传闻消息所致。股市若大跌，便会有利空传闻满天飞，股市遇大涨，也会有利好传闻到处传。

当然不可否认，有相当一部分“朦胧消息”很有来头，往往是上市公司个别高层人士对真实信息的违规提前透露，信了之后常常占了便宜。正是如此，传言才能在众多股民中占有一定市场，并经久不衰。可是这也给某些别有用心的人以可乘之机，他们捏造谎言并四处传播，以便抬高或者打压某些股票价格，从中渔利。

还有一种情况是现在的证券业务部，天天聚集众多股民，有人群就会有议论，这些议论中有许多是个人所闻，甚至是顺嘴瞎说，并没有任何根据，也不怀什么目的，但这些议论一传十，十传百，越传越广，越传越真，传到另一个证券营业部便成了“很有来头”的消息，结果给轻信者带来了不必要的损失。

另外，上市公司信息披露的规范与否，对投资者也构成了风险。有的公司在招股书中隐瞒重要信息，有的公司不按规定披露信息,有的公司公开披露还未经有关部门审核批准的信息,有的公司在业绩报告中进行虚假陈述,等等。更有甚者,个别别有用心的人为了私家暴利竟不惜利用新闻媒介传播虚假信息,进行证券欺诈活动。还有一种情况也不容忽视,就是一些上市公司和主力勾结,利用信息进行内幕交易。这些都应是规范市场所不齿,但也是尚不规范的市场上值得注意的风险。

投资B股,风险何在

B股的连续涨停,股指的持续飚升,引发全社会对B股的关注,许多甚至还没有弄清楚B股概念的普通百姓也随着这股大潮,投身其中。当然,我们不能否认B股市场目前存在的利好因素,但是,正如以上的风险分析,我们也要看到目前B股市场的一些问题。防范于未然,总好过亡羊补牢。投资之前,对可能应对的问题有一个基本的策略,是自古以来驰骋疆场的将军们共同的信条。

投资B股的入市成本比A股高

由于B股是用外汇作为计价单位的,且费用也略高一些,因此总体来说入市成本要高过A股,这主要表现在三个方面:

换汇成本:如果您手头没有外汇,那就必须首先换汇,其间的成本必须要考虑。例如银行定期存款未到期转入股市将产生利息损失;外汇与现钞的转换将产生费用损失;其他币种转换为美元或港币将产生交易成本,从而增加进入B股市场的机会成本。

交易成本:B股市场普遍的交易成本要高于A股,交易收费标准如下:

收费明细	上海B股	深圳B股
经纪佣金	按成交金额的0.43%收取	按成交金额的0.43%收取
印花税	按成交金额的0.3%收取	按成交金额的0.3%收取
经手费	按成交金额的0.0255%收取	
证管费	按成交金额的0.0045%收取	
结算费	按成交金额的0.05%收取	按成交金额的0.05%收取 (每笔上限HKD500.00)
交易规费		按成交金额的0.0341%收取
合　计	0.81%	0.8141%

利率成本:人民币利率已经几乎不可能再降了,只是什么时候加息的问题了。不过国内加息与国外不同,除了对上市公司的财务成本有直接影响外,对股市的资金总供给应该没什么影响。不过B股用的是美元或港币,外币的利率市场化肯定是走在人民币的前面,外币的利率很快就会与国际市场接轨,与人民币的利差还会扩大,这对B股的资金来源会有一定的负面影响。对于B股投资者,要考虑的机会成本就是外汇的存款利率。在我国,目前美元的一年期存款利率为3.815%,比人民币同期存款利率2.25%高出了70%。

综上,B股入市成本高,也就意味着将会面临更大的风险。

B股市场的政治风险与A股市场不同

由于B股市场存在很多境外投资者,使得它对于国际政治关系和事件的反应更敏感。B股市场的政治风险主要有以下几类：一类是和我国有关的国际政治事件。如台海局势、周边关系变化、美国的全球战略或亚太政策的调整等，都会形成相应的政治风险。由于B股中的国外投资者有多个证券市场可供选择，一旦局势不稳，他们就可能马上从中国B股市场撤资，撤资的力度比国内投资者坚决。在局势好转时，他们重回市场却比国内投资者更谨慎。

此外，有些国家内部的政治局势变化和政策出台，虽然不是针对我国，也可能会促使该国投资者做出投资战略变更或采取紧急财务措施，从而增减在我国B股市场的投资。

随着A、B股两个市场的分隔逐步淡化，联动性越来越强，各种政治因素对于两个市场的影响一般是同向的。

投资B股应注意的政策风险

现阶段投资B股应注意的政策风险，首先要重点包括国家的宏观经济政策和重大经济发展战略，前者如货币政策、财政政策、产业政策等，后者如西部大开发战略、可持续发展战略。这些政策和战略的出台与修改，对B股企业的生存环境、发展方向、经营状况都可能有决定性影响。各个企业都是一方面被动地受到政策的影响，另一方面主动采取适应性战略。这些结果和行为汇集起来，就不仅仅决定了二级市场整体表现，还将改变整个市场的行业结构、地区结构、盈利结构等。

第二类是国家一些具体经济运行制度、规则方面的政策。其实，对于一个成熟的市场来说，政策的直接效应将被弱化。但中国股市却不然，2001年开市的火爆，很大程度上是政策帮的忙。这次允许国内居民投资B股市场，就对整个证券市场带来相当大的影响。下一步，当中国加入WTO，创业板开幕，以及各种规范市场的种种举措出台，势必都将引发大规模的股市调整。究竟是利好还是利空，我们现在不得而知。但是，可以坚信的是，中国经济开放的步伐是不可能倒退的，而且必将越迈越大，引发的股市效应也一定是好的。但不排除一些特别因素的影响，因此政策风险应是每一个散户需要密切注意的。

例如，当管理层令B股市场暂时停牌并发布重大利好消息的时候，广大投资者群情振奋，但在B股市场连续5个涨停板之后，管理层又突然宣布A、B股5到10年之内不会合并，给市场兜头泼了一瓢凉水，部分前期B股市场的大户和机构顺利获利出逃，而满怀热情奋勇杀入的投资者开始尝到苦果。可见市场受政策影响是非常大的，而且部分政策的出台加剧了市场的震荡。

另外，对一系列可能出台的政策，投资者都应有前瞻性的认识及准备。例如，B股迅速扩容的可能性就比较大。分析理由可知，A、B股合并为时尚早，B股市场筹措外汇资金的功能依然存在，并将发挥余热。而且，允许境内自然人投资B股并引起股价大幅度上升之后，以配股、增发等形式的上市公司再融资就有可能在B股市场上得以实现。同时，利用境内自然人外汇资金以及非居民外汇资金作为企业发展投资项目的资金来源，也是不错的选择。B股市场规模过小，所谓池小养不了大鱼，B股市场在我国没有取消外汇管制的条件下要有所发展，要吸引境外投资者，并使其功能正常发挥，扩大规模是势在必行。因此，在B股一级市场上发行新股，在二级市场上配股或增发新股，都有可能成为现实。尽管也许这是不少B股投资者不愿见到的事、不愿听到的话。

B股市场应考虑哪些经济周期风险

一方面，我国经济周期性波动会带来风险。在经济景气阶段，包括B股在内的各类投资都易于有较好的收益表现；反之，经济不景气阶段，各类投资收益都会倾向于下滑。但各个行业对经济周期的敏感度不一样，因此，在投资时还必须考虑所投资股票的行业对经济周期的敏感性。如房地产、建材、汽车、家电、商贸等行业对经济周期就很敏感，它们的行业总体业绩波动会与经济周期同步，并且波动幅度一般会大于经济波动幅度；而像电力、公用事业等行业对经济周期的反应就小得多。一般在经济步入景气阶段时，可投资于一些周期敏感性行业；当经济开始调整时，适当转向对经济周期不敏感的行业。

另一方面，随着我国经济对外依存度的逐步加大，国际经济周期波动也会对B股市场的投资收益产生影响。这种影响主要表现在两个方面：一是实质性影响，包括对商品和服务进出口的影响。当其它国家特别是重要的国际贸易伙伴的经济处于不景气阶段时，他们对商品和服务的需求下降，会导致中国的出口减少，影响到一些出口依赖性较大的B股企业的盈利水平，进而影响投资者的B股投资收益。同时，由于它国的物价水平相对下降，则有利于降低一些原材料进口企业的成本，并刺激进口的增加。反之，当其它国家经济处于景气阶段时，它们对商品和服务的需求上升，会导致我们的出口增加。二是国际资本流动方面。这主要取决于国外投资者对我国经济和证券市场的预期。随着B股市场的规模扩大,交易趋于活跃,它可能成为外资进入中国的重要渠道。这一方面将推动B股市场的发展,另一方面,经济周期波动在国际间的传导将给中国经济和证券市场带来更大的影响。

汇率变动对B股市场有何许影响

一是影响B股企业的基本面,包括通过影响企业的产品出口、原材料进口、融资成本、海外投资收益等,最终影响到企业的利润,进而影响B股的投资收益。这和A股市场是一样的。

二是由于深、沪两市的B股分别以港币和美元交易结算,在B股市场的流动性得到充分解决后,存在A、B股两个市场间套利的可能,汇率变动将直接影响A、B股的市场价格。

理论上,由于A、B股同股同权,当资本能在两个市场间较低成本地流动时,如果不考虑风险贴现率的差异,一股A股和一股B股的价格应当是相等的。如果这时人民币贬值,相当于A股价格低了,而B股维持原价,因此有可能引起人们抛售B股,转而进入A股市场。导致B股价格下跌,A股价格上涨,直到在新的汇率下A、B股等价为止。此外,由于港币实施的是固定美元的联系汇率制,因此,深沪两市的B股对汇率变化的反应应该基本同步。

综上所述,投资B股必须关注汇率的变动,尤其应注意政府部门是否有运用汇率工具调节经济的意向。当人民币有贬值可能时,宜卖出B股,持有外汇;当人民币有升值可能时,可以考虑买入B股,通过股市的收益弥补汇兑损失。

如何分析B股的利率风险

针对利率风险,我们可以从三个方面来分析:

人民币利率是否会上调。我国金融业目前面临的形势是储蓄严重分流,储蓄存款增幅甚至出现负增长的现象,而物价指数已呈上升趋势,人民币利率面临上调的压力越来越大。一旦人民币利率上升,则A、B股的大调整就会来临。

国际利率(特别是美国利率)的变动。美国为了刺激股市,在2001年已两次降低利率,但收效甚微,NASDAQ市场近期已创近两年新低,美国是否会进一步降低利率,值得关注。如果美国进一步降低利率,则国内美元利率也会下调,这将再次构成对B股的利好。

如何确定B股的合理市盈率。如何正确地认识B股的合理定价,是一个很关键的问题,决不能简单地把B股价格与A股等同。原因是:购买B股的外汇存款利率与人民币存款利率相差很大,二者进入股市的机会成本不一样,因为外币存款利率高于人民币存款利率近70%,所以,其B股的合理市盈率应低于A股的市盈率约70%,也就是55/1.7=33倍是目前B股的合理定位,而不能在B股向人民币开放前,盲目认为A、B股股价应该趋同。

B股的行业风险如何

与A股一样,B股投资的风险和收益要受到来自行业和企业因素的影响。明确这些因素及其影响特点,并采取正确投资策略,对于B股投资者降低风险、提高收益具有实际意义。

随着我国资本市场的逐渐成熟，建立在价值判断基础上的理性投资将逐渐成为主流投资理念。行业的发展状况对于该行业的B股影响巨大，从某种意义上说，投资于某B股实际上就是以某行业为投资对象。行业的不同生命周期阶段、影响行业发展因素的变动以及行业状况，对于B股投资收益有重要影响。

国家的产业政策对行业发展具有导向作用。当前我国支持环保产业、信息产业、汽车产业、农产品加工业、生物技术产业的发展，因此这些行业的B股行情应看好。

加入WTO，对我国有出口优势的行业和与贸易相关的行业，如纺织、服装、家电、外贸、港口等行业，是利好，投资者应关注这些行业的B股。

资产重组能够使企业的行业属性发生变化，目前，我国沪深两市B股的行业结构趋同，90%的B股上市公司主要集中分布在纺织、钢铁冶金、五金家电、轻工等传统产业之中，这些行业的成长性一般不理想，因此股价一旦炒高，对于没有业绩支撑的"国际化"股市，其泡沫成分可能就非常大了，得不到市场的认同，其结果是很难预料的。而只有10%的公司属于高新技术行业。最近，许多含B股传统行业上市公司借助实质性的资产重组，实现了向高科技行业升级转型，拓宽了发展空间。这类B股值得投资者关注。

B股上市公司的不良业绩带来的风险

正如上文提到的，目前在B股市场中上市的企业，绝大多数以传统企业为主，这其中的许多公司已经连续出现亏损。现在市场中处于PT、ST的股票其实投资价值已基本为0，而近一段的升值不过是B股概念炒作以及A、B股价差所引发。从反方面讲，近期B股市场中的卖家大多为境外投资者，就足以说明这一点。另外，B股公司的财务报表虽然要经过境外审计，但信息披露并不及时，加之企业经营管理水平普遍较低以及经营不规范，这对比较理性的B股投资人来说，不能不说是一个实实在在的风险。

根据统计，2000年中期B股平均每股收益0.0820元/股，而深沪两市上市公司每股收益平均为0.1037元/股。可以明显地看出B股上市公司整体业绩比整个证券市场上市公司业绩要差26%，同时，在整个证券市场上大量的业绩亏损股票，就出自含B股的上市公司。

B股市场容量小引发市场动荡大

先比较一下A、B两市的规模。我国居民的储蓄存款余额目前已达到6.7万亿元（包括外币，各类金融机构存款总额则超过了10万亿元）由于银行存款利率相对较低，其他投资选择又非常有限，因而需要进入且可以进入股市的资金量非常充裕。而股票目前可流通的A股市值也只有1.44万亿左右，A股上市量为1100亿股。而目前B股的总上市量为152亿股，流通市值为521亿元，相对A股规模要小得多，但其居民的存款总额也仅为750亿美元，折合6200亿元人民币。与国际相比，中国B股沪深两市恰好排名国际50大股票市场第48、49位，而A股市值之和还不到美国1%，可见中国B股市场的渺小。这么小的市场，其板块概念已比较模糊，于是常常出现的情况是，除PT股以外，其他股票齐涨齐跌，形成整个市场的一齐变动。

股民常常有这样的经验，投资两个股票，一个涨、另一个跌，最后不至于血本无归。这种投资组合的方法将在B股市场面对很大的挑战。

B股投资的操作风险提示

一是境内机构历史遗留问题或私募等筹码相对集中带来的短期市场风险。由于我国B股市场1996年底禁止和清理境内投资者投资B股，很多B股股票账户只能卖出，不能买入。到目前为止虽然放开境内自然人B股的买卖，但对境内法人还是不允许从事B股的运作。另外B股基本上是私募的，筹码相对集中，如果B股的私募筹码持有者上市以后一直没有大量抛售，那么在本轮B股行情中有可能引身而退，造成的市场影响是巨大的。建议投资者应该充分考虑这部分筹码撤离带来的短期市场风险。

二是要谨慎参与有可能流通的境外法人持有的B股。根据2000年9月中国证监会下文关于境外法人投资的B股可以申请上市流通的规定，意味着原来不能流通的境外法人持有的B股可以申请上市流通，含有B股的投资者需要谨慎对待可能出现的市场风险。因为按照目前投资者的预期，短期内B股可能出现一定程度上的涨升，而境外投资者的投资理念可能与我们的投资理念存在差异，在出现一定涨升以后，根据国外资本运作的经验外资有可能撤离该股，由于这部分筹码相对集中，而且数量也较大，对于我国境内投资者在这场搏弈中需要保持特别冷静。例如大江B股目前能够流通的仅2574万股B股，而28667万股境外法人持有的B

股可以随时申请上市流通，因此投资这类B股需要及时了解其境外法人B股的流通情况。参见下表：

2001年2月19日深沪两市境外法人B股一览

代码	名称	法人B股数	已流通B股
2512	闽灿坤B	32906	0
900919	大江B	28667	2574
2016	深康佳B	12640	20381.7
2017	ST中华B	11245	7637.67
900945	海航B	原10004已上市流通	20500
900947	振华B	9794	7040
900955	茉织B	9433	0
2039	中集B	8337	4599.13
900918	耀皮B	8140	3125
2012	深南玻B	7604	10716.6
2037	深南电B	7589	3366
2020	深华发B	6246	4984.51
900917	海欣B	5516	2145
2024	招商局B	5230	13096.52
2053	深基地B	5118	0
2018	深中冠B	4280	2023.12
2726	鲁泰B	2915	5000
900913	联华B	2856	900
2488	晨鸣B	2671	7000
2055	深方大B	2537	4200
2513	丽珠B	1889	11567.23
900950	五菱B	264	0

慎防追高风险和短线风险

2001年2月28日复盘以来，随着B股的5个涨停板，获利人数的增加，股价的不断飙升，B股的风险能量在不断聚集和扩大，投资者应谨慎购买，规避风险。在B股5个涨停板后，沪深两市B股的市盈率已经分别达到32倍和22倍。B股的传统行业相对A股多，平均质量不高，业绩不尽如人意。B股的市盈率不能参照A股的市盈率水平，因为沪市B股以美元为货币计价单位，而目前美元的储蓄利率为3.8125%，人民币的存款利率为2.25%，计算出的合理市盈率应分别为26倍和44倍。因此投资者不能以分析A股的方法分析B股。

B股目前的上升势头还是有极大可能会持续一段时间，关键要看境外投资者对其的关注程度了。作为投资者，应尽量慎重，因为比起经常在A股市场上兴风作浪的国内炒家来说，国外金融大鳄绝对是师祖级的人物了。他们的介入很可能带来一场类似1997年泰国股市那样的灭顶之灾，最终倾家荡产的只有B股市场上微不足道的散户。

第五部分

游刃有余
搏技巧

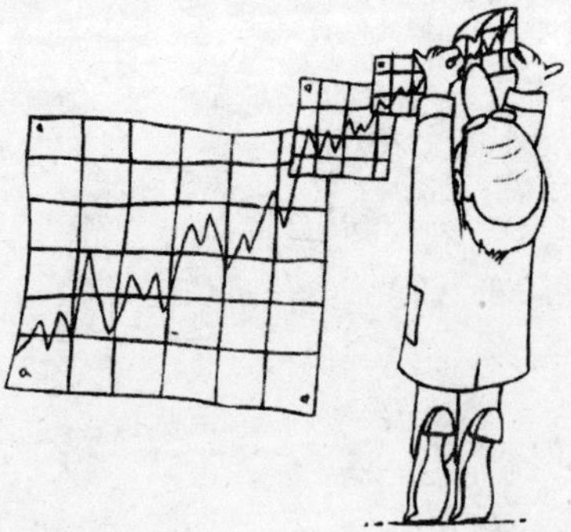

无师自通炒 B 股

主动出击如何与风险防范相结合

以不变应万变

投资股票的利益,所获利益的绝对多寡是不能用来衡量实绩优劣的,而是要以本金所获利益的幅度、也就是投资报酬率的高低来作比较。很多投资专家研究后发现,“以静制动”、以“不变应万变”者回报率最高,因为当行情变得很快的时候,如果采取以动制动,很容易人云亦云,永远落在行情之后。在市场中不难听到,许多投资人懊悔于自己的卤莽,没有分析就盲目跟风或过早割肉微利了结,结果导致损失或丧失获得更大利益的机会。其实,在具体操作过程中,以静制动会令你居高临下,处世不惊,但这并不意味着不采取任何行动,应该是静中有动,悉心观察,静观其变,然后再做决策。

在 B 股市场被众人追捧得火热时,你若已有 B 股,那么关键就是看要能否静待上涨到位;你若是新入市,开始众所周知是想买但买不到,那么你就更应该悉心研究 B 股的方方面面,耐心等待 B 股市场底部的到来,以便在适当的时候,果断采取措施,选择出最能给你带来利益的个股;倘若你只能待到 6 月 1 日以后才能分享 B 股投资的酸甜苦辣,那么现在这么多的时间,这么丰富的市场变化,为什么不让自己成为一个更为有的放矢的 B 股投资专家呢?

观摩一下 A 股市场的经验。对于新兴股市,人们通常预期较高,总希望能够在很短时间内获得高额回报,但往往由于参与的投资者大多经验不足,很多人非但不能把握住机会,反遭高位套牢,于是便企盼下一波行情早点到来。而股市一旦形成下跌趋势,开始常常是阴跌盘软或在窄幅波动中缓缓下行,中间还伴随一些小幅反弹;在这种状态下,一般人还能够承受,觉得虽然自己的股票渐渐贬值,但亏损还不算大。随着时间推移,漫长的跌多升少之走势使人们眼睁睁地看着自己的股票越来越不值钱,又看不到大势有回转的迹象,一些人开始感到不耐烦而抛出股票,更多的人没有勇气将亏损较多的股票脱手,无计可施更导致心态麻木。有的人说何日解套何时抛,逃出来以后就再也不玩股票了,有的人干脆将股票留给儿子。但随着股市的不断下跌,一些所谓长线投资者开始动摇了,心情变得更坏,此时的股评界也是一片悲歌,或曰根据基本面目前股市不可能转好,更可怕的是技术派根据图表得出股市起码要跌到某某点位,弄得人心惶惶。

长期的大熊市会使得人们的心态无法在很短时间里扭转过来,为了少亏、解套或赶忙获利了结的抛盘蜂涌而出,但善于研判大势的投资者却在此时大口吃进,甚至不惜追高买进。当整个一大波行情结束以后,人们发现在这一轮行情中获利最丰厚的并不是无意中抄到大底的人,而是持币耐心等待最终又敢于在利好消息配合时果断出手之人。

因此,首先要"以静制动",然后就要"该出手时就出手"。

该出手时就出手

B股开放伊始,各路专家都一致认为复盘后的涨停板是100%可能会发生的事,事实然之。预估的关键问题是会有几个涨停板,一般估计会有三个。并建议大家要果断出手,"拣到篮子都是菜"。在行情第一个涨停的时候可以全仓竞价买入,第二个涨停时则以80%的仓位竞价买入,第三个涨停的时候以50%的仓位买入，如果出现第四个涨停则以30%的仓位买入，有第五个涨停只以10%的仓位参与，在行情达到第六个涨停的时候，上证指数B指数也达到了147点左右，正好到达了行情三浪3的量度涨幅，这时则应忍手观望，或者是等待回调的时机。从专家的建议中不难看出，机会大时，全盘出击；风险增加，慎重建仓。

但是，唉！买者想出手买，可没有卖家成全。连续5天的无量上涨，令B股开放后的合法境内投资者，只能是望股兴叹啊！而在打开涨停之后，又有盲目出击，上午买进，下午套牢。真得如我们的一元首席顾问梁先生所说，B股市场就象一条羊肠小道，进也难也出也难。难道没有出手的机会了吗？非也！在"以不变应万变"的心态指导下，在你精心研究过个股走势分化前景以及市场、政策等各方面的动态后，在你看完我们这本书后，该出手时还应出手，大胆买进你心仪之股。因为市场会奉行"历史会重演"的原则，机会永远都是有的，就看你是否会让它"擦肩而过"。

历史是怎样呢？让我们参考一下A股市场曾经发生过的场景吧。

通常而言，能够推动股市走出大行情的动力，是一批资金实力雄厚的一批机构大户，这点从A股市场的走势上最能说明。由于中国是以公有制经济为主体的国家，机构介入股市的资金来源就是关键的问题了。若其中有一些是利用国家的贷款额度，经不起审核，一有风吹草动便会仓促离场。可以这样说，深、沪股市几年来的每一波大行情都离不开机构力量的介入，甚至可以说机构大户实际起了决定性作用，但每当查机构炒股或查透支等消息传出，一些资金来源经不起检查的机构便会不惜成本迅速斩仓离场，明白了这其中的因由，对股市出现狂升爆涨之后的急速下跌就不难理解了。可见，资金与参与者的热情，不可或缺的是股市上涨的两大动力。另外，对待我国尚嫌幼嫩的股市，政府的监管扶持应该是非常重要的考虑因素。一旦股市炒过了头，股市极度疯狂、成交量巨大，则必然引起有关部门的重视，而这类风声传出，股市的下跌则为使然。

反观B股市场，2月底3月初，大牛B的出现，不也是新增资金的推动吗？行情下挫，不也有政策降温以及获利资金离场的原因吗？股市的升跌具有自身运行的规律，久升必跌，久跌也自然会回升。当深沪B股在1999年3月创下低盘，并经过了漫长时期的下跌，从时间跨度到下跌幅度，都已达到某种程度上的极限，在这种状态下，即便是没有利好消息吻合，下跌空间已非常有限，只是出现大反弹的时间来得可能晚一些、缓一些，此时，某种契机如东风吹至，一触即发。2000年中国B股市场以其涨幅，位居全球股市之冠。

经过几天的B股疯狂，个股已开始出现走势分化，也正是各类股票在二级市场上风起云涌之时。在一些股票价格下跌或基本走平的同时，有些股票却悄然上升，或者大势整体上升时，一些股票价格升幅可观跑赢大势。所以，如果投资者能够时刻保持客观而清醒的头脑，无论处于行情火爆的还是极度低迷的股市，都要时刻准备着大好时机的到来，随时准备重锤出击，股市的好上更好及否极泰来都会给我们带来可观的盈利收获。

放长线钓大鱼

由于股票市场经常处于涨跌的波动之中，它对于千千万万的投资者而言具有很大的魔力。对于股价的每一次波动，投资者都极其敏感，如果把握好，赚钱机会大把！这就是为什么很多人热衷于股票的短期买卖以赚取差价利益的原因。有不少人认为短线买卖的好处是见好就收，不会在股价高升之后，账面利润可观，而等到一段时间后，又因股价下跌而白忙一阵；还有一些人对上市公司的发展前景缺乏信心，或者自己对股市行情的判断能力有限，因此不敢把钱长期投资于一种自己并不熟悉的股票，只好借助于短期买卖时逃避风险。目前的B股市场不同与A股市场的T+0交易，更可以满足了短线投资者的速战要求。

而实际上，国外的许多投资专家都认为，长线投资一般比短线投资更能获得可观的收益。例如在一个长期的多头市场里，很明显赚得最多的是长期持有者，频频进出股市从事短期买卖的人，赚得的差价利润往往跟不上股价上涨的幅度，结果赚到的都是一些蝇头小利。而且，随着行情的上涨，对于资金实力有限的人来说，从事短线投资往往使得股票的操作量越来越小。比如，卖出持股后，价格依然上涨，欲再买进，吃进的数量就会减小，这在一个长期的多头市场里是极不上算的。另外，由于股价下跌速度要比股价上升速度快的多，在股价升的过程中，反复买进卖出只可能赚到蝇头小利，而在股价迅速下降的过程中，在不能做空的情况下，短线投资者买进卖出的速度很可能赶不上股价下跌的速度，弄不好就要赔钱。

从政府的角度说，从事短期买卖的人多了，对增加政府的收入是有利的。例如B股市场，在上海证券交易所每一笔股票交易，买卖双方都要交纳0.3%的税款，若是一年股票交易市价总额达 1 000 亿元，则政府可增收 6 亿元，这是无本得利。另外，每笔委托业务投资者还要向证券商交纳 0.43% 的佣金和费用。这就是说，一笔交易，买卖双方都要付出 7.3‰ 的代价。如果频繁交易，有赔有赚，总计算没有获利多少。结果是增加了自己的操作成本，为政府券商做了贡献。

短期投资时操作技术的要求也高。它带有很大的投机性，需要你耗费很大的精力去掌握各种信息，研究股市每天的动向。假如你是一个忍耐力较差的人，喜欢迅速看到自己的成功，而且精力充沛，反映敏捷，敢于拍板，具有较高的操作技巧，不妨可以试试短、中线操作方法，在短线操作上迅速致富也是有成功事例的。

如果你是一个刚刚涉足股市的新手，对股市的特性还缺乏了解，或者你的工作较忙，根本抽不出很多时间和精力来观察股市的时常波动，那么你最好选择一两种经营状况好、有发展前途的公司股票作长期持有，总有一天你会发现它会为你带来非常可观的利润。一般说来，大多长线投资者都是一些实力较为雄厚、不求近利、沉着冷静的人。

上述情况表明：短线投资强调的是时机，即所谓何时买卖股票比买卖何种股票更重要；而长线投资则注重选股，即所买卖何种股票比何时买卖股票更重要。一旦选得好股，就等于放出了一条长线，接下来你所需要做的就是等待大鱼上钩了。

B 股市场，由于境内居民对其尚还陌生，投资者就更不应盲目追涨，而应选择有发展潜力的公司稳步吸纳，中、长线持有。

选好B股，盈利的基础

从行情发展话不同选股思路

我们常听人讲：行情总是在绝望中诞生，在半信半疑中成长，在憧憬中成熟，在充满希望中毁灭。当大多数的人都对行情绝望时，往往就是股市的谷底；而人人乐观时，股市通常就离头部不远了。所以市场在初冷、初热时，可以顺势操作，但到了市场极冷和极热时，投资人应该反向操作，波段的利润才比较大。

反市场操作在股市中是相当重要的原则，但无论是你或我都很难绝对超然客观或无动于衷。当大家都很乐观时，敢毅然看淡卖出的人；当大家都绝望退场时，能勇敢买进的人，实在很少。其实，如果能在买卖股票时，把握住行情，多些谨慎、警觉和勇气，就有机会成为少数赢家的一员。

首先从投资数量上看。譬如当股市行情冷清时，可分批进场。周遭的朋友要不是高档套牢，无法忍痛杀出，就是因为对后市看淡，没有股票，想再等更低点，这时候大部分的媒体或专家也都趋于保守。一般投资大众都想等到涨势确认后，再进场也不迟。这也没有错，毕竟一般人的资金有限，是禁不起太早买进而又再三重挫的。但如果你拥有较多的资金，可以考虑提前分批进场，将资金作妥善配置，先拿出其中原先欲投入股市比重中的二至三成，半"强迫"自己慢慢在接近整数价位关卡，或是指数的重要支撑区，或是针对个别绩优股，定时定点定量买进，尽量让你的成本贴近市价。

因为我们无法精确掌握最低的买点，但使用此招，则在可控制的资金比重下，承担有限的风险。幸运的也许几个月之后就开始反弹，但也有可能是空头市场，一到两年之间都在盘整，期间可能要经过一段煎熬的套牢期，但终究不会永无翻身之日。等到重挫之后，行情慢慢回稳时，你再快速加码，提高持股比重，那你就比别人快了好几步。

相反，如果股市新闻连上报纸头条好几天，而且媒体、分析师一致看好股市，看看周围朋友聊天，甚至街头讨论话题都离不开股市，人人手中都有股票，而且到处询问明牌时，这即使不是最高点，也离高点不远了。当然，这时候要你全部卖出股票而退出股市，也是一件颇为困难的事。倒不如建议投资人开始拟定计划，先不要再增加持股，到一定时机，可试着先调降持股比重到五成以下，而且随着行情节节高涨而强迫出脱，最后一部分的持股则在看到行情转坏时再从容出场。

这种机械式的调降持股，在设定分批卖出的标准时，可以个股的整数价位、大盘的指数，或是市场认为的关卡，也可以以自己的预期报酬率为准，强迫自己逐步处理股票，理论上可以做到指数越高，持股越少。这样虽不会所有的股票都卖到最高点，但之前大部分的持股已先卖到相对高档的价位，即使最后一批股票，等行情确定下跌时再出手，先前所获得的利润应足可以涵盖最后面一个“点”的损失！

从选股目标上看。处在行情的不同波段，目标锁定也是不同的。就如B股市场，开放之初，恢复交易后的前三个交易日，个股全线无量涨停是不容置疑的。投资者能否幸运地买到筹码只能是“尽人事，听天命。”只要能买进，无论什么股票，上涨一般都不会成问题，只是有高有低。通常易买进的上涨空间多数会小些，而上涨空间大的个股，开始却很难买进。因此,除了尽可能最早挂入买单外,在选股上也同样需要人弃我取,即缺少题材的绩差股预亏股更有可能出现抛盘,应该是初期关注的重点。在前三个交易日个股全线涨停是可以预期的。个股关注:轻骑B、五菱B、ST永久B等。

上涨过后的震荡调整期,个股走势出现明显分化,正是大家积极选股入货之时,应该认真分析个股情况,投向真正具有价值的个股,寻找潜力大的股票,也就意味着风险相对不大。一般地,绩差股、预亏股将被率先打开涨停,也是投资者换股的最佳时机。此时投资者应该多关注中高价绩优股。此类个股由于流通股较大,会成为多空争夺的焦点,也将是新入市投资者的首选。个股关注鄂绒B、龙电B、海欣B等。

然后,B股将进入庄股时代。部分本地小盘重组股将继续逆势走强。个股可关注凤凰B、金泰B、冰箱B、ST钢管B等。

随著行情的深入,震荡将进一步加剧,个股分化也会愈演愈烈。此时投资者还是应该逢低吸纳有较大增长潜力的个股如:中铅B、上柴B、冰箱B、凤凰B、金泰B等。

从流通盘大小看如何选股

要寻求B股市场未来可能被把资金青睐的重点,所选B股的流通盘就应适当大一点,因为B股市场本来容量就小,小盘股很难有大资金从容进退的余地。

但B股对境内合法持外币者开放后,由于公开投资对象的变化,在某种程度上,B股市场的投资理念将发生部分转变。以前不被外资机构看好的小盘股,在境内投资者眼中将成为颇引人注意的板快。不论是从短期炒作抑或是从长期增发、重组的角度来看,A、B股流通股本及总股本较小的股票,都值得投资者关注。B股流通盘较小的股票低于6000万股的共有18只,其中市盈率又低于50倍的共有8只,它们是深深宝B(2019)、飞亚达B(2026)、深益力B(2028)、深纺织B(2045)、珠江B(2505)、古井贡B(2596)、三毛B(900922)、深基地B(2053)。

从上市公司基本面知选股方向

原先B股市场的境外投资者们,比较多的关心上市公司的经营业绩、分配方案等基本面情况,凡是有较好收益的、或者是分红方案较吸引人的股票,一般都成为投资者青睐的对象。但国内股市,往往还特别注意消息面的炒作,一些基本面并非怎样的股票,只要有那么一些朦胧消息,其股价就会立刻飞起来。随着B股市场上国内投资者的实际数居多,这种思路已开始在B股市场上流行。由于B股市场毕竟具有它的特殊性,作为该市场的投资者,应该学会独立判断市场中流传的各种消息的真伪程度,为自己的决策作参考。要提高判断能力,强化以下三个意识是非常重要的,即宏观意识、市场意识和自主意识。

宏观意识是B股投资者需要不断修炼的。B股市场虽然有一定的局限性,但是这个市场毕竟面向着海内外不同国家和地区的投资者,并且与周边的资本市场有着一定的依恋。可以说,在这个市场上每一次行情的爆发或骤变,都不是空穴来风的,而是事出有因。这个“因”往往是带有宏观性的。投资者培养自己的宏观意识,不仅要关心国际、国内的政治、经济、金融大事,还要关注有关政策的出台或变更,从每一个政策面的消息中,把握市场的脉搏。

具有良好的市场意识,有助于判断消息的可靠性。B股市场有着与A股市场明显不同的特点，这些特点需要投资者在平时的操作过程中，不断地总结、摸索。譬如，近年来B股市场相对关注资产重组题材的股票，市场运作中的急涨急跌现象，每一次管理层的一句话或一个暗示，都会引发市场的震荡。脑子里有了市场这根弦，联系市场就可以判断出您将会接受到的各种各样消息大致的可信度。

自主意识对于每一个参与资本市场的个人投资者尤其重要。平时养成了不断积累资料、经常跟踪上市公司动向、收集所投资的这一产业总体概况和发展趋势等习惯，会有助于投资者对投资决策作出自己的判断。

综合各种基本面消息的分析，可以看到B股公司股票不仅价位低，而且其中部分企业的业绩与成长性也很不错。特别是部分纯B股上市公司，投资者往往对它们没有了解，而且其走势也没有A股作为参照，这样它们上升的空间和力度反而可能更大。如深基地B(2053)、深建摩B(2054)、山航B(2152)、宁通信B(2468)等均是非常有潜力的股票。

慎选含外资法人股的股票

外资法人股，过去由于受到政策的制约，不能流通，因投资理念的差异，获准上市流通的非上市外资股将会在获利丰厚的情况下沽出兑现。如果这些当时以面值认购的外资法人股上市，对现在的B股市场肯定会构成一定的压力。据统计，截至2001年2月底，沪深两市共有24家B股公司拥有“外资法人股”，(详见下表)。其中上海股市7家，股本为7.52亿股；深圳稍多一些，这类公司有17家，外资非流通股有11.83亿股，两市合计股本19.32亿股，占这24家B股上市公司总家数和股本总数的20.5%和21.9%，仅占B股总市值的

15%左右。虽然比重不大，但因为和现在的市场价格客观上还是有一定的落差，可能形成一个的负面作用，在某一时段的集中抛售所产生的压力依然会相当突出。尽管B股外资法人股大面积集中减持的可能性不大，但是大股东仍有择机减持股份的倾向。如海南航空B股外资发起人股被允许上市的第一个交易日，其股价大幅下跌7·5%的市场表现，明确显示了大股东有减持股份的行为。另由于多数B股上市公司属于传统行业，经营获利水平一般，会有一部分上市公司发起人对公司经营发展信心不足乃至彻底失去信心，这部分发起人股份的大量抛售无疑会压制股价的上涨。买入此类股票将会给国内个人投资者造成致命伤害。

具有外资法人股的B股上市公司

股票代码	股票简称	总股本(万股)	B股(万股)	A股(万股)	外资法人股(万股)	外资法人股性质
2012	深南玻B	67697.54	22000.80	10716.60	7604.46	发起人
2016	深康佳B	60199	6380	22420	13904	发起人
2017	ST中华B	47943.3	17862.06	7637.67	11245.34	发起人
2018	深中冠B	16914.24	2662.00	2023.12	4280.19	发起人
2020	深华发B	28316.12	3953.29	4984.51	6246.29	发起人
2024	招商局B	47639.60	13622.18	13096.52	5230.23	发起人
2037	深南电B	35640	7326	3366	7588.61	发起人
2039	中集B	34020.14	14240.38	4599.13	8333.65	发起人
2041	深本实B	6050	1573	0	1529	发起人
2053	深基地B	23060	6000	0	5118	发起人
2055	深方大B	29640	12000	4200	2537	发起人

续表

股票代码	股票简称	总股本(万股)	B股(万股)	A股(万股)	外资法人股(万股)	外资法人股性质
2168	雷伊B	16800	6000	0	1687.5	发起人
2418	小天鹅B	36510.38	8400	7200	4335.72	认购
2488	晨鸣B	45340	16100	7000	2671.00	发起人
2512	闽灿坤B	45093.75	12198.5	0	32906.25	发起人
2513	粤丽珠B	30603.55	10341.35	11567.23	1889.34	发起人
2726	鲁泰B	21830	8000	6000	2915	发起人
900913	联华B	16719.48	3600	900	2855.84	发起人
900917	海欣B	33529.17	7507.5	5516.13	5516.13	发起人
900918	耀皮B	48750	12500	3125	8139.91	发起人
900919	大江B	67630.57	6006	2574	28667.28	发起人
900945	海航B	67616	7100	20500	10004	认购
900947	振华B	36850	11000	0	9749.4	发起人
900955	茉织华B	35350	11000	0	9433	发起人

持有B股，轻松操作

投资投机，灵活互换

虽然许多专家或理财书籍都一再告诫投资人，长期投资的报酬率远大于短期投机，但是十之八九的散户，除非是买基金或没有时间特别去注意行情，基本上还是习惯每日进出股市厮杀，动机是希望能在最短的时间内获得最高的利润。其实如果没有抢短套利和投机者存在，股市将会黯淡无生气，但相反，若缺乏中长期较安定的投资人或法人机构者进场交易,市场也会秩序大乱,而股价就无法较贴近所谓合理的价值。

很多投资者在行情好的时候才会想到买股票,但其实行情已经涨上来之后再买的股票,并不适合长期投资。也有时候投资人买来想放长的股票,短期就出现了获利,马上就卖掉先赚取差价,因此投资和投机的心态常常可能就在一瞬间,因股市的变化而转变。

就投资的心态来说,是以时间换取空间,着重波段的利润。相对在股市底部时,以公司业绩的好坏和发展前景,也就是利用成长性来衡量评估,认为未来收益会超过银行利息才购买,所以一般来说,持有该股的时间会比较长,除非有很特殊的变数,例如获利衰退,否则短时间内无论账面上是赚是赔,都不轻易卖出该股。

相对地,所谓的投机又该如何界定呢?虽然所追求的皆为"利"字,但是在中长期多头的大前提下,仍会有所谓的技术性回档,而且有时候幅度还不小,所以基本上投机的意义就是希望买低卖高,每逢高低差价就加以把握,赚它一次。当然也要比较有胜算才可以如此操作,否则反而会偷鸡不着蚀把米,发生卖掉自认为的高价,却在出现低价时不愿买回;或甚至从此没有更低价出现的情形下,来不及买回,结果搞不好丢掉一只金母鸡,股份一飞冲天之后,从此再也追不回来了。

本来是投资,后来变成投机的情况比较少,一般多是投机变成投资,也就是偷鸡不着蚀把米,短线套牢就被迫变成中长期投资了。投机基本上要有获利满足点和停损撤出的观念,所以投机时,没有赚到,就应该执行停损。投机者要溜得比谁都快，随时保持资金的灵活度。

每个人对报酬的设定不同，投资人也有可能原本是投资的着眼点买入，但幸运的在较短时间内有相当的报酬，如10%～20%，甚至更高，这时或许可以改为投机一下，先获利了结。当然这也许会出现两种可能，一是卖完以后，股价即拉回，投资人就可以再逢低承接。另外则是股价继续再上涨，如此就有违原先长期投资的策略，因小利而失大利。但这仅是赚少和赚多，并非认赔杀出，所以还算是小事一桩。

另外，对中长期投资者来说，偶尔会有投机的标的和时机出现，例如，出现非经济因素，或一时间的非理性恐慌而急跌，就本益比和安全性考量，适合进场做中长期投资，所以已经有买进股票后摆一阵子的心理准备，但岂知，跌深后不久就出现强力反弹，而马上有颇高的报酬率，若如此，也可以转为投机一下又何妨，投资和投机在观念上是可以容许弹性调整的！

在中国股市，特别是 A 股市场给人留下的印象是，到处都是投机者，所谓投资者，就是投机不成而被迫自封的。B 股市场，在境外投资人参与时，较多关注的是公司的业绩及成长性，还是以投资为最主要目标的。但随着国内投资人的渗入，国内投资观念也随之潜入，如今，更是面向境内居民开放后，建议投资者，包括已持有 B 股的以及将要投资 B 股的，还是要以公司基本面为必要的参考，以市场为核心，时刻关注政策面的风吹草动，投机投资相结合，灵活互换。

高抛低吸，不二法门

股市获利的绝大部分，在于股票买卖中的高抛低吸，另一部分则来源于股利股息的收入。但一句简单的“高抛低吸”,却令绝大多数的投资者伤透脑筋。原因来自两个方面:一是心理状态;一是行情判断。心理因素主要就是要平和心态,要自始至终地坚决贯彻这一不二法门的赚钱原则,切记克制贪婪与反悔的人性弱点。而行情判断,就是一个复杂的哲学问题了。

在股票市场,如果没有特殊的买力或卖力的影响,股票价格会涨者恒涨,跌者恒跌。这就是为什么股市常常有大牛市或大熊市的道理,因为基本的环境或供求关系末改变以前,上涨的趋势就会持续下去;相反,下跌的趋势也一直会持续下去。这也是市场特性之一,即价格具有惯性,会呈一种趋势性演变。有的投资专家指出,除非加上更强劲的供给力量或需求力量,否则,不动的股票永远不动,上涨的股票永远上涨,下跌的股票永远下跌。股价不涨不跌或盘旋整理说明供求力量达到平衡,除非供给方面增强力量或需求方面增强力量来打破均衡状态,否则,股价就只会小幅波动;股价能够形成上升趋势,表示买进力量超过卖出力量,如果一直保持需求大于供给的局势,那么,价格必然持续上涨,只有在卖方力量增强到超过买方力量的时候,上涨的势头才会停止,并开始下跌;相反,股价一旦形成了下跌趋势,则是卖出力量大于买进力量的结果,只有当买进的压力大于卖出的压力时,才会转跌为涨。否则就会一直跌落下去。

如同任何事物的运动都有它自身的规律一样,股价的运动也有其自身发展的必然性,它是由众多政治、经济、心理等因素综合作用的结果,不以任何人的意志为转移。股市投资获利的关键即顺应股价发展的方向,高抛低吸,在股份上涨的过程中买进,在高位抛出,在股价下跌的过程中做空保值,在低位吸纳；相反，如果违背股价运动的趋势，在股价上升的过程中空仓做空，在股价下降的过程中满仓做多，必然赚不上钱，甚至要遭受经济损失。

把握信息，辨明方向

随着科学技术的飞速发展和证券商服务质量的不断提高，坐在家中炒股已不是神话。一些证券商根据客户的要求，将线路直接接到客户家中，使一些资金较大的投资者可以直接在家中炒股。据有关统计资料表明，真正坐在家中不受干扰心平气和炒股的人大多是亏损，因为缺少一种市场直接的感觉，缺乏市场信息帮助辨明方向。

炒过股票的人都会发现，每当股市人头涌涌之时，通常都是上升行情。而营业大厅内人头稀少，此时的股市成交清淡阴跌不止，道理非常简单，中国的股市是单边势，没有沽空机制，只有上升的时候才能赚钱，所以人们对上升行情特别感兴趣，而下跌则意味着亏损或被套，很多投资者往往情愿被套而不肯斩仓，一旦被套干脆被动行动，不想到证券部看行情。上述现象就可以使我们通过观察人们对股市的关心程度研制市场。但这仅仅是一个方面，细心总结的投资者会发现，每当证券部已达超负荷状态，即大户和散户大厅挤满了炒股的人，甚至达到拥挤不下的状态，往往股市已达到某一阶段的顶峰，不用多久便下跌。另一方面，当证券部空空如也有时大户室只剩下打单小姐，散户大厅除保安人员空无一人，这不能不说是股市中一种奇异的景观，而这种时刻，又常常是股市见底的征兆之一。

虽然现在电话委托已普及，证券部的大户室或散户大厅已不能反映整个股市的人气动态，但根据到证券部“上班”的人数变化动态依然是研究市场的重要手段之一，尤其当“人头”数的变化达到某种极限状态时，不为市场表象所动，以相反理论来研制市场并采取买卖决策是一个理性投资者所必备的素质。

在股市的运作机能中，其实说穿了就是一边买方，另外一边是卖方，也就是由需求和供给两方面的人马所形成的市场，所以投资人不可能自己闷着头做股票，千山我独行，而不管其他人的看法，而应该通过多种途径收集信息，帮助自己做出正确决策。

在股市中，每个参与者都有自己的主见和自个儿的看法，无论是大股东、外资、投信、法人、中实户、散户都可能各怀鬼胎，自有打算，因着看好或看坏后市而采取买进或卖出的动作，也就形成了需求和供给双方。不过虽然有众多的参与者，但是股市却瞬息万变，状况随时在改变，所以谈到股票，绝对不能象做其他事情一样，“有恒心，坚持到底必定能成功”那样的心态，否则会死得很难看。切忌和股票发生感情。

说自己像墙头草也好，各位读者要特别记住，趋势或后市并不会因为你的坚持而附和，或转向认同你的看法，现实总是很残酷的，股价会绝不留情地反应真实的价值。所以我们一再强调，不是说买了一家你认为的绩优成长股，从此就可以高枕无忧，不用管它，然后就等着欢喜收割。天下绝没有免费的午餐，也没有这么简单的投资方式。或许毋须每天要盯着个股价量变化，但每隔一段时日，总得看看法人持股变化，大股东动作，或是在固定时日公司发布的业绩好坏，市场专家的看法，会不会很多人都改看保守了呢？或没啥人看好该股，乃至股价和成交量发生很大的变化等等？也就是说，投资人要随时监视持股，望望周围环境再看看自己，甚至于怕有时候会陷入大深，不妨试着跳开对自己的股票一味看好的一厢情愿，假设自己是客观的第三者，你对该股或后市的看法又如何呢？

你可以参考其他人的看法，象是上市公司的分析师或专家学者的观点、媒体的评论、政府官员的谈话、法人机构或是证券业者的看法、甚至把一般散户的动作视为反指标。因为各方的参与者和大多数人的看法就会形成市场的共认，虽不能书信，但至少可作为自己操作时的参考。这样子，往往能避免因过于主观而忽略了某些意见。

不忘随时清醒一下头脑，看看外面的世界再往内看，届时想必会有更好的答案吧！对股票不能太过执着，操作股票需要的是“理性”而不是“感性”。多听、多看，多收集信息，调整自己的脚步，才不会出现因为看法偏颇，而和市场渐行渐远。

出货及时，落袋为安

在股市中，股票投资者都希望在最高价时卖出，在最低价时买进。但事实上任何人都不可能未卜先知，因为何时是最高价和最低价根本就无从肯定，再高明的技术分析家也只能提供所谓的相对低位、相对高位。所以，实现“最高价卖出，最低价买进”的梦想的可能性很小，即使有时真的实现了，也是偶然现象。

想要赚个彻底的人，大多抱有这样的心理，即当行情实际上已经从最高价开始跌时，总是希望这是暂时的回档，还会上涨，于是就持股痴等，结果是股价越等越低，由赚等到赔。而在行情实际上已从最低价上升时，总是觉得还会再跌，于是还持币等待，白白失去赚大钱的良好时机，眼睁睁地看着股价无情地上涨，此时要么放弃购股的打算，要么就得认购高价。股票市场还有一种人，他们看到行情实在跌得很低了，但是仍旧认为会再跌下来，而不想买进，等到行情涨了上来，才后悔莫及。

所以，买卖股票与其他世事一样难以十全十美，既然最低价不容易买到，最高价易不容易卖出的话，那就应采取“饭吃八分，获利八成”的策略，及时出货，落袋为安，事实证明，这才是正确的投资之道。

如何与B股主力共舞

首先认识一下主力的庐山真面目，以便知己知彼，百战不殆。主力有很多种，不同的主力有不同的特点，散户投资者应该因地制宜，采取相应的策略与之周旋。从操作的技巧上划分，主力可以划分为划线主力、转账主力、通吃主力和游击主力。

从操作时间长短上划分，主力可以划分为短线主力、中线主力和长线主力。短线主力从吸货到派货的操作全过程最长一个月，最短时只用几天时间；中线主力操作全过程短则一个月，长则半年；而长线主力操作时间往往较长，他的周期与经济周期基本吻合，通常在经济周期谷底时进货，在经济周期即将见顶时出货。

从炒作对象上划分，主力可以划分为炒个股主力、炒板块主力和炒大盘主力。

从在炒作过程中所处阶段上划分，主力可以划分为新主力、旧主力和被套主力。新主力是指刚开始进入吸货阶段的主力；旧主力指已完成收集和拉高过程的主力；而被套主力是指在高位未能全身而退或吸完货后突然出现重大利空，使股价跌下来，主力被套在里面。

主力从不同角度上划分就有以上几类，但市场上的主力很少只属于以上各类中的一种，通常都会同时属于几种类型的主力。例如，某主力既是短线主力，又是划线主力，同时也是个股主力。所以，散户投资者从盘面上对主力类型的判断时，要从不同角度上考虑，以免造成不必要的损失。下面介绍各类型主力的炒作特点和散户投资者的跟进策略。

短线主力的炒作特点及跟进策略

短线主力的资金主要是一些游击资金，喜欢打一枪换一个地方。短线主力在炒作一个股以前，主要研究个股的技术面，基本上不研究个股的基本面。因为主力操作的时间很短，基本面对个股的走势起不到很大的作用。短线主力往往寻找那些流通盘不大，通常在 5 000 万以下的，而且技术上出现严重超跌的个股来做。由于个股在技术上出现超跌，有很强的反弹要求，主力在低位吸进小部分筹码，然后用少量资金往上推，股价自然会走出短线反弹行情，反弹完毕主力就把手上的低位筹码进行派发。

短线主力具有以下特点：(1)对长期走势信心不足，只敢做短线操作；(2)完全以技术面为依据，选股侧重猛拉，跌深后反弹；(3)收集筹码较少，通常只有流通盘 10%左右，收集时间短，一两天就收集完；(4)这种股票升幅有限，一般只有 10%～20%；(5)这种主力出货速度很快，通常只有一两天。

广大散户投资者紧跟这种主力比较难，在跟进时，适宜快进快出。对收益的期望值不要太高，有 5%～10%的收益就得离场；在买进这样的股票前，先给自己定好止损位，万一行情走势有别于你的意料，你买进的股票很快反转向下，到了止损位你必须果断离场，以免深套其中。如果你的性格是优柔寡断的，最好别碰这样的个股。

中线主力的炒作特点及跟进策略

中线主力与短线主力有明显的不同，中线主力的资金一般都比较充裕，而且可操作的时间较长。主力操作前侧重于对上市公司基本面的研究，发掘可以炒作的潜在题材，而不太理会股票的技术面情况。主力的吸筹、洗盘、拉抬和出货都在个股的盘面上留下各种的痕迹，因此散户投资者可以多注意盘面上的微妙变化，从而发掘中线潜力股。

中线主力炒作时通常有以下的特点：(1)有明显的收集期，中线主力动用的资金量一般都比较大，因此，收集的筹码较多，从而收集的时间也较长。在日 K 线图上往往会见到主力收集的痕迹，在低位或相对低位时，股票的成交量温和放大或显然出现不规则的变化，而且股价底部逐渐抬高。(2)目标升幅较大，一般都达 50%以上。这是因为中线主力手中的筹码较多，易于拉抬股价，而且手中筹码较多，将来出货的难度较大，因而必须要有较大的升幅，才能保证主力将来出货时价格下跌而还能够有相当可观的利润。(3)一般采取波段式操作。因为要有较大升幅，要一口气升到目标价位难度较大，所以主力每拉升一段就要洗盘，让散户手中部分筹码进行换手，以使散户的平均持股成本增加，降低目前散户手中筹码的获利程度，为主力日后的拉升降低难度。但主力的洗盘一般不会破坏股价的上升趋势线，否则，趋势线被破坏会引起散户的恐慌性抛售，一般的主力接不住散户的抛盘，导致自己的操作失败。(4)中线主力的炒作一般都有一个良好的炒作题材,以便主力拉抬时出师有名,同时也为主力日后的出货做好准备。炒作题材一般是业绩题材、送配题材、购并题材、资产重组题材、进军网络、高科技消息等。中线主力通常借助处于朦胧状态的题材,采取大涨小回的方式拉抬,并运用技术面如关口、阻力位、支撑、移动平均线、RSI、MACD等进行操作,这种操作方式符合技术上的走势,因此比较容易得到广大投资者的认同。(5)出货时间较长。由于主力手中的筹码较多,派发的时间自然比较长。主力通常采用的派发方式有:边拉边派式、高位大幅震荡派发式、高位平台派发式和打压派发式。主力一般都会综合利用以上四种方式来进行派发。

广大散户投资者跟这种主力通常比较容易,因为主力会在个股的盘面上留下较明显的痕迹。因此,跟这种主力的策略就不同于跟短线主力,期望值要高一些,要经得住主力的洗盘,不计较短期内的小得失,要耐得住寂寞。如果手中的筹码成本较低,则可放心持股久一些。如果觉察主力行为已晚,主力已拉升了一段距离后,最好不要跟进,因为这时赢利的空间已不大,而亏损的风险较大。当观察到主力开始派发时,即使股价的跌幅已较深,也不要接货博反弹,因为主力派发很可能还会往下持续一段时间,而且主力派发的股票股价将会持续低迷一段时间。

长线主力的炒作特点与跟进对策

长线主力的炒作特点与中线主力的炒作特点有很大的相似性,而且有时会相互转化。有些主力原先计划做中线,但在操作过程中,发现公司还有更大的价值未被发掘出来,于是改为做长线。而相反，有些主力原来计划做长线，但在操作过程中，发现上市公司的前景没有原先想像中那样好，于是将股价做到一定高度后，提早收工，进行派货离场。长线主力拥有资金量很大，而且大都是自有资金，可以使用的时间没有太多的限制，长线主力往往会选中公司业绩在未来一段时间内会有很大改观的股票，在吸筹阶段耗时长，也不计较几十个价位的成本，往往采取台阶式收集方式。一般吸纳一只股票流通股股本的60%以上。这类主力往往心存高远，股价不会受突发性利空的影响，形成较长期的上升趋势，经过一段较长的时间后，涨幅惊人。此类股票如深市的中科创业、重庆华亚、三爱海陵等。

散户投资者跟这类的主力，切记不要为小幅升跌而患得患失，不要太过于在意中途的波折。惟有股市狂热得丧失理智时，主力才会抛售手中的筹码，此时你已获利颇丰，可以考虑出货了结。

划线主力的炒作特点及跟进策略

划线主力又称骗线主力，这种主力利用自己手中的资金优势，在股票的走势图表上划出漂亮的图形，引诱那些技术分析散户上当。因为钟情于图表技术分析的散户越来越多，从而划线主力屡屡得手。他们引诱散户的方法主要是划走势图，想要做高股价时，走势图非常漂亮；想要压股价进货时，走势图便一塌糊涂。为求使成交量与股价走势配合，更不惜大笔手续费而转账、对倒。他们通常会聘请专家进行运筹，做好开盘价和收盘价，有板有眼，在大量进货或出货前，还会造出“假突破”，使依赖图表分析的散户们错误买卖，从而大赚其钱。散户投资者跟这类主力时，要格外留神，特别注意股价在支撑位或阻力位时所作突破的价量配合，对股票进行全面考察，发现有不正常的现象，要特别留神，切勿疏忽大意，铸成大错。

游击主力的炒作特点及跟进策略

在股市大势看涨时，游击主力便会出现。他们会选择原来有主力而主力不愿立即出货的股票为目标，以雄厚的资金买进部分股票，致使该股票价格大幅抬升，收盘后散户见该股股价飞涨，以为有新主力介入，或以为主力再度拉抬，次日便大量买进。第二天的股价在卖少买多的情形下继续上涨，游击主力乘机逐笔出货，股价很快就会回软。游击主力然后又去找其他股票进行操作，实行打一枪换一个地方。

散户投资者跟这类主力的策略可参照短线主力的策略。原则上，不主张跟这类主力。

财务信息，市场分析的桥梁

1990 年上海证券交易所的成立和 1991 年深圳证券交易所的成立，标志着我国证券市场的初步形成。经过近 10 年的发展，在上述两家证券交易所上市的股票品种由最初的几十种增加到目前的 900 多种，市场规模不断扩大。作为上市的股份制公司（企业），必须按照国家的规定定期公布财务报告，这些财务报告是投资者分析市场的一座桥梁。B 股股民，你对财务信息有足够的敏感度吗？

上市公司财务报告的组成及公布的原则

上市公司财务报告的组成

目前我国上市公司的财务报告主要包括会计报表、报表注释、补充报表以及其他有关会计信息几个部分。会计报表包括资产负债表、损益表、现金流量表；报表注释主要包括长期投资核算方法、坏账准备计提办法、资产计价方法，以前年度损益调整的核算方法等等。关于补充报表及其他会计信息应包括的内容尚无明确规定。

上市公司公布财务报告的原则

我国大多数中小投资者投资于证券市场的主要依据是上市公司公布的中期报告和年度报告，故上市公司公布其财务报告时就应当严格遵循公开、有效、及时、充分等原则。一方面便于股东全面了解公司的财务状况与经营成果，对公司运营进行有效的监督；另一方面，只有信息公开，才能保证证券市场在公平交易中正常运行，尽量杜绝信息披露中的虚假、误导、掩饰陈述等不良现象，体现证券市场公正的一面。充分披露包括形式上的充分和内容上的完整，公开性是一种定性的概念，充分披露则是公开性原则的一种量的要求。有了以上这些纲领性的要求，对于财务报告具体内容的评价才会更有意义。

解读上市公司财务报告

对会计报表的评价

会计报表综合反映公司一定期间的经营成果、现金流量与一定日期的财务状况，是会计信息公开的主要内容。损益表、资产负债表、现金流量表是用来反映经营成果、财务状况与现金流量的最佳方式，这一点已为国际上证券市场会计信息披露规范所公认。目前我国上市公司公布的会计报表喜忧参半。根据会计准则的要求，企业编制的会计报表应做到真实可靠、相关可比、全面完整、编报及时、便于理解。我们以此作为评判上市公司公布的财务报告现状的标准。

但目前会计信息失真是一个非常严重而且很具普遍性的问题。仅从上市公司公布的财务报告数据、指标本身来看，信息失真主要体现在报表项目、报表体系不全面。目前几乎所有上市公司资产负债表中存货跌价准备项、短期投资减值准备项、长期投资减值准备项都是空白，然而大多数公司都有存货，都进行长、短期投资。根据会计核算原则中的审慎原则，相当一部分上市公司都应该计提上述项目，应提项目而未提就是不完整。此外，在上市公司中期报告中无现金流量表，这也是不全面的一个重要体现。另外，作为股本投资者、上市公司的股东及潜在投资者除了需要了解公司的经营成果与财务状况外，他们所关心的其他信息相对集中于以下两大类：收益的分配和股东的权益变化。前者对股东的投资回报至关重要，而后者关系到公司财务状况中股东权益的结构，这些会计信息均涉及股东的切身利益，但是目前这两张表在我国会计报表体系尚须进一步完善。

对报表附注的探讨

会计报表附注是为了帮助报表使用者理解会计报表的内容而对报表的有关项目所作的解释。企业编制会计报表并加以注释，可以提高会计信息的可比性，增进会计信息的可理解性，促进会计信息充分披露，从而提高会计信息的质量，使报表使用者对企业的财务状况、经营成果和现金流动情况获得更充分的了解，并有利于报表使用者作出正确的决策。纵览一些国家证券法规关于会计信息披露的规定，对会计报表的附注都有比较具体的要求，我国也不例外。

报表注释是增强会计报表完整性的一种手段,它是充分披露原则的典型体现。报表注释的目的是在不影响报表明晰性的前提下,披露那些报表本身不能说明或不能详细说明的信息。我国上市公司在这个方面已做得相当不错,但美中不足的是大多数公司只是把各个项目的数据简单罗列一下,没有作深入的分析。如存货、应收账款等项目金额过大或变动幅度较大时,没有对其原因或构成作详细的分析,在这样情况下,众多不明真相的投资者,特别是新入市投资者就很可能以此作出决策,其结果可想而知。当然,报表注释作为信息的补充说明不可避免地也有一定的局限性。一般来讲,报表注释中至少应包括以下内容:

(1)会计方针及其变更,如会计主体及其变更,资产计价方法的选择,报表的编制原则等。

(2)重要项目的评述,如应收账款与备抵坏账、存货周转与备抵损失固定资产折旧、无形资产摊销、长期投资的结构、资产抵押、债务结构与重组、股利分配方针、每股收益的确认与计量等。

(3)非常项目。

(4)或有事项,如对或有资产、或有负债产生的原因与处理的结果。

(6)期后事项,如直接影响当期会计报表的事项、或可能严重影响未来经营成果与财务状况事项的说明。

⑦其他事项,如重大合约的执行情况、与关联企业的交易、诉讼事件等。

对补充报表的评价

在我国的有关证券法规中,对财务报表中是否要列入补充报表并无明确规定，所以在上市公司公布的财务报告中见不到补充报表，这也反映出我国上市公司财务报告体系尚不全面完整。相比之下，有些国外的证券交易组织不仅规定了各上市公司在其主要会计报表上应予公开的会计信息，而且还规定对上市公司财务报告的评价所要呈报的一系列补充报表，以便用作对会计报表中重要会计信息的补充说明，或者对主要会计报表中未能列示的信息加以补充。

一般企业对外报送的报表还包括制造费用明细表、管理费用明细表、应缴税金明细表等，上市公司的财务报告中就更不能缺少这些内容。就以管理费用为例，上市公司管理费用猛增现象，成为一个不争的事实。管理费用增加，表面看似增加企业管理方面的人力及财力投入，但常常并不一定给企业带来高效益，管理费用与主营业务收入、净利润也并不一定成正比。三项费用中财务费用投资者比较容易判断，营业费用从报表看相对稳定，惟独管理费用最没谱，在公布的中报中应列入此明细表，从而加强上市公司在这方面的透明度。

部分公司财务人员和券商分析调研人员表达了另外一层意思：个别公司基于隐藏上半年利润，以便制造下半年利润猛增假象，采取了虚增上半年管理费用的办法；也有个别公司出于行情和配股需要，对管理费用做点手脚，使上半年管理费用增大。因此补充报表中蕴含的企业信息如关联交易明细表、长期投资明细表、在建工程明细表以及公司投资收益明细表等，可以大大增强主表数据的可理解性、真实性。

对其它会计信息的评价

财务报告中，除了披露以会计报表为主的信息外，企业还会以其它方式披露会计信息及其派生信息，我国目前在此方面才刚起步，尚且不尽规范，缺乏统一口径，我国证监会在其发布的《公开发行股票公司信息披露内容与格式准则》中规定，招股说明书、年度报告、中期报告中都要披露有关的财务分析指标，只是各自规定披露的指标数量多寡不一，而且各种指标如何计算也无统一口径。而在西方的一些国家，无论是会计准则还是证券法规，除了每股收益指标外，一般完全放任公司自愿披露。然而在我国目前各上市公司披露指标的数量，远比没有规范要求的境外公司要少得多，这就为分析企业经营情况带来一定困难，且规范不一，如证监会规定，年度财务报告要披露全面摊薄的每股收益，那么何谓全面摊薄，究竟如何计算，文件并无明确规定，实际操作时只能靠各公司会计人员与注册会计师自己去“琢磨”确定，其结果可想而知。

另一方面披露其他信息时也缺少统一规范，从会计人员的立场来看，公司只须陈述过去的信息，而如何利用这些信息预测未来则是用户自己的事，如果公司把财务预测结果公布于众，这就可能无意中泄漏了商业秘密而不利于市场竞争。预测的过程毕竟是一个在大量变量分析与假设的基础上所作的主观判断，将其结果公布于众，似乎并无什么好处。从公众利益来看，一个成熟的股票市场是建立在参与者对公司长远发展前景有良好判断基础之上的，投资者购买公司的股票往往不是着眼于眼前，而在于其将来的业绩。因此，为了有助于投资者对公司未来前景的判断，披露财务预测信息是有其用处的。况且，从代理理论和竞争性市场理论来解释，公司管理人没有理由不让委托人了解公司的未来。至少来说，股东可将预测当作是公司管理当局应当完成的一个目标，并认为管理当局有责任向他们提供预测报告。在我国，即使公司不在其年度中披露有关盈亏预测的信息，一些公司的股东也要求在“股东大会决议公告”中加以披露。从有效市场理论来看，公司披露对公众有用的财务预测信息会提高证券市场的有效性，即使公司不提供这类信息，市场上也会存在其他传播渠道而引起人们对公司未来的猜测，这种猜测很容易引发误解和误导，倘若公司按规范的要求披露财务预测信息，则可以防止出现这种紊乱的局面。

投资者利用财务信息应注意的问题

真实性问题，这是投资者要面对的首要问题。有一部分上市公司为了配合主力资金炒作，随意压低（抬高）中期或年度业绩指标，特别是中报，不经注册会计师的审查，上市公司随意调节业绩，还有些为了保住配股资格虚报净资产收益率和其它指标。

时效性问题，部分上市公司不在法规规定的时间内报出报告，等到其公布后已无实际参考价值。

规范化问题，这一点在前面的讨论中已很明确，尤其是对财务分析和财务预测指标分析时，要格外引起注意。

披露方式问题，目前我国上市公司财务报告的披露主要以文字形式出现，为了便于了解关键问题，投资者可以借鉴一些有效方法如饼形图、曲线图、立方图等图形方式重新整理财务数据。

报表分析，成功的必经之路

做好财务报表的分析是充分了解企业，取胜于股票市场的必经之路。我们将其可以归纳为四句话，即“三表为要点，比率是中心，点面相结合，比较是关键”。就是说，从损益表、资产负债表、现金流量表三张主要报表着手，收集完整的资料，运用财务比率对企业各期的经济指标进行比较分析，为企业财务活动决策者提供有效的依据，分析要求全面，对主要经营事项进行专项分析时要有针对性。

企业基本财务状况分析

一般投资者对企业的经营情况比较关注，拿到一份报表往往是先看经营成果，直观地想知道完成了多少销售，效益如何，比上年同期有无增长等，财务分析也有必要从这方面先入手。

年初制定的经营目标完成情况分析

根据企业制定的年度经营目标，主要是对主营业务完成情况进行分析，以检查业务是否按预定目标发展，并预测以后各期进展情况，清楚以后各期应抓的工作。与以前年度同期也要比较，由于外部环境、内部环境均在发生变化，时间过长可能受外界影响过多，因此财务资料一般以最近三年为好。分析方法可以用比较定基百分比法，即将比较期中第一期的全部指标设为100%，以后各期的报表数据算为第一时期数据的百分比，以发现各项目的变动情况和发展趋势，这样比较直观，也容易理解。其他业务对目标完成率的影响不会太大，可以简单分析；但对一些新出现的业务，如开发新市场、新产品等则要加以关注，或做一些专项分析，有助于投资者做出正确判断和决策。

利润完成情况分析

利润指标是企业最重要的经济效益指标,规模的扩大要以经济效益为中心,没有效益的规模是不能持久的。对该项指标的分析应着重分析主营业务盈亏,同样要对财务数据同前期做比较分析,有外贸进出口权的企业可以分外贸、内销两部分分析,其它主营业务盈亏情况和营业外收支情况可以简单。这里应用一些财务比率来说明财务状况将更为有效,如下表:

盈利能力指标表

指　标	计算公式	分析说明
销售净利润率	净利润/销售收入	通过该比率的变动分析,可以促使企业在扩大销售同时,注重改进经营管理,提高盈利水平
成本费用净利率	净利润/成本费用总额	揭示企业净利润与成本费用之间的关系,该比率的提高有赖于扩大销售和节约成本费用的支出
资产收益率	净利润/平均资产总额	该值越高,说明在企业获利过程中资产的利用效率越高,在增收节支,节约资金使用方面的效果越好
净资产收益率	净利润/平均股东权益	对投资者来说,该值越高,说明投资收益越大

成本费用因素对利润的影响分析

若对利润指标的影响进一步地分析,一般来说有两种途径,一种是可以从单价、变动成本、销售量、固定成本等本量利的基本因素上去分析,本量利分析法主要用于利润规划上,以满足企业决策、目标和控制的要求。实际工作中，对于主营业务涉及的产品一般较稳定，单价、变动成本等因素变化不大(除非产品有较高的附加值或原材料价格波动较大)，因此目标利润主要与销售量、固定成本有关，提供给管理者日常的财务分析，主要应从扩大销售量和挖掘内在潜力上去分析。

在目标销售量已确定的前提下，主要是分析销售量的完成情况，并比较在手合同的份额，与以前年度同期相比，有无发生较大的变化，分析要完成目标利润必须要清楚以后各期的目标销售量。

与以前年度各期相比，对变化较大的各项费用要做出具体分析，如利率、管理费升降利润产生的影响；若有涉及外贸的企业，还应考虑配额费变化的影响、汇总损溢对利润产生的影响等。

另一种途径是进行盈利结构分析，从损益表的构成项目入手，先做销售收入的多期比较，看看与往年相比，本期的销售额有无较大增长；再将其他项目转换为与销售收入的结构百分比。看损益表各项比重，哪一些项目变化较大，深一步分析其原因，对营业外收支、投资收益也不例外。

企业资产管理效率分析

企业各项资产运转能力的比率强弱，体现了管理者对现有资产的管理水平和使用效率。资产周转速度快，反映企业资产流动性好，偿债能力强，资产得到了充分利用，营运能力的分析越来越受到企业管理者的重视。对资产管理比率分析，可以从几个主要财务比率着手(见下表)：

资产管理比率指标表

指 标	计算公式	分析说明
应收账款周转率	销售收入/平均应收账款	该比率反映了年度内应收账款转换为现金的平均次数，比率越高，说明应收账款回收越快，变现能力越强，企业的短期偿债能力也越强
存货周转率	销售成本/平均存货	在不会造成存货短缺的前提下，该比率越高，说明存货周围越快，存货占用水平越低，潜亏因素越少，而变现能力越强，偿债能力也越强
投资报酬率	平均净收益/原始投资额	该比率反映该项投资的获利水平，比率越高，收益能力越强。计算简便，容易理解，缺点是没有考虑时间价值
固定资产周转率	销售收入/固定资产净值	该比率用来衡量企业运用固定资产以产生销售收入的能力，比率越高，说明固定资产运用效益越好
流动资产周转率	销售收入/平均流动资产	该比率越高，说明流动资产周转速度越快，越节约流动资金，企业的盈利能力越强，资产管理越好
总资产周转率	销售收入/平均资产总额	该比率越高，说明总资产周转速度越快，销售能力越强，从而企业的盈利能力越强，资产管理越好

企业现金流量分析

新颁布的现金流量表主要用来反映企业未来创造净现金流量的能力，对现金流量表的分析，有助于报表使用者了解企业在一定时期内现金流入、流出的信息及变动的原因，预测未来期间的现金流量，评价企业的财务结构和偿还债务的能力，判断企业适应外部环境变化对现金收支进行调节的余地，揭示企业盈利水平与现金流量的关系。由于现金流量信息自身的客观性，以及某些方面与评价目标更强的相关性，因此对现金流量比率的分析，可以对其他财务指标分析起到很好的补充作用。一般可以从以下几个比率来分析(见下表)：

现金流量比率指标表

指　标	计算公式	分析说明
现金来源比率	(经济活动/投资活动/筹资活动)/现金净流量现金来源总额	该比率说明了企业各项现金流量来源的比重，从资金来源上反映了企业的发展需要对某项现金流量的依赖程度
现金流量与销售比率	经营活动现金净流量/销售收入	该比率反映企业每实现一元销售收入中所能获得的现金流量。比率越高，说明企业由于经营产生现金流量的效果越好，与销售利润率相比，可以分析净利润与现金净流量的差异原因
资产的现金流量回报率	经营活动现金净流量/资产总额	该比率反映企业每一元资产所能获得的现金流量。比率越高，说明企业的资产利用效率越高
经营活动现金净流量与净利润比率	经营活动现金净流量/净利润/	该比率表示企业每一元净利润中的经营活动现金净流入，反映企业净利润的收现水平，有助于分析本期净利润与有关现金收支净产生差异的原因。
折旧/摊销对经营活动现金净流量影响率	(折旧＋摊销)/经营活动现金净流量	该比率反映企业经营活动净流量中有多少受折旧和摊销的影响，比率越小，说明企业资产运营效果越好

上市公司经营业绩综合分析

分析公司与理想状态的差异

投资者应重点分析公司的年度决算报表和6月30日的中期会计报表，投资者分析资产负债表关键是分析公司的财务状况是否与理想标准相近。如果相近，说明这个公司的财务状况是健康的，可以作为投资的选择对象考虑。现将上市公司较为理想的财务结构作一界定：若公司资产为100，在一般情况下，自有资本占60、负债占40比较合理，就是自有资本应超过负债。否则过度负债会给公司经营带来较大的财务风险。进一步分析考察资产负债表所反映的内容，达到如下的财务状况较为符合标准：

<table>
<tr><td rowspan="3">流动资产
60</td><td>流动负债
30</td><td>负债
40</td></tr>
<tr><td>固定负债
10</td><td rowspan="3">资本
60</td></tr>
<tr><td>资产
20</td></tr>
<tr><td>固定资产
40</td><td>准备金余额
40</td></tr>
</table>

流动资产应比流动负债多，达到两倍才算理想，即常用的流动比率指标为200%，而且固定资产应小于自有资本，自有资本占60%，固定资产应占40%左右才比较理想。资产内

部平衡流动资产与固定资产之比为6:4才比较合理。当然，设备投资多的产业，此比例应有变化，具体配比水平应视实际情况而定，应把固定资产投资纳入自有资本范围之内。公司资本构成股本准备金积累的比率在1:1以上为良好。如股本比率过大分配时负担过重，在盈余水平一定的情况下，红利必然低一些。所以准备金积累比率高一些为好。以上是通过资产负债表分析掌握公司财务状况的一些基本的标准。为了深入了解公司的财务情况，还可透过资产负债表看出更多的问题。如在流动资产中存货所占比重应为50%以下，反映公司流动资产变现能力强。在固定资产中其净值所占比重越高，说明企业生产经营设备技术程度较高等等。

损益表的理想标准。企业经营的主要目标是追求股东财富最大化，即追求实现利润最大化，不断提高资本的再生能力。公司利润显示公司的生命力，利润表反映公司的利润额和利润形成过程，公司销售收入体现经营能力，销售收入越多越说明企业经营成果好；但是，如果销售收入多而实现利润少，且利润水平达不到社会平均利润水平，就不能说明经营效益高，甚至反映出企业经营管理水平低。损益表列示了公司利润实现的过程，投资者可以观察公司的业绩质量。对损益表的分析，最主要的是分析各部分的利润大约有多少才算理想。由于工业、商业、房地产业、服务业等行业不同，其销售收入与成本费用的比例各不一样，不能象资产负债表一样有一个统一口径和标准。但不管哪个行业，损益表所列示的营业利润，可以作为比较依据，下表是一份较标准的损益表：

销售收入	100
销售成本	75
销售利润	25
销售费用及管理费用	13
营业利润	12
营业外收支	-1
税前利润	11
所得税	6
净利润	5

假设销售收入为100,作为利润之源的销售利润应在25以上,销售费用及管理费用一般应在13以下。如果销售利润为30的话,销售费用和管理费用大约17比较好,这样,营业利润就是12。营业外收支差大致为1,税前利润即为11,再减去税金即为净利润。公司净利润是可分配的利润,是投资者获取投资回报的源泉。如果公司能争取到减免税等优惠政策,还能提高公司的净利润水平。

现金流量表的理想标准。现金流量表除了表达公司现金项目的增减变动外,还必须包括公司所发生的各种重大非现金财务交易事项,揭示公司财务状况的变动及变动结果和变动趋势。公司财务营运的结果,要通过现金流量表反映出来,即现金净流量。

现金净流量=现金流入量-现金流出量。一个健康经营的公司,财务营运的结果,应体现为现金流入量大于现金流出量,即现金净流量为正数。现金净流入越大,说明企业财务营运状况越好,经营越有活力,发展越有潜力。以上从静态资料分析勾勒出一个标准的公司财务报表结构，可以为投资者鉴别出上市公司经营与财务状况的好坏，据此从中选择投资对象。

综合指标体系

自1996年以来，中国诚信证券评估有限公司与《中国证券报》合作，对上市公司的业绩进行综合评分。该公司评分的方法为综合指数法，所选取的指标为净资产收益率、资产总额增长率、利润总额增长率、负债比率、流动比率和全部资本化比率。各上市公司的最后得分是在各项单项指标考核评分的基础上，乘以每项指标的权数，然后相加得到总评分。

按稳健、真实的原则设立一套新的公司业绩评价综合体系：

首先用“速动比率”代替“流动比率”。流动比率可以反映一定的短期偿债能力，但流动比率高，并不等于企业已有足够的现金和存款用来还债，而可能是销货不畅造成了存货积压，还可能是催款不力的账龄期很长的应收账款、待摊费用及其损失所造成的结果。这往往给财务报表的编制者粉饰财务状况造成机会。按现行的财务通则或财务制度的规定，速动资产是指流动资产减去存货和预付费用后的金额。在西方财务中速动资产则只包括货币资金、短期有价证券、应收账款和应收票据。1997年12月17日，中国证监会颁布的《年度财务报告的内容与格式》要求上市公司在年报摘要中披露“调整后的每股净资产”数据，剔除“3年以上的应收款项”、“待处理财产净损失”、“待摊费用”、“递延资产”这4项不良资产。因此，投资者要了解的速动资产其实为一种更为保守的速动资产，即货币资金、短期有价证券、应收账款净额、应收票据减3年以上应收账款。因而速动比率=保守的速动资产/流动负债。

用“净资产主营业务利润率”代替“净资产收益率”，用“主营业务利润增长率”代替“利润总额增长率”。上市公司年报所公布的利润总额和净利构成中存在着不稳定因素，如一次性其他业务利润（土地使用权转让）、一次性投资收益（股权转让、股票债券投资）、营业外收益（资产出让）、政策性补贴收入、免税等。在衡量上市公司的获利能力时，应当排除以下项目如证券买卖等非正常项目、已经或将要停止的营业项目、重大事故或法律更改等特别项目、会计准则和财务制度变更带来的累积影响等因素。根据现行上市公司会计报表编制要求，其合并损益表的“主营业务利润”在“其他业务利润”、“投资收益”、“补贴收入”与“营业外收入”之前，并且抵扣了营业费用、管理费用、财务费用等，所以上市公司的主营业务利润指标可以较为真实地反映其经营业绩。因而用主营业务利润除以上市公司的净资产，得到一个“净资产主营业务利润率”指标，可以消除上述不稳定因素的影响。另外，判断一个企业的成长性，同样也要建立在可持续发展的基础上，如果没有稳健、持续的主营业务作基础，而只是想方设法通过操纵利润实现超高速增长，上市公司的成长性最终得不到市场认同。

因此，要准确地分析公司的经营业绩，必须要对净资产主营业务利润率、资产总额增长率、主营业务利润增长率、负债比率、速动比率和全部资本化比率等指标进行综合考虑。

百试不爽炒股经

升与跌的辩证

在股市中，升与跌是一对对立统一的孪生兄弟，两者相克相冲，但又相互依存，升中有跌，跌中有升。处理好两者的辩证关系，有助与您在股市中跑赢大市。

大升之中有跌股。对一个股票利空的消息见报后，股票开盘将会下跌。若在市场大势上升动力不强的阶段，股票的跌幅可想而知，如果当时整个市场升势强劲，股票虽然会一度急挫，但整个市场牛气冲天股价飞涨，使人们的第一感觉是该股股价突然便宜了很多，和其它股票的价格相比吸引力很大，于是买盘纷纷进场。这就因当时整个股市处于强势上升阶段所致；在那种高唱牛市进行曲的气氛中，一些股票的价格虽然因种种因素突然下跌，但不被市场接受，大家只知道指数还要升，股价还会涨。所以在那样的市场，某只股票的突然下跌正是最好的吸纳时机。

狂跌之中有升股。在股市上常常会出现这种大盘波幅较小，指数跌多升少，成交趋于萎缩的状况，这是典型的弱势市场特征。若此时您手中还持有股票，市场又突然传出利好消息，从思维到操作应考虑借机出货而不是买进。由此可见，在弱势或下跌势道中，利好传出实际是出货逃命的绝好机会，作为一个理性的投资者，若能在当时借助消息刺激的反弹行情中果断清仓，就能够避免损失。

选股“专一”与“多变”的统一

有的股民做股票有“喜新厌旧”情绪，以寻求一种刺激和新鲜感。若是为适应市场而采取的应变措施当无可非议，若仅是为了“换口味”则大可不必。此游戏偶尔为之还无碍大局，倘上瘾成癖就后患无穷了。别说资金有限的中小散户了，即使是资金实力雄厚的“百万元大户”和“千万元大户”也不敢轻率地“遍地开花”。所以，放弃“面”，选择“点”，“集中力量打歼灭战”乃为上策。那些形形色色的“主力股”不就是这样产生出来的吗？

成功者的经验告诉我们，做股票要相对“专一”，切忌见异思迁。做股票“专一”有以下几种好处。

一是降低成本。做少数几种股票和同时做多种股票相比，无疑前者将能节省更多的“车马费”，而后者除了为证券商打工外，自己所获无几。

二是合理运用资金，减少投资风险。若同时做多种股票，则“贪多嚼不烂”，资金调度就会捉襟见肘，力不从心。做某一种股票，资金相对宽裕，一旦被套，可调后续资金入场，采用“摊平法”解套。

三是精力集中，减少失误。手中抱有多种股票者容易分散精力，顾此失彼。有行情时手忙脚乱；若忙中出错则会造成不必要的损失。若专做一两种股票则无此虞。

四是情况熟悉，便于操作。俗话说“熟中生巧”，专做某一两种股票，时间久了，对其走势、股性了如指掌。何时进何时抛心中有数，自然就会胜多败少。而且在操作过程中还时有新的发现。

应该说明，这里所指的“专一”是相对的、阶段性的，并非一定要“从一而终”，非某股不炒。

另一方面，选股又要灵活多变。这与上面所说的“专一”

并不矛盾。上面所说的“专一”是指某一段时间以某种股票为主要操作对象。而“灵活多变”则要求顺势而为,以适应市场的变化。

上涨期:股市上涨期虽然满盘飘红,但各个股之间的涨幅都有很大差异。

下跌期:下跌中所有的股都在劫难逃,但跌幅却有深浅之分。新股无顶亦无底,在此期间炒老股则相对安全一些。

中长线:中长线投资,应选择那些具有成长性且无政策性风险的股票。此类行业为经济建设的“瓶颈”,是国家重点扶持项目,“倾斜政策”将使其长期受惠。因而这类股票应是中长线投资者的首选对象。

短线:短线投资以跑差价为主,则可选择那些上下震幅大,弹性好的热门股来操作。这类股一般具有两重性:一是业绩较差,回报较低,这就决定了它们在下跌时跌幅深于大盘;二是由于其行业、地理位置上的优势,使它们在涨势中涨幅超过大盘。震动这么强烈的股票,差价可观,自然是短线客眼中的财神了。

小资金:对于散户来说由于资金少,不能大进大出,应以薄利多销为主。其操作对象应以低价股为主。低价位股中要选择那些盘子较小,股性较活的个股。

资金多:若资金较大可选择那些盘子适中,成交量大,流通性好的个股来操作。盘子小、流通性差的个股易进难出,很不方便。所以,对资金相对多一些的股民来说,在“进”之前就要考虑股票的“出”路了。

总的来说,选股既要“专一”又要“灵活多变”,这样才能适应善变的市场,做到游刃有余,运筹帷幄。

综合分析，独立判断

要想炒股成绩出色，必须了解国内外的宏观、中观、微观态势和政策，对所持股票的行业走势有一个清晰的前瞻，同时，还要综合分析公司的经营业绩、盈利能力、成长性等情况，这样有助于您选择合适的时机采取行动。

除了要对股市进行综合分析以外，投资者还需具备独立判断的能力。股票操作中，"单兵作战"的色彩很浓，甚至需要一点"个人英雄主义"。长期市场实践经验证明：没有自信在股市中寸步难行。有主见、自信，独立进行判断也是一件说起来容易做起来难的事情。有时自己本已做出买卖决定，正要执行，身旁的股友几声很随意的议论就可能中止自己的行动；或是自己本来不准备行动，但是在股友的议论或行动影响下，难以控制自己的冲动而盲目跟风者随处可见。也有时是好心的股友直接劝告自己应如何如何，尽管是好心，但是仍然要通过自己的分析判断做出决定，不受干扰，也避免了将来的后悔和怨天尤人。

独立判断也不排斥参考他人的意见，在股市中完全闭门造车必然失败，要和股友们一起次序意见，不过在次序中要有自己的独立见解，不能人云亦云，墙头草随风倒，没有自己的主见，易受影响，别人乐观自己就高兴，别人悲观自己也唉声叹气。可以说大部分人都在不同时间、不同程度上犯过这种毛病，应该引起我们的重视。股票投资其实也和做人的道理一样，必须在各种风浪中把握住自己的行为，独立判断，才能立足生根，才能成长起来并有所收获。

就象现在的B股市场，由于B股和A股相比在价格上巨大的差价早就存在，许多证券人士都意识到其中可能蕴藏着巨大的投资机会。早在1993年底1994年初，就有人把全部资金从A股市场转移到B股市场，并坚信，A、B股股价迟早要接轨，当时关于一位姜姓大户携400万元人民币闯荡B股的故事很流行。可惜生不逢时，当时的B股市场有行无市，犹如一潭死水，五年内基本上没有较大的行情，使最早投资B股的股民饱尝套牢之苦，即便到2000年2月19日有些坚持到最后的股民也仅仅获微利而已，如果不是政策的出台，他们所获的收益和同期银行存款利率相比，是远远得不偿失的。但B股向内地居民开放的消息恰似一夜春风，使他们漫长的等待终获丰厚补偿。遗憾的是，这期间也有不少投资者难以忍受寂寞，甚至选择在黎明前的最后一刻悲怆出局，连同他们的信心一起失去的，是一个马上就要成为现实的巨大获利机会。

2000年以后，中国入世脚步声渐近，一部分最终选择留下的投资者，凭着在多年资本市场搏杀中培养出来的灵敏金融嗅觉，强烈意识到，B股的春天不远了，而且场外越来越多的人也开始觉醒，逐渐加入到这个投资群体中，不少市场分析人士指出，在B股1999～2000年的行情中，由于资金的不断介入，已明显表现出A股市场中经常提到的所谓主力控盘迹象。据报道，目前想进入B股市场的股民仍然趋之若鹜，其实在去年的大部分时间和今年年初很多媒体都已指出B股的投资机会，但畏于B股市场的自1999年初以来积累的巨大涨幅，相信者廖廖无几，相信而亲身实践者更是凤毛鳞角。幸运女神总是光顾那些有所准备的人，了解大众心理，领先大众一步，以投资的眼光去投机，这就是B股市场的先知先觉者们能独享大餐的全部秘密。

进出有路，把握准确

所谓“进”就是进入市场，买卖股票；所谓“出”就是离开市场，研究决策。这“进”与“出”之间，需要一种平和的心态来达到。

股市是一种“群众运动”，它的气氛效应很难抗拒，在股市活跃之时，市场上几乎人人都在买进，互相讨论的也是什么价买进才保证追得上行情，人人都怕买不到，再加上几个起哄看热闹的，你不热血沸腾才是怪事。在股市低迷之时则正相反，市场上冷冷清清，有少部分人凑到柜台前，手中都是抛单，人人害怕跑不掉，还要跌，互相议论的都是还会跌多少。这种悲痛欲绝的场面自然会引起你万念俱灰，陷入不可自拔的失望心境。

从大量事例可以看出：交易现场的气氛影响太大了，足以打乱你的计划和决心，使你盲目、不由自主地跟着做出错误的决定。所以要“少去现场”。

少去现场不是无事可干了，必须私下仔细分析学习，苦练硬功。把感兴趣的股票和大势的资料拿来认真分析，也要买点股票知识书仔细阅读，学习理论，增加对于股市规律性的认识。总之，该干的事情很多，要把分析工作放在私下，对交易场所要像商店一样对待，不想买东西尽量少去，这就是“运筹帷幄之中，决胜千里之外”的道理。

例如有位C先生，C先生2月19日以前在B股市场中投资折合人民币约3 000万元，他本人就是土生土长的上海股民，C先生作为第一批股民在辛辛苦苦赚得第一桶金后，极具战略眼光的投入巨资吸纳东方明珠的转配股，待三年后东方明珠的转配股上市，其个人资产陡增10倍以上，之后按他本人的话讲，2000年将所有A股一股不剩地抛掉，套现的资金全部杀入B股，一直持仓到现在，听了他的传奇经历，你很难不为他的大智大勇心生感叹！与证券市场上的金融大鳄相比，他们的资金量也许还很有限，但他们对自我命运把握之准确堪称完美。

投资组合，分散风险

所谓投资组合是指投资者在进行投资时，并非把手持资金全部投资于某一种股票，而是按照一定的比例或组合分别投放于不同收益、不同风险的股票以至不同资产上。投资者采用这种方法进行投资有什么好处呢？尽管从理论上说，把有限的资金全部投放在那些高收益的股票、资产上，可以获得更加丰厚的利润，然而抛开附着的高收益上的高风险说，任何投资者不可能完全把握某种股票的走势。今天看好的股明天不一定走俏，甚至无人问津，若把所有的“鸡蛋”都放在这一个“篮子”里，恐怕难逃大破其财的厄运。“狡兔三窟，备而无患”，因此投资者应该投资于多种资产。这样，即使某一种夕阳西下，已成明日黄花。但此落彼涨，这多种资产中必有“黑马”。盈亏相抵，仍可获利。因此运用投资组合，可以很好地分散风险，增加获利机会。明白了投资组合的好处，下面介绍如何具体操作。

其一，是三分法。这是最为流行的金融资产投资组合法：把资金的1/3存银行以备不时之需；1/3买债券、股票等有价证券作长期投资；1/3购置房屋、土地等不动产。一般来说，房地产只会增值不会贬值，这样就有了准备金或后备基金作为保本、翻本之用。对专门投资于有价证券的部分也可实行三分法：1/3投资于安全性较高的优先股或债券；1/3投资于有潜 增长能力的普通股；1/3留作投资的预备金。其中第一部分称为“防御性资产”（或称“守势部分”）；第二部分称为“进 性资产”（或称“进攻部分”）；第三部分保留的资金目的在于灵活调整投资组合，当股票市场出现更好的投资机会；预备金就用来加码，而当股市下跌时，投资者承担的损失也不会太大。

其二，是四分法。是指投资大户或投资机构在投资时，1/4投资不动产，1/4投资有价证券，1/4存入银行备用，剩余1/4安排成外币，以分散风险。投资四分法的主要依据是：谁也无法完全掌握变化万端，瞬息万变的经济、金融情况，尤其是近年来；通货膨胀已成为我国经济生活中的突出问题，不动产、银行存款、有价证券及外币各占四分之一的方式不但可以分散风险，而且进可攻，退可守，保持相当的流动性、安全性、收益性。对于拥有大量资产的个人或机构，四分法不失为一个分散风险的好方法。

其三，是按风险等级与收益大小组合法。证券投资的主要目的是为了获得收益。收益就是从投资中获得的利润，这种利润来自两方面：一方面是证券出售时的高价与购进时的低价之间的差价；另一方面来自证券的利息、股息及红利。同时，有投资就有风险，证券投资风险是指证券投资者不能获得报酬甚至亏本的可能性。现代证券理论可以运用种种方法推算出不同股票的不同风险等级为收益大小。一般说来，可以由证券发行公司的实力大小及经营状况推知该证券的风险等级;由上市公司的付息、派利承诺及经营业绩得知收益大小。

按风险等级与收益大小组合应遵循的一个基本原则是:在一定的风险水准下,选择收益最大的组合;在一定的收益水平下,选择风险最小的组合。这一定的风险水平或收益大小是由投资者根据自己的实际情况及愿望而选定的。

其四,是按长、中、短线比例组合法。任何投资都不能具备理想投资的一切条件。故投资者必须选择最佳的投资组合,以获得最大限度的盈利。在确定长线、中线、短线投资时,也应如此。一个投资者大致可以把自己的资金投资于三大部分:(1)流动性弱而获利多的长期投资;(2)流动性与收益性较适中的中期投资;(3)流动性强但获利较少的短期投资。其中长线投资的部分一定要沉得住气,因为这部分投资的目的是在较长时期内获取优厚的收益,是放长线钓大鱼;用于中线投资的部分要正确估计形势,敏锐地把握获利时机。用于短线投资的部分则一定要冷静分析,当机立断,这部分主要是为了提高手持资本的流动性,满足流动性需要。

长、中、短线投资各有利弊,应按照一定比例综合运用这三种投资方式,如配合得当,就像与配合得当的篮球场运动员搭配一样,长线投资部分好比“后卫”,可在较长时间内得到优厚利润;中线投资部分犹如“中锋”,功不可没;短线投资部分正如“前锋”。三者的协调搭配,乃是一种技术性很强的艺术。

综上所述,组合投资可按不同的投资对象,不同风险收益,不同期限,不同企业分别加以组合。对每一类组合,又有千变万化的组合的方式,您可以运用自己的智慧综合加以运用。这样,不会因为某一企业因经营不景气或业绩不好而倒霉,还可以缓解因这样或那样的因素而对投资者造成的影响,终达到此减彼增,这时亏那时盈,东方不亮西方亮的效应。

第六部分

众说纷纭
评 B 股

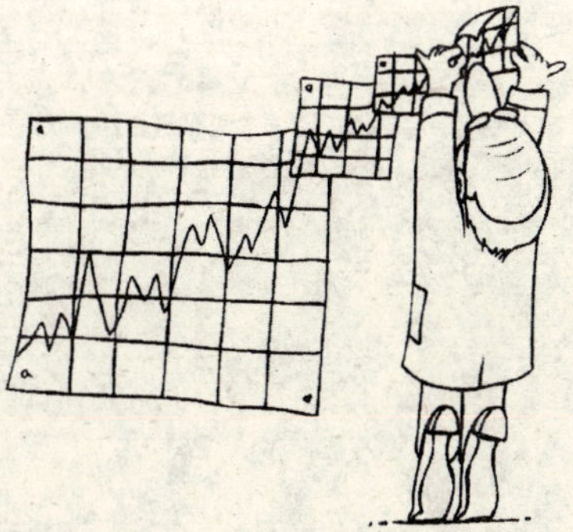

专家点评

B股开放，一致叫好

2001年2月19日，将会永载于中国证券市场的发展史册。因为它对于B股市场，是一个具有重要意义的日子；对于成千上万中国股民，也绝对是一个大日子。当日，中国证监会发布公告称，允许中国居民投资B股市场。此消息一发布，社会各界反应空前强烈，并立刻成为各大报章杂志、电视新闻的头版头条。全国上上下下就此事进行了热烈的讨论。“土鸡变凤凰”，一直默默无闻的B股，一夜成名，闪亮登场，成为万众瞩目的焦点。评论文章如“滔滔江水，绵绵不绝”。

——此举充分表明了管理层大力发展B股市场的决心，它将大大加快我国证券市场国际化的进程，拓宽投资者的投资渠道，同时也为日后扩大对外开放积累经验。

——B股市场向境内投资者开放，无疑增加了B股市场的资金来源，在B股股票供给有限的前提下，对B股是一特大利好。

——这一政策对B股来说是实质性的利好，首先，扩大了B股的投资对象，为B股市场新增了大量的资金；其次，为投资者提供了新的投资渠道，有利于资金的流动；第三，有助于证券市场的开放，可以作为日后开放A股市场的一个前奏。

——对境内投资者开放B股市场是一个重大的利好，说它利好不是说它能刺激B股的行情，而是向着证券市场投资结构的合理化目标迈进了重要的一步。它对市场产生的影响在于两个方面：一方面在目前A股市场陷入僵持局面的时候，东方不亮西方亮对整个市场起了短线的刺激作用，而市场目前所缺乏的正是这种明确的政策性利好来恢复投资信心。另一方面是对于市场的长远发展而言，对境内投资者开放外资股市场，实际上是给予原有的B股境外的投资者与境内投资者一样的投资主体地位。当我们对境内投资者开放B股市场时，实际上等于将境外投资者引入了我国证券市场。这一次我们没有过多地从政策理论上做渲染和铺垫，而是直接从市场规则的实施上解决了证券市场对外开放的问题，显示了制度化治理的务实精神。

……….

开放B股，利在长远

自1999年B股市场跌至最低的21点，两年时间内爆发出一拨其历史上所罕见的大牛行情，B指的最高涨幅曾翻了两番。若问目前开放B股市场的前景，以及B股市场究竟将会怎样发展，不妨让我们再次回顾一下这段过往的历程。

1999年3月之前，B股市场呈现出一派惨淡的景象：由于B股市场的主力军境外机构投资者轮番离场，指数一跌再跌，市场人气极度涣散。陷身于B股市场的许多投资者不仅自问，B股市场出路在哪？我们当时断言B股市场由于先天存在的制度性缺陷，不论采取何种改良措施，只能是治标不治本，对B股市场只是短期地刺激，前景一片黯淡。但就在同时，国内一些具有先知先觉的实力投资者运用逆向思维的方式，在低位完成个股的建仓后，开始拉升上菱、真空等个股，使B股市场摆脱了暂时的低迷状态，进入一轮强劲的反弹行情。由于这轮行情仅仅是B股市场过度下跌后的报复性反弹，因此行情在“5.19”达到高潮后，开始逐渐消退，并且随着下跌幅度的加深，使得B股市场再度进入低迷状态。投资者经历重创后，悲观情绪更甚。虽然，那段仅仅属于一种报复性反弹的行情，在当时并不能改变B股市场的长期走势，但从另一角度而言，它对B股市场的意义则是非常深远的，主要表现在：一是在境外资金大举离场后，以境内资金为主发动的一轮行情，彻底改变了B股市场原有的投资者结构，这种改变也同时为B股市场带来新的投资理念（且不论这种投资理念是否成熟，但至少更符合具有中国特色的B股市场）；二是上菱、真空等股的示范效应，使得B股市场出现了以往所没有的追捧资产重组股的热潮。由于资产重组股的市值低，也使主力进入成为可能，而“主力”这个概念在以前的B股市场中，是几乎不存在的，这种“全新”的操作理念也为B股市场带来了一定的活力。总之，那段反弹行情为B股市场所带来的新的投资和操作理念，已深刻地影响了B股市场。

当然，如果没有新千年有关B股市场的一些基本面的变化，B股市场目前可能还在困境中苦苦地寻求出路。但2001年年初，中国证监会顾问梁定邦先生在香港关于A、B股合并的一番谈话，仿佛在黑夜中为“上下求索”的B股市场指明了一条出路，也掀起了B股市场新一轮的火爆行情，并彻底改变了B股市场的长期走势。

A、B股合并前途光明，道路曲折

A、B股合并是一个迟早的过程，具体的进度要视我国的资本市场与国际化程度接轨的进度如何。在2000年年初梁先生的讲话中，当时我们认为有两层含义：首先，梁先生谈到未来的两三年A、B股具有合并的可能性，这显示了管理层当时已开始考虑合并的问题，并有理由相信至少已开始制订“合并时间表”了。但是我们也不仅要问，为什么在进入新千年之际，管理层要考虑B股与A股合并的问题呢？我们在梁先生的另一句话中获得了一点启发，梁先生讲到，A、B股合并是一种市场行为，并非管理层的干预。这句话暗示了，如果没有外在的因素，管理层是不会考虑A、B股合并的问题(即使B股市场将处于长期低迷状态中)，管理层是被市场所“逼迫”的。那么这种外在因素是什么，何以有这么大的力量呢？联想到当时中国正准备积极“入关”的形势，就很容易猜测这种外在因素就是中国加入WTO后，中国资本市场对外开放的需要。这种猜测终于在2000年10月中国证监会主席周小川先生的讲话，“在研究引进合格的外国机构投资者政策的基础上，允许外资有控制、有步骤、有限额地进入中国资本市场”中得到了一定程度上的印证。至此，我们可以形成这样一个简单的推论：中国加入WTO后，(导致)中国资本市场迟早将面临对外资开放，(导致)外资可以进入A股市场，(导致)设立B股市场的根本意义完全丧失，(导致)B股市场与A股市场合并。在上述推论中，最后一个过程有些欠缺，即B股市场失去存在价值被取消后，是否与A股合并是唯一的出路，但从目前管理层的意愿以及保护原有B股投资者合法权益的角度出发，我们认为A、B股合并基本是最佳的一个方案。如果这个推论成立的话，也就说明了A、B股合并将成为一个必然的趋势。显而易见，目前A、B股之间存在的巨大价差决定了未来B股市场长期走强的趋势，虽然对市场本身而言，这种长期走强的趋势是建立在B股市场最终消亡的基础上。

终于,2001 年 2 月,B 股市场向与 A 股市场的合并迈出了有力的一步:向境内居民开放 B 股市场。但就在 B 股市场短期连续涨停后的 3 月 7 日,中国证监会主席周小川在与出席九届全国人大四次会议的香港代表座谈时,就市场关注的 A、B 股的合并问题表示,5 至 10 年内,A、B 股不会合并。

是不是可以说,A、B 股合并的前途光明,但仍旧需"摸着石头过河",道路是曲折的。

B 股市场开放是中国股票市场迈向规范化的坚实步伐

股票市场的规范化是中国股票市场健康发展的基础。而规范股市,首要的是股票市场基本制度(包括股票发行制度、股票交易制度、股本结构的国际化等)的规范。股本结构设计的复杂性,是中国股票市场的基本制度特征之一。中国境内市场上市公司股本结构的复杂性表现为:上市公司的股份有境内 A 股、境内 B 股、境外 H 股(同一家公司股票在三个分割市场上交易的价格差异较大);股份类型分为尚未流通股份(包括国家股、境内发起法人股、外资发起法人股、募集法人股、内部职工股和转配股等)和已流通股份(包括境内居民持有的流通 A 股、境外投资者持有的 B 股和 H 股)。非国际化的股本结构,加上资本账户管制背景下的 A 股市场、B 股市场和 H 股市场的分割性,不仅延缓了中国股票市场规范化和国际化的进程,也是中国股票市场健康发展和中国上市公司治理结构优化的重大障碍。

为解决这一问题,监管机构近年来相继停止了内部职工股的发行,推出了转配股上市的政策。而 B 股市场对境内合法持有外汇的投资者开放的政策,正是监管机构规范市场和把中国股票市场国际化的重大决策。这一即将推出的重大政策，体现了监管机构规范中国股票市场的一贯思路和决心。可以预期，这一政策措施的推出，将从下述方面推动中国股票市场的规范化进程：通过消除B股市场投资者进入限制，结束B股市场投资者分割政策的历史。合法投资者可以自由进入和退出一种金融产品市场，是该市场发展的基础。对B股市场而言，流动性偏低、交易不活跃影响了市场的发展，B股公司由此也丧失了再融资的能力。境内合法投资者的进入，将结束B股市场长期低迷和交易不活跃的历史。境内合法投资者自由进入和退出B股市场，通过居民多样化金融资产选择行为，可以平抑A、B股市场的价差，从而可以通过市场行为把分割的两个市场规范为一体化市场，为逐步完成A、B股市场的统一提供条件。

A、B市场由分割到统一是中国股票市场国际化的基础

境内合法投资者自由进入和退出B股市场，是A、B股市场合并和股票市场一体化的第一步，而一国境内股票市场的一体化是其国际化的基础。在中国即将加入WTO的背景下，中国股票市场终究要走上国际化的道路，终究要对外国资本和外国投资者开放。一个股本结构非国际化的股票市场、一个合法投资者不能自由进入和退出的股票市场，是难以国际化的。境内合法投资者自由进出B股市场，正是适应了这一要求。境内合法投资者自由进出B股市场，也是新形势下中国利用外资政策调整的序曲。对于境内居民进入B股市场和A、B股市场的合并，人们最大的担心是外汇流失、汇率重估和“进口型”金融风险问题。从中国目前的综合国力、外汇储备、中国进出口增长前景看，这一担心可能是过虑了。

外汇市场供求关系短期内将发生变化。从政策的角度考虑，对境内外币持有者开放B股市场，会影响到人民币汇率的走向、影响到资本的国际间流动。同一家公司的股票不管是A股还是B股，每股权益都是一样的，但是，由于B股市场与A股市场分割，A股和B股同权不同价，市价有极大的差距，市盈率也有天壤之别。如果A股和B股两个市场打通，则价格一定会趋同，换言之，B股的价格会攀升。考虑到A股和B股市场的合并是我国资本市场市场化、规范化和国际化的必然趋势，持有资金者有浓厚的兴趣介入B股市场，只是受旧的法规限制而不得入内。因此，放开对投资者的限制，意味着境内个人持有的外币资金将进入B股市场，结果必然影响到我国外汇市场的供求进而影响到汇率。

对境内外币持有者开放B股市场容易引起的另一个担忧是会不会导致资本外逃。比方说，在B股中已经存在着真正的境外机构和居民的资金，会不会乘境内居民持有的外汇资金进入时套利逃走？其实，这种担忧是多余的。第一，如前面所述，B股市场60亿美元的资金中绝大多数实际上已是国内外汇资金。第二，在早期我国的B股市场确实给国内的经济建设募集了约30亿美元的境外资金。但是，后来由于B股流动性差，以及一些制度性的因素，导致B股市场萎靡不振，大量真正境外资金开始抽走，B股市场上剩下的是通过各种渠道出来的国内资金在支撑局面。因此，当预期到B股市场因新的制度安排而重新活跃时，考虑到新的政策意味着A股和B股的真正合并，认识到A股和B股股价的趋同时，境外资金又会卷土重来的。事实上，作为合并A股和B股的第一步,相信政府当局也一定考虑了避免境外机构的套利出逃问题。

小小B股,大有"钱"途

小小的B股,在960万平方公里的中华大地上掀起狂澜,人人都在轰抢这一"从天而降的馅饼"。究竟广大老百姓怎样才能从中分到一杯羹呢?

我们认为,允许国内居民进入B股市场最直接的影响,就是使目前投资者主体的比例更向国内中、小投资者倾斜,这将使B股市场的投资理念和操作手法与A股市场更加趋同。因此,在未来B股市场中,以下三类股票将会大展"钱"途:

第一类是A、B股具有较大差价的个股。由于B股市场长期向好的基础在于A、B股之间的巨大差价,因此投资于目前A、B差价较大的个股会给投资者带来最大的收益。

第二类是业绩稳定增长的绩优股。虽然从A、B股差价的情况来看,绩优股的差价要明显低于市场平均水平。但对上市公司本身的价值判断以辨别股价是否高估或低估是B股市场长期以来一个非常重要的投资理念,我们认为投资者也不应忽视投资绩优股可能会带来的巨大收益。

第三类是具有实质性资产重组而脱胎换骨的个股。不可否认由于诸多原因,相对于A股市场,B股市场中真正具备绩优股条件的个股还是非常少的,更多的是一些主营业务逐渐衰退的绩差股。因此,投资者应该寻找哪些已经经过实质性资产重组而正逐渐步入绩优股行列。

第四类是低价股。市场价值较低的个股(ST、PT股除外),在政策面推动的大盘普涨中,上升潜力更大。这样的个股沪市有:大化B、伊煤B、轻骑B、轮胎B等,深市有深国商B、丽珠B、本钢板B、长安B等。

"最后的晚餐"还是"免费的午餐"

世纪之交的中国,从"股疯"、"股灾"到"牛市"、"熊市"甚至"猪市",人人都已"为股疯狂",突然,新世纪的第一个春节刚刚欢度,天上掉下了一块大馅饼?世上是不是真有免费的午餐?

许多新闻媒体都有在说,"B股是世纪初最大的投资机会,是中国证券市场上最后的一顿免费午餐。"面对铺天盖地的证券商们充满诱惑的广告语,散户要想保持冷静的头脑、理智的行为准则,的确不是一件容易的事。

历史经验告诉我们,当众多散户一致对某次行情一片看好时,这次行情的得益者必定不会是散户。诚然,"人不可能两次踏进同一条河流","历史也不会如传真机一般翻版传递,但在中国证券市场上,却常常上演着惊人的一幕。"

B股市场上在境内居民合法参与之前,主要有以下三种人:一是国外的战略性投资者。这部分人已为数不多,且大多数已伤痕累累,鲜对B股市场如中国目前散户一般,信心爆满棚,他们必将视这次机会为胜利大逃亡的最后时机。二是国内券商、实力机构及超级个人大户。虽然说国内投资者投资B股,在一段时间内曾被视为非法,但是已有超过大半的B股筹码已落花流水进入他们手中,这已成为人所共知的事实,连"公开的秘密"都算不上了。这些人,已在中国证券市场上摸爬滚打多年,历经沧桑,对于何时买入股票,何时卖出“筹码”，都有一套独立而成功的操作方法。散户们在自己不熟悉竞赛规则的B股市场上，与已经面临冲刺阶段，目前正与以逸待劳的健将级高手们进行比赛，有取胜的可能性吗？三是有内幕消息的先知先觉者。这些人，是中国证券市场上的最大获利一群，也是唯一一类只享受过成功喜悦，而绝少尝试失败痉挛的一群人。散户们要想向他们媾分一块肥肉，无异于羊入虎口、虎口拔牙、刀口舔血。

其实，散户们所看中的也并非B股的所谓“投资价值”，而是A、B股之间的巨大差价。在散户的眼中，B股加速上升，A股缓慢下跌，似乎是顺理成章、天经地义的事。的确，A、B股股价并轨是一件正在发生，并且不可逆转的事实。但是，A、B股股价完全并轨，需要一段漫长而遥远的过程，决不会一帆风顺，一蹴而就。由于目前中国股市是一个没有投资价值的投机市场，股价的涨跌与其内在价值相关不大，决定股价涨跌的主要不是其中的投资价值，而是股票(即赌场中的“筹码”)分布情况。当“筹码”趋向于集中时，股价必将上涨。而当“筹码”趋向于分散时，则上升趋势不会持久，甚至转而走入下降通道。说到A、B股价并轨，大家想到了同股同权同利，认为除了B股上升，A股下降之外，无第三条路可走，其实，在A、B股之外，在香港、美国等地成熟的国际市场上，中国的股票也算有了一席之地，仅香港一地的红筹股及国企股，其规模不知大过B股多少倍。应该说，像H股之类的国际成熟市场上的股价，才是其本身价值的真正体现。倘若真的如此，则B股的上升潜力更要大打折扣了。当然，A、B股股价向H股靠拢，更是遥远不可企及的事了。

因此，对散户而言，睁大眼睛，养成独立思考的良好习惯，培养理性的投资观念，发现适合自己的操作方法，做“熟”不做“生”，是一条行之有效的生存之道。但愿散户朋友们在投资行为发生之前，能多一份冷静，多一点思考。不要把“最后的晚餐”错认为“免费的午餐”。

但另一方面毫无疑问，2001 年深沪股市最大的赢利机会就是在 B 股上，B 股不再是“屁股”了。B 股今年的赢利机会最大不假，但是这是谁的赢利机会要搞清楚！是高价买美元的人吗？2 月 22 日的联合通知，2 月 19 日及以前已经存入境内商业银行的存款才能使用，其后存入的资金只能在 6 月 1 日以后入市，因此使多数后知后觉者连闻一闻 B 股连续涨停“香味”的机会都没有，只有眼红的份儿。6 月 1 日以后，市场将会怎样，只有市场自己才知道。

事实上，证监会的一纸公告使 B 股开放变成明牌后，几乎用不着增量资金就能使 B 股空涨上去，闹不好还一步到位。事实上也是这样，从 2 月 28 号 B 股重新开盘以后，B 股一路涨停，但却是订单多，而成交量少。想想，无量封涨停用得着什么增量资金吗？完全就是原有的市值凭空之间突然的放大，新放大的部分完全是那一纸公告直接赐予的，换名话说那一纸公告就是一笔巨资！它一出来时就已经被瓜分完了，受益者主要是前几年接盘护盘的券商和近期先知先觉者。现在他们正等着后来者给高位兑现！到 6 月 1 日之前，连续涨停后出货的时间绰绰有余。今年在 B 股上发大财的就是他们！不仅如此，当 B 股涨 A 股跌形成后，正好有利于他们在 3、4 月高位抛出，再趁大家抢 B 股时反手低位吃回 A 股，绝妙的战备方针！全年棋局轮廓已明。据此，3 月前后是 B 股的天下，4～5 月前后吃 A 股可能机会最好。这样一来，风头上抢高价美元后再去抢高价B股有多少意义呢?总之,2001年B股这所谓“最大”的赢利机会,只能被少数人瓜分。

可是,一方面B股随公告红火起来,另一方面A股又是查处庄家,又是有摘牌之虞,再加上国有股法人股的上市问题、二板市场问题,……在如此重压之下,A股高位受到的压力是自1999以来所不曾有过的,天平已经倾斜了,人们也不能不去关心一下B股,重新安排今后的投资策略,只是可惜佳期一去难觅,B股已非昔日黄花。

专家答疑:投资者致为关心的典型问题

国务院及中国证监会为什么匆匆开放B股市场?

答:中国证监会有关负责人表示,这次政策高速主要考虑到我国外汇流动的宏观形势已经发生明显的变化,为适应这一变化,需要相应调整B股市场的政策。众所周知,B股市场虽然和A股市场一样也有近十年发展历史,但同A股市场近年来屡创新高及成交量相比,真不可同日而语。B股经历了凄风苦雨的十年发展,许多B股交易价格长期低于其面值或跌破净资产值,交易的低迷对投资者的吸引力大大降低。B股二级市场的低迷,必然影响到B股的发行市场,致使许多的B股上市公司近几年来一直不能顺利地在B股市场进行配股,发行新股也遇到了极大困难。1998年B股市场无一家新股发行,1999年仅有3家共筹资2000多万美元,2000年B股扩容有所加快,但筹资规模依然很小,不及一家银行股在A股市场上筹集到的资金数量。由于境外投资者对在中国上市不甚了解等许多原因，既使新股的发行价和市盈率很低，也难于顺利发行新股，市场的筹资功能已大大削弱，B股上市公司被迫转向A股市场筹资(如近期的佛山照明、京东方A、张裕A等)，即使B股发行出动之后，因买盘不足，股价也常常低于发行价及净资产值。最重要的是，国家通过设立B股市场集资金支持国家经济发展的目的，在一定程度上没有达到，大大影响到一些上市公司到B股市场挂牌的积极性。

而目前中国证监会关于放开B股市场交易，通过允许国内居民买卖B股的决定，必将会大大激活B股市场，加快A、B股接轨的步伐。根据中国人民银行的统计，今年1月份，我国境内中资金融机构的外汇款继续增加，各项外汇存款余额为1300亿美元，其中居民外汇储蓄存款余额达749.3亿美元，比上年同期增长31.9%，巨大的国内外币储蓄为B股开放提供了重要条件。这次允许国内居民买卖B股后，将吸引更多的居民外币资金买卖B股，激活B股市场，同时也给国内投资者提供了一个新的投资渠道。

B股对内开放以后，是否所有股民都能享受到这一政策带来的好处？

答:B股对内开放以后，大部分的股民都能享受到这一好处。但是对于那些没有条件合法获得外汇的投资者以及因为政策限制，不能进入B股的机构投资者来说，很难享受到此举所带来的直接好处，相反却可能因为市场资金流向的变化，至少在暂时要受到一些负面的影响。显然，在多数人不能合法进入B股时，由于投资者队伍大小不一，A股开放性的优势就显现了出来，它的价格就往往比B股要高。而这个局面一旦有大的变化，A股的优势不复存在，只能买卖A股的投资者（包括机构），相对就因为少了一个投资机会而处于较为被动的地步。A股市场形成较大调整，其中的一个原因就是同开放境内居民买卖B股有关的。特别是那些含B股的A股，两者存在较大的价差，结果除了B股的上涨以外，就是A股的相应下跌。持有这类股票的投资者，可能就要有所损失了。市场的结构变动，实际上也就是一种利益的再分配，在此过程中，总是要有人受到一些损失的，这是不可避免的。从大处讲，也是市场发展、完善所需要支付的代价。

A、B股两个市场，谁的投资机会更多？

答：其实，比较两个市场谁更有投资价值，不能不先分析谁能带来更多的投资机会。表面上看，B股的平均市盈率只有10倍、20倍，相对平均市盈率达50多倍的A股市场显然更有投资价值，但B股开盘后全线涨停，大多数投资者无法买到筹码，获利根本无从谈起。市场人士预计，B股短期内市盈率会上涨到25倍左右，之后面临震荡整固，某证券公司资深人士分析，B股后市涨幅有可能在50%以上，但他对B股凌厉的上攻还是略显担心。从2000年的整体表现看，B股市场中已有机构入驻迹象，利好出台，会不会成为主力资金出货的绝好机会，就像一年前，当大多股民可以买到梦寐以求的网络科技股并想做长期持有时，等待他们的却是套牢的命运。大多数市场人士认为，B股不会涨到与A股相同的价位，而且，由于管理层对外资法人股申请上市的审批持较为宽松的态度，B股在120点（届时其平均市盈率将达到26倍）附近遇到的抛压会较重，毕竟境外投资者的理念不同，面对疯涨的股票，兑现获利、落袋为安可能是他们的首选。而暴涨本身也往往意味着风险的临近，目前点位介入B股一样面临市场巨大的获利套现风险。相关资料显示，2000年沪市B股全部涨幅很大，较多个股累计涨幅巨大，比A股有过之而无不及，其中1999年低位回升以来，有些个股涨幅接近10倍。相比之下，A股市场在节后连续大跌，较多个股超卖严重，部分个股已显现出投资价值，对这些个股从容建仓，中线获利机会可期。这样看来，A股市场的投资机会并不比B股市场少，而且在目前市道中，似乎更易把握。

B股开放政策对待境内居民与国外投资者有何差异?

答:2月21日，中国证监会和国家外汇管理局联合发出通知，对境内居民投资B股作出了规定:在2001年6月1日前，只允许境内居民个人使用在2001年2月19日(包括19日)前已经存入境内商业银行的现汇存款和外币现钞存款从事B股交易;而2月19日后存入境内商业银行的现汇存款和外币现钞存款，只有等到2001年6月1日后才可从事B股交易。

显然，这一通告仅仅针对了居民个人，而对国内外的机构投资者毫无约束。“联合通知”有欠公允，原因有如下两点:首先“联合通知”保护的是违规者(甚至是违法者)的利益，而伤害的则是合法者的利益。虽然B股市场是为境外投资者及港澳台的投资者投资大陆而开设的，但实际情况却是境内投资者已占据大多数，可以说开放前B股市场中的大多数投资者的身份都是违规的。如今“联合通知”不仅对这些违规者网开一面,而且只允许2月19日前存入境内商业银行的现汇存款和外币现钞存款炒作B股,这无疑使得这些违规者得以"合法化";相反境内那些没有违规提前进入B股市场的守法投资者却只有等到2001年6月1日后才能进入B股市场。而在这段时间里,他们只能眼睁睁地看着那些违规者大把大把地赚钱。

其次"联合通知"保护了机构投资者的利益,而牺牲了境内散户投资者的利益。在B股市场,境内的机构投资者依然充当起主力军的角色。作为在B股市场中驰骋的机构投资者,他们有着一定的外汇存款;而那些没有踏入B股市场的机构,他们中也不乏有外汇存款,"2月19日"这一时间界线根本就不可能对机构投资者进入B股市场构成障碍,尽管此次B股市场是对境内的"自然人"开放的,但机构投资者也可化整为零,他们同样会获得合法的"自然人"身份。因此,遇到最大麻烦的依然只能是境内的散户投资者。

B股的游戏规则到底应该怎么改?

答:B股市场开放之初,海外基金对它抱着很大的期望。中国作为亚洲经济发展的新重心,其增长潜力非常诱人。而B股市场作为外资对中国进行间接投资的资本市场,自然应该取得相当于经济增长的成长速度,甚至超过这个速度。这种预期是在情理之中的,因为上市公司在操作的规范程度、管理水平和经济效益上都应高于整个国家的平均水平。许多海外基金对B股市场进行了非常大胆的投资。

实际情况反映了海外基金只对经济增长的预期是正确的。B股市场发展的十年间,中国的经济几乎是呈几何级数增长，而B股市场本身的表现却令好多行家大跌眼镜。从指数上来看，B股市场几乎是呈负增长的趋势，这与中国在90年代所取得的经济成就显然不成比例，也就是说，B股市场并没有真实反映20世纪90年代中国的经济领域投资，尤其是外资投资所产生的真正回报。

B股市场的长期下挫并不是一个偶然现象。任何一个资本市场都无法回避最基本的游戏规则。邓普顿基金执行总裁麦朴思博士在其新著《通向利润的护照》中指出，一个新兴资本市场应该具备以下最起码的条件才能吸引机构投资者并有所发展：公正(Fair)、高效(Efficient)、流动性好(Liquid)和透明度高(Transparent)，统称为FELT规则。针对中国B股市场的具体情况，以上四点可进一步诠释为：对少数股东权益的有效保护、通畅的资金进出渠道、巨大的总市值、巨大而稳定的成交量、上市公司令人满意的经营业绩、完善的信息披露制度及其彻底的贯彻执行。

B股开放后的新话题：炒外汇还是炒B股？

答：炒外汇、炒B股，两者都是外汇投资的有效渠道，值得投资者关注。现在由于大家对B股有一种盲目的憧憬，导致外汇资金大量涌入市场。但是，在看到两种投资渠道互相冲击、互相影响的同时，也要看到两种投资渠道的互补性，而且适合于不同的投资者。在B股市场经过一定的波动、趋向正常后，居民的外汇投资资金会进行合理分流，使市场趋向均衡。

与B股投资比较，炒外汇有其独特的优点：(1)外汇市场上每日的成交量超过1万亿美元，庞大的交易量意味着谁也不能操控市场，因此汇率的波动更加具有客观性、规律性，只要掌握一定的分析方法、市场信息，就能够比较容易把握外汇汇率的波动方向，从中获利，而不会受其他一些非市场因素的影响，风险较少，收益比较稳定。(2)外汇交易方式多于B股交易，现在B股交易只能在柜台上进行，而外汇交易除了柜台交易外，还有极为方便的电话银行交易。(3)B股的交易时间只有交易所开市时间，而外汇交易是24小时不间断，客户投资不受时间限制。

B股对内开放会令人民币贬值吗？

答：我们认为，这种影响是有限的。这是因为，原来放在B股里的资金本来就有相当一部分表面上是境外机构和居民，但实际上具有国内背景，资金来源于国内，这部分资金没有理由会在B股前景看好时离开。据统计，深沪两市B股开户数绝大多数为个人投资者，约90%，只有少部分是机构投资者，不到10%。此外，统计资料还表明，目前有近70%的B股投资者来自国内。虽然原来投资在A股中的资金或是游离在股市之外的资金一定会兑换成美元或港币向B股市场流动，从而增加外汇的需求，对汇率产生上涨压力，但是，考虑到我国现有的外汇制度以及外汇储备和居民外汇存款，我们认为，对汇率的影响是短暂的和有限的。第一，人民币不能自由兑换，因此，这种压力主要体现在外汇黑市上。第二，通过外汇黑市，倒是确实会影响到官方汇率，但是，我国执行的是单一的有管理的浮动汇率，当官方汇率的稳定性受到影响时，货币当局一定会出手维护汇率的稳定。从可行性来看，维护汇率的稳定是轻而易举的，货币当局有足够的力量实施汇率目标。这是因为我国外汇储备达1300亿美元，境内居民持有的外汇据保守估计也有600亿美元，而我国B股市场总市值则很小，约60亿美元。目前A、B股的价格差异相当大，差距大概在4、5倍之间。因此，就算需要180亿美元进入B股市场将股价提高以达到和A股持平的水平，货币当局在稳定汇率上也应该是游刃有余的。更何况，当B股市场因国内居民持有外币资金的准入而重新活跃时，真正的境外机构和居民又会重回B股市场。因此我们推测，在准许境内外资进入股市时，政府当局已经考虑到了上述因素。第三，从短期来看，我们还应看到，美国的利率在持续下调，从这一点来看，人民币贬值的压力会进一步缩小。因此，我们预期，在短期内，黑市上的美元汇率会略有上涨，但长期会回落。

B股市场会不会"过把瘾就死"？

答：万众瞩目的B股市场在连续5个涨停板、个股集体上涨60%后，终于在2001年3月6日的沪市打开涨停并有下跌个股出现，并在7日沪市B股低开，惯性下调后出现一波强劲反弹，随后就出现滑落的态势；而深市B股略强，继续以涨停开盘，在高位做整理后，也遭到大量的抛压，出现高位跳水。收盘时，两市B股均出现下跌，沪B跌幅较大，深市较小。成交量方面，沪市B股成交量较昨日明显萎缩，而深市B股则放出历史天量。上证收盘119.10，跌8.37。深证收盘1334.19，跌21.37。

如何从本质上去认识B股市场的新行情，该行情会如何演变，以及B股的新行情对我国证券市场的现有格局具有怎样的指示意义，并会产生怎样的深远影响，无疑是广大证券投资者所关心的,也是业内人士所探讨的。我们认为:目前的B股市场已然成为整个中国证券市场的风向标。A股市场中长期的运行趋势,包括接下来的市场热点,将会在目前的B股市场中找到答案。我们预测:B股市场将以"价值回归"和"价值发现"作为两条主线,展开一轮波澜壮阔的行情,该行情将在2000年5月31日之前集中体现,之后进入相对平稳的长期发展阶段。B股市场的未来价格会在某些方面高于A股,并且在2001年5月31日之前就会见到。为了说明这一论点,我们将从基本面、政策面、资金及技术面加以论证。

首先,基本面因素将B股历史性地由幕后拉到前台,B股市场定位已发生战略性根本改变。中国的改革开放至今已进行了二十几年,证券市场是经济改革和进步的必然产物。1990年底,A股市场率先开放。经过10年的发展,中国的证券市场已经逐步地趋向成熟并初具规模,但这只是A股市场。相形之下,稍晚开放的B股市场(1992年)远没有达到A股的水平。以A股为例,1990年开始在96点,至今已达到开盘点20倍的水平,其发展壮大直至初步成熟更是有目共睹。而B股市场1992年开盘时为129点,时隔八年之后,2001年2月19日收盘仅82点,B股远远落后于A股市场的发展,可见一斑。但是,中国证券市场的蓝图早已在1990年就已框定。由于受现实因素的影响,B股发展不尽人意,但这不会是中国经济发展的本来面目,也必然不是中国政府的初衷。已经发展了十年的证券市场在重新审核自己的历程时,忽然发现A、B股的差距已是如此巨大,到了不得不扭转的历史性时刻。此番B股市场向境内投资者开放,足以看出管理层决心发展B股的决策导向。可谓重整旗鼓，已是历史的必然选择。

B股市场之所以选择在2001年初采取重大举措，一个十分重要的诱导性因素是中国加入WTO在即。一个即将加入世界贸易组织的国家，居然存在A股市场20倍于B股市场的现象，令人费解。于是，改革B股市场成为中国加入WTO的一个迫在眉睫的历史任务。由此使我们不得不对管理层关于A、B股合并的具体设想作一下重新的判断：B股市场将作为一条重要的融资渠道迅速发展起来，并将在两年的时间内，达到与A股市场匹比的水平。这才是真正意义上的A、B股的并轨。

所以，综合基本面一系列的因素，我们有理由相信，将B股由幕后拉到前台，由二线提到一线，已是一个公认的事实；A股市场不会弱化，但相比B股市场的潜力而言，将逊色不少，B股市场将由此走上它真正的价值回归之路。

其次，政策面透露出一个令人惊奇的信息：有关A股国有股减持的方案已成为管理层的胸中之竹，万事俱备，只待兴起东风。

在B股开市的当天，三大媒体公布了一条并不显眼的消息：小天鹅B股的外资法人股将以市价流通。这将拉开所有外资法人股份上市审批的序幕。由于B股市场相对A股而言规模较小，而全部外资法人股份只是20亿股左右，只是目前B股流通总股份的10%。即使全部上市流通也不会对市场产生大的波动。而在一轮轰轰烈烈的价值回归行情之中，法人外资股的上市流通既可以一蹴而就，又满足了市场对B股的需求，可谓一举多得。B股市场的法人股流通给我们一个十分明确的政策信息:既然B股的问题可以轻松解决,A股市场的问题将会以何种方式解决呢?20倍于B股市场的A股市场能否在法人股流通问题上向B股看齐呢?答案当然是肯定的。国有股减持方案一度被业界炒得闹闹喧喧,沸沸扬扬,但没有人提到国有股的市价流通,因为价格差距太大,人们难以想像。但是,国有资产的尽可能增值是一个"尚方宝剑",不可动摇。难道同股同权的国有股不可以向B股的外资法人股那样市价流通?我们的分析结论是:A股国有股将部分地以市价进行流通,这是国有股减持的唯一可行选择和科学方案。

第三,B股市场资金面充裕,客观上将造成B股市场的爆发性行情。B股市场2001年2月19日之前的流通市值不足600亿元人民币,而居民外汇存款余额是750亿美元,即10倍于市值。由于外汇持有人的层次客观上高于人民币存款持有人,在信息获得、反应迅速程度以及分辨能力上均具有想像力,谁也不会错失一次千载难逢的获得财富的良机。如果以10%比例入市将使得目前市值翻番。而2001年2月19日之后B股新增开户数已超过过去9年的水平,也就是说,B股指数达到新高140点以上,160点左右只是时间问题。B股指数在其开盘点位129点以后发生震荡。从82点算起,上证B股指数有5个涨停板,之后发生振荡。从逻辑上说,本轮B股是历史性大逆转行情,那么创出1992年开盘129点以上的新高就是最起码的底线目标位。当然,从长远来看,这也只是B股市场大发展的第一步。就如1999年"5.19行情"中的"恢复性上涨"的性质一样,B股行情又岂止是恢复性上涨呢?!

如果A、B股真正实现平等基础上的并轨，B股未来的空间也应该有“十年二十倍”的表现，就如A股从1990年95点涨到2000点。那么，B股在两年内难道不能达到2000点么?!

第四，按照价值规律的要求，价格围绕价值上下波动。那么，长期低于其价值的B股应在此轮行情中高过其正常价值。这是未来B股市场合理的价格高点的定位。在前述分析的基础上，我们认为，B股板块和个股将按以下5个原则确立其中的潜力股。即(1)低市盈率个股(2)增发过A股的B股(3)外资法人股比例较低的(4)相比A股，价差很大的(5)B股股份和A股股份相比越小越好的。

综合结论是，B股市场一轮价值回归和价值发现的行情将波澜壮阔的展开。在B股指数五个涨停板之后将会发生震荡，2001年5月31日之前，B股市场行情将得到集中的反映；之后步入相对平稳的发展期。在2003年7月前，即从长期趋势来看，B股市场的价值回归和价值发现目标将达到一个惊人的水平，即2年增值20倍。

允许境内居民个人参与B股市场，是否将加快人民币资本项目可兑换的步伐?

答:此次B股对境内投资者开放，对人民币资本项目下的自由兑换能起多大的促进作用，很难说。我国加入WTO对何时实行资本项目下人民币自由兑换并没有很明确的时间表，可能向后推迟。此次B股市场的措施并没有显示对人民币资本项目下的兑换有什么松动。A、B股，人民币和外币之间仍然隔着一堵墙，不能自由兑换，仍然是要受各种管制措施的严厉控制，还看不出怎样能够打开一条人民币自由兑换以及A、B股合并的通路。但B股是一种外汇的资本市场，是一种在境内进行的外汇资本交易流动性活动，也许能够创造出一种有利于人民币资本项目下的逐步自由兑换的有利条件。

除了对境内人士开放B股这一利好政策外，政府还作了哪些工作来激活B股市场？

答：在改善B股市场交易状况、资金状况等外在因素的同时，改善B股上市公司的业绩状况，重树投资者的信心，是促使B股股价真正走强的内在因素。前面已经提到促使B股股价持续走低的根本原因是企业的业绩滑坡，一旦业绩滑坡的势头得到扼止，并呈现出业绩增长的趋势，将会带动整个B股市场走出低迷。现在来看，在政府的努力下，B股上市公司的业绩正在改善之中，市场整体走强的条件已逐渐具备。这可以从两个方面得到佐证。

(1)资产重组。由于历史的原因，沪市B股中上海本地股占了总数的68%，近两年来，在上海市政府的帮助下，对不少业绩滑坡的上海本地股进行了资产重组，大大改善了资产质量和业绩状况，典型的有真空、上菱、三毛等，其他一些上海本地的B股公司也在积极的开展重组，重树市场形象。上海市政府曾公开承诺将通过资产重组使上海本地的上市公司进入绩优上市公司的行列。继上海市政府之后，深圳市政府也着手对深圳本地的上市公司进行大力的资产重组，这一系列的举措将从根本上改变目前B股市场平均收益低下的状况，吸引投资者介入，为沪深B股市场的上扬奠定了坚实的基础。

(2)宏观经济出现复苏迹象。在持续的通货紧缩之后,政府采用了积极的财政政策和货币政策,在其双重作用之下,我国经济正逐渐从紧缩状态中摆脱出来,去年的经济增长速度加快,表现出的假期消费增长势头,均表明我国经济有望出现拐点,进入复苏状态,这将为上市公司业绩的全面回升创造良好的外部环境。

放开对国内投资者买卖B股的限制,会怎样影响A、B股票价格呢?B股的价格是否能比上A股的价格呢?

答: 为数众多国内投资者由于缺乏投资选择机会,在放开限制后会涌入B股市场。其结果首先是,对B股市场股票的需求将显著膨胀,由于需求上的不同所导致的A　B股价格差异的情况将得到明显的缓解。其次,由于大量已经有多年在A股市场投资经验的投资者进入B股市场,会极大改善A、B股市场中投资者信息非对称问题,在占有信息的数量质量和速度上两市投资者处于的地位会快速接近。从流动性上看,市场的需求增加会提高市场的活跃程度,从而增加市场的流动性。最后,大量具有国内投资理念的投资者进入B股市场,国内外投资理念相互碰撞,市场会因此产生较大的波动。

B股的价格能比上A股的价格吗?我们认为不会。从资金的供给方来看,2000年6月以前,由于国内持有外币的投资者多数是风险厌恶型的,其目的是为获得比国内较高的利息收入,回避币值风险和流动性需求,因此750亿美元的外币存款能进入B股市场的不会很多。在国外周边市场表现不佳,同时美国可能减息的情况下,港澳台的资金可能有较多的进入B股市场。而外资不同于内地资金,其游动性强,带来的冲击力较大,所导致的市场波动性会增加,但如果在国内监管加强的趋势下,对国内如此高的市盈率,大凡会敬而远之。

从B股市场目前存货的主要持有者来看,有许多境外机构持有相当多的股份,四五十倍的市盈率是否还能使其保持足够的理由来长期投资是一个问题。到那时,境外机构减持股份可能是常见的新闻。

从市场监管上看,由于B股市场面向全球,在放开对国内居民的限制后,成为我国投资者第一个与国际投资者共同参与的接轨市场,其市场形象是非常重要的,为了在中国大陆建立一个有影响国际金融市场的目标,监管机构对B股市场的监管不会放松,意味着B股市场上的操纵行为会较A股市场收敛。

从投资理念上,国外投资者的参与所带来的投资策略会影响国内投资者的投资行为。侧重企业财务分析会导致股票市盈率一定的合理分布。

因此,B股在短期不会达到A股的相应价格,会存在一个显著的差距。

B股已对境内投资者开放,它会更吸引境外投资者吗?还是给境外投资者创造了获利出局的机会?

答:3月6日下午,上海国际会议中心。在群益金融集团主办的“21世纪飞跃的中国”投资会议上，中国证监会首席顾问梁定邦作了题为“中国资本市场未来发展和开放方向”的演讲。其后，梁定邦就记者关注的中国资本市场的热点问题进行了详尽的回答。他认为，B股对境内居民开放是股票市场开放向前推进一步，也仅一步而已，更长远的问题依然没有解决。B股开放是一个试金石，它可能导致出现两种情形，一种是境外投资者全部获利套现出局，新入场者全是国内投资者，另一种是国外的投资者越来越多。而后者的可能性较大。2001年7月～8月份，我们就会知道结果。两家大型的外资基金已停止收新钱和赎回，主要是想视B股市场稳定之后的定价、来采取行动。下一步，是吸引更多的外资投资者进入B股，但是境内投资者进来之后，B股公司的业绩是否能给他们信心呢？这是一个很重要的问题。B股的业绩是否可以与国际资本市场抗衡是其能否吸引境外投资者的主因。将来，除增加B股的流通量之外，应提高上市公司的业绩。

第七部分

B股市场政策大透析

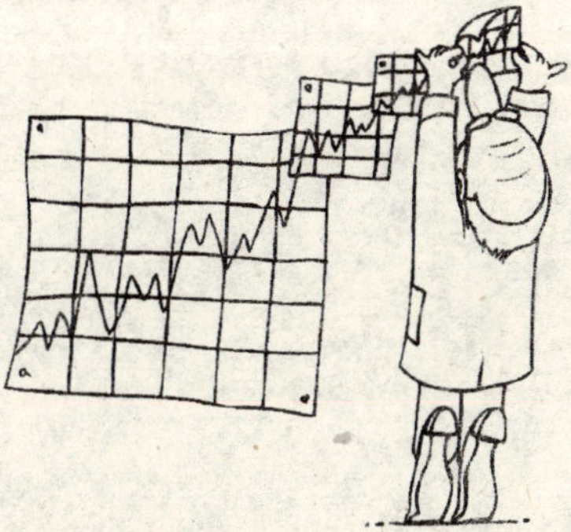

B股市场政策大回顾

深沪两市共有B股上市公司114家，其中大部分上市公司同时有A股上市，A、B股市场并存与分割可以说是我国股市有别于境外成熟规范市场的一个主要特点。由于A、B股所代表的股权及其背后的经济内涵的同一性，使得在B股对境内居民开放之前，A、B股市场分割所产生的制度缺陷是不可避免的。其一，A、B股市场间的价格扭曲现象十分严重；其二，非国内居民投资A股、而国内居民投资B股的非法套利交易难以避免，这也在很大程度上降低了市场的透明度；其三，A、B股市场分割有损于提高市场的流动性和效率；其四，存在B股投资者，特别是境外投资者侵占A股投资者利益的市场空间，这与证券市场"三公"原则相矛盾。

更重要的是，由于B股市场总体上可以说先天不足，当初上市企业多数为国有老企业，企业经营机制和效益普遍较差以及信息披露不规范而与境外投资者要求相脱节等众多因素，通过近十年的实际运行，B股市场应有的或原先设计者所预期的市场功能已基本丧失。首先，从投资主体来看，以1998年、1999年的东南亚金融风波为契机，各大境外证券基金纷纷减持包括B股在内的亚洲股票，其结果是，不仅B股指数不断走低，当时许多上市公司的股价也跌至面值的50%以下，许多境内资金则通过各种渠道进入B股市场，除了部分境外真正的长线"投资者"外，B股市场成了以境内投资者为主导的市场，从而使B股市场的投资者结构发生了根本变化，丧失了吸引境外投资者投资中国市场的功能。其次，从B股市场筹资功能来看，由于B股市场长期低迷，其筹资功能已十分薄弱，1998 年深沪两市 B 股无一家新股发行上市，1999 年也仅有三家公司 B 股发行上市，共筹资 2000 多万美元。而 2000 年，B 股扩容速度开始加快，但筹资规模仍较为有限，扣除境内投资者的外汇申购部分，外资筹集效果更不乐观，相反，许多 B 股公司纷纷突破限制而采取增发 A 股的措施，这样 B 股发行市场的功能某种程度上已被 A 股市场取代。第三，从市场交易来看，不仅 B 股指数很多时候处于弱市，市场总体成交也比较稀疏，股价接近或在每股净资产之下的个股不在少数，甚至曾经有相当个股股价跌至面值之下，市场的流通性已非常之低，二级市场几乎成为死市。

因此，随着我国证券市场环境和国际收支环境的逐步变化，B 股市场不仅原有的市场功能逐步退化，而且，其制度缺陷日益突出，它对于我国证券市场自身市场化、规范化和国际化的发展目标也构成一定的障碍。追溯整个 B 股市场的发展历史，回顾一下政策在其中的重要作用。

建立与规范阶段(1992 年～1999 年)

第一只 B 股——真空 B 股于 1992 年 2 月在上交所成功发行，同年深南玻 B 在深交所发行，意味着国内 B 股市场正式成立。从 1992 年到 1994 年底，共上市了 58 家 B 股公司，这段时间 B 股的发行上市的规范主要由两个地方性法规《上海市人民币特种股票管理暂行办法》和《深圳市人民币特种股票管理暂行办法》进行规范。直到 1995 年 11 月 2 日，国务院常务会议讨论并原则通过《国务院关于股份有限公司境内上市外资股的规定》，我国第一部全国性 B 股法规才正式诞生，这一法规对于申请 B 股发行的企业应具备的条件以及能够参与B股市场交易的投资者的身份进行了规定,1996年发布该法规的实施细则。该法规及其实施细则为B股市场提供了一个整体框架。

对B股上市公司的一系列规范法规有:1997年3月10日国务院证券委员会发出《关于推荐B股预选企业的通知》,通知指出B股公司发行采取的预选制度、申请发行B股的企业的条件、程序与所需文件。1998年2月24日,国务院证券委员会发布关于《境内上市外资(B股)公司增资发行B股暂行办法》,首次提出符合一定条件的B股公司,可以增资发行股票。同年7月11日,中国证监会《关于B股上市公司中期财务报告审计问题的通知》指出股票交易特别处理的公司,可以只进行中期境内审计;拟在下半年办理配股的公司与在下半年实施分红或公积金转增股本的公司,可以不进行中期审计。这些法规分别对于B股公司的IPO、再融资以及信息披露进行了规范。

对投资主体的规定,在1995年,《国务院关于股份有限公司境内上市外资股的规定》中规定国内居民不得投资B股。为了规范国内居民参与B股市场的问题,1996年6月28日,中国证监会发布《关于严格管理B股开户问题的通知》,重申境外投资者才能持有B股。9月20日,中国证监会发布《关于清理B股账户的通知》,对不符合规定的B股账户,要进行清理和规范,逐步妥善解决B股账户的遗留问题。这些法规对于B股市场的投资主体进行了规范,将B股市场的投资者限于外国、中国香港、澳门、台湾地区的自然人、法人、和其他组织以及定居在国外的中国公民等投资者。

振兴与发展阶段(1999年~2001年2月)

由于1997年H股、红筹股的大量发行,B股市场的国际融资功能减弱。由于B股市场容量狭小,上市公司虽然经过规范,信息披露水平提高,但仍达不到国际投资者的要求,再加上上市公司质量等的问题,国际投资者逐渐退出了B股市场,B股市场的二级市场日渐低迷。有B股的上市公司面临着再融资问题,这一问题制约了部分公司的进一步发展。如何搞活B股市场,B股市场的出路问题迫在眉睫地摆在管理者面前。为此,管理层从1999年开始不断推出政策措施来振兴B股市场。

1999年6月3日,中国证监会发出《关于企业发行B股有关问题的通知》,取消发行股企业的所有制限制和预选制,从B股市场的供给方面激活B股市场。1995年的《国务院关于股份有限公司增内上市外资股的规定》,就明确了B股市场是国有企业利用国际资本市场的场所,而把中国经济中最有活力的民营企业排除在外。由于只是把B股市场看作是融资的场所,B股上市公司本身忽视了自身治理结构的改善,B股公司短期行为严重,公司整体质量低下进一步降低了国际投资者的投资意愿。为此,1999年6月,中国证监会发布《关于企业发行B股有关问题的通知》,通知明确指出B股发行将不受所有制结构限制,也就是说鼓励各种所有制企业进行股份制改造,发行B股并上市,借此期望改变B股上市公司整体素质。

除了从增量上给B股市场增加投资品种外,管理层还对现有的B股公司的发展提供政策环境。2000年4月,中国证监会发布的《上市公司向社会公开募集股份暂行办法》中提到，发行境内外资股的公司，在具备了一定条件的情况下可以申请公募增发，由此解决了部分B股公司的再融资问题。中国证监会于9月签署的《关于境内上市外资股(B股)公司非上市外资股上市流通问题的通知》规定，"经中国证监会核准，B股公司外资发起人股，自公司成立之日起三年后，可以在B股市场上流通；外资非发起人股可以直接在B股市场上流通"，这一规定增加了B股市场的容量，并且也有助于增强境外投资者的信心从而改善现有B股公司融资环境。

在交易方面，1999年6月1日，国务院宣布B股交易印花税由4‰下调为3‰。2000年12月，上海证券交易所发布了促进B股市场活跃的五大措施，即推行B股无形席位，提高交易效率；全面开通B股实时成交回报；调整B股交易结算费用，降低交易成本；缩小申报价位的最小变动单位，提高成交率；改进信息，强化B股市场信息与宣传。上交所决定自2001年1月起降低B股交易结算费用，其中交易佣金率由成交额的0.6%降低到0.43%。另外，上证所还将取消交易的起点佣金，将清算费用与过户费合并为按成交金额的0.05%，交易经手费和证管费不作调整，仍分别按成交金额的0.0255%和0.0045%收取。这些措施都对于B股市场的活跃起到了推动作用。

三月政策新动向

2001年2月19日，一个原本非常平淡的日子。股市在蛇年开市后的暴跌使许多投资者离场观望，成交稀疏。但开盘不久，深圳B股在一分钟内从翻绿的847.53点猛然笔直拉到飘红的854.61点。从十点钟开始,两市B股均开始大幅拉升,成交量持续放大。市场异动加上下午的突然停牌,B股市场突然出现"山雨欲来风满楼"之势。果不其然,"B股向境内居民开放的消息"使B股瞬时成为最热门的话题。随后的两天内,B股开户数超过此前两市十年的总和。

2月21日,证监会和外汇局联合发布了《关于境内居民个人投资境内上市外资股若干问题的通知》,明确规定在2001年6月1日以前,只允许2001年2月19日(含2月19日)前存入境内商业银行的现汇或外币现钞存款才可以参与B股买卖,6月1日以后方取消对入市外汇资金存款时间的限制,并对境内居民投资B股开立账户等作了具体规定。

凭本人有效的身份证明文件到其原外汇存款银行将其现汇存款和外币现钞存款划入证券经营机构在同城、同行的B股保证金账户,暂时不允许跨行或异地划转外汇资金。凭本人有效身份证明和本人进账凭证到证券经营机构开立B股资金账户,开立B股资金账户的最低金额为等值1000美元。凭B股资金账户开户证明到该证券经营机构开立B股股票账户。

境内居民个人的B股资金账户的支出范围为从事B股交易需支付的外汇以及划回境内商业银行存储,不得用于向境外支付。境内居民个人不得从B股资金账户提取外币现钞。境内居民个人与非居民之间不得进行B股协议转让。境内居民个人所购B股不得向境外转托管。

政策点评及走向

与A股市场的走势相比,B股市场的政策导向意味更浓，即B股市场的运行与政策导向息息相关。2000年下半年传闻的A、B股市场合并消息，及周小川主席在讲话中谈到，加入WTO后“将允许外国证券机构通过其在证券交易所设立的特别席位直接进行B股交易……允许外国符合标准的企业到中国股票市场发行上市……将借鉴国际经验，积极研究引进合格的外国机构投资者的政策，允许外资有控制、有步骤、有限额地进入中国资本市场”等，为2000年的B股市场走强奠定了基础。

综观未来B股市场走向，从政策上看，影响最大的不外乎以下几个方面：

B股市场向国内投资者开放

B股市场一直以来最为限制其发展的主因便在于资金供给方面的不畅。过去几年每次出现爆发性的行情，无不因为市场传言相关的政策出台。特别是1996年出现那一波大的行情，明显是由于允许国内人士开办B股账户所引发的。因而，未来的市场走势依然需要相关政策的推动。

由于开放B股市场牵涉到外汇体制的问题，因而一直成为对国内自然人开放投资B股的重大障碍。但2000年央行行长戴相龙在“21世纪论坛”上表示：随着中国加入世界贸易组织，我们将稳步推进人民币在资本项目下可兑换的工作进程，困扰B股市场发展最大障碍将逐步得到根本解决。实际上，由于外汇储备充足，即使开放B股市场，应当不会对我国的外汇市场产生大的冲击。

作为B股市场上最直接的参与主体——B股上市公司，也纷纷感受到新政策出台所带来的新机遇，这批与中国B股市场一起成长、发展起来的上市公司，在充分肯定开放B股市场对促进公司经营的规范化和国际化起到不可替代的作用的同时，也认为B股市场开放后将进一步拓宽上市公司融资渠道、拓展B股公司发展空间。

建立中外合作基金

在向国内自然人开放B股市场的同时，也应当推进对外国证券机构的开放，这将大大激活该市场的筹资能力及活跃度。而中外合作基金是解决这一问题的最佳方案。实际上，这一问题已提出很长时间，但始终没有最终落实。2000年10月周小川主席在"WTO与中国资本市场国际研讨会"上谈到：中国将按WTO谈判承诺，允许设立中外合资的证券公司和基金管理公司以来，曾给当时的市场极大的刺激。

组建中外合作基金，一方面可以给境外投资者投资国内证券市场以更加广泛的渠道，是我国全方位开放的重要标志。同时，对于逐步壮大的我国证券市场也会带来资金与观念上的推进。因而，一旦这一政策得到落实，将不仅解决使B股市场长期陷入低迷、外资退出、筹资功能瘫痪等局面的症结问题。更重要的是在目前人民币资本项目还不可兑换的现有条件下，B股市场的改革将是渐进的，切入点是放开境外投资者投资于A股市场和放开境内投资者投资于B股市场的限制，方式是建立中外合资的证券公司并逐步对其开放国内的证券市场及组建投资于B股市场的中外合资基金。在这个过程中，还有许多细节问题有待解决，但同时我们也相信，B股市场改革的前景可期，它将金融和证券市场化的国际化进程相结合而进行。

未来A、B股两市的合并

早在2000年4月，上海证券交易所总经理屠光绍在“世界经济论坛·2000年中国企业高峰会”上指出，中国的B股市场要全面国际化，他强调“B股市场要全面国际化，比中国的国际化‘先走一步’”。证监会首席顾问梁定邦2000年5月至6月期间多次在不同场合上明确表示：国内的A、B股市场，随着外资在A股市场业务的不断扩大，将会自然走向合并。为此，曾带动两市大盘逐渐启动。在B股对境内居民开放后的3月7日，中国证监会主席周小川在与出席九届全国人大四次会议的香港代表座谈时表示，5～10年内，A、B股不会合并。由此可见，真正的A、B股合并，任重而道远。

B股市场的存在是针对设立之初为吸引外资而开辟的，随着中国进入WTO的临近，随着金融市场和证券市场逐步市场化和国际化的需要，随着人民币资本项目下可自由兑换的趋势，B股市场存在的合理性逐步消失，A、B股合并成为必然趋势，但这又是一个渐进的过程，只有在市场逐步开放(人民币自由兑换、外汇管制的取消、证券市场对外开放等)条件下才可能实现。因而，预计这个过程延续的时间将会比较长。

印花税、交易费用的降低

目前我国的股票交易印花税高达8‰(向双方征收)，而世界上约70%的国家(地区)是不征此印花税的，而别的国家(地区)也较低，约为1‰～5‰。为此，为了活跃B股市场，也为了使这一市场与国际惯例接轨，未来的印花税应当还会有一定的下调空间。

财政部部长项怀诚2001年3月7日在九届全国人大四次会议上作《关于2000年中央和地方预算执行情况及2001年中央和地方预算草案的报告》,在谈到2001年中央预算安排考虑时说,证券交易市场情况难以估计准确,证券交易印花税的预算不宜安排过高。

培育B股指数期货交易

我国证券市场虽然起步晚,但由于有各国的先进经验可兹借鉴,因而在短期内取得了飞速的发展,已成为推动国企改革和高新技术产业化的重要力量。由于目前证券市场缺少作空机制,因此经常造成大幅波动。推出指数期货的呼声越来越高。A股市场的指数期货已在默默的研讨中,B股市场的推出,应该指日可待。

推出B股指数期货,对增加市场活力,促使其流动性增强,将产生立竿见影的效果。再者,期数期货交易本身是一种避险工具。当然期指交易在运行过程中可能被人为打压,造成市场恐慌。但是这并不是期指交易本身的问题,而是监督管理方面的问题。引入期指交易,不但可以真正保护投资者,特别是散户的利益,而且可以让投资者放心大胆地长期持有绩优股,不为股价的一时涨跌而动,以求真正意义上的理性投资。这一点,对于改变股市长期存在的"重题材、轻业绩"的非理性风气,有着特殊的意义和作用。最后,指数期货是一种低成本的投资投机工具。实质是一种有期限的保证金交易,具有以小博大特点。一但市场出现极端情况,将为那些冷静的价值投资提供杆杠比极强的赢到机会。在吸引国际资本，发展中国经济的同时，形成一个国际化的资本市场，可能是改革廿十年金融领域最大的收获。更为下个世纪中国经济发展提供一个资源优化配置场所。

设立B股投资基金

中国证监会首席顾问梁定邦2001年3月6日在上海出席台湾群益国际控股举办的研讨会表示，中国开放B股市场是一个良好的开端，下一步应该设立B股投资基金，进一步增加B股的供应量，他预计B股大量的增资扩股要有两至三年才有可能。

内地开放B股市场以来，前几天一直是有价无市的局面，但上海的成交6日开始活跃，他认为，并没有迹象表明外资行有同样的投资热情，据他所知，外资券商现在一般持观望态度，还没有大举入市的情况出现。

梁定邦又强调，海外资金在股市投资首重业绩表现及发展潜力，B股市场目前只有114种股票挂牌，资金流入后，企业如何善用这笔资金是决定B股市场成功的关键因素；此外，加上B股流通量偏低，资金既难进又难出，存在很大的风险，外资还没有大量进入的意欲。他又说，开放B股市场是一个解决历史遗留问题的举措，仅迈开B股市场开放的第一步。由于6月1日后，完全放开内地居民买卖禁令，因此梁定邦分析说，待7~8月份后，外资是完全撤出B股市场，还是更多流入B股市场，就可有明确结论。

二板市场的创立

根据有关人员的预测，二板市场可能会在今年下半年正式开通，其对B股市场的影响主要是：其一，直接减少B股市场上的资金，或减慢流入B股市场的资金；其二，通过影响A股市场的走势间接影响B股市场。而我国证监委首席顾问梁定邦先生认为，中国政府重点开放B股市场，理论上不会妨碍第二板市场等其他市场发展。内地第二板市场的全套规则及交易制度已大致完备，相信在国务院颁布法例后约半年，便可正式运作。

摘牌制度或其它具有警示风险措施的尝试

在中国证券市场上，摘牌制度具有其独特的艰难性，但PT股、ST股的缩股则相对来说有较小的阻力，可操作性较强，这些措施的实行，具有警示作用，可以抑制过度投机。

B股市场大事记

1993年8月18日　渣打、里昂、新鸿基、高诚、柏毅五家境外券商成为深圳证券交易所首批特许经纪商，可直接进场作B股交易。

1995年11月2日　国务院常务会议讨论并原则通过《国务院关于股份有限公司境内上市外资股的规定》，这标志着我国第一部全国性B股法规的诞生。

1996年6月28日　中国证券监督管理委员会关于严格管理B股开户问题的通知重申境外投资者才能持有B股。

1996年9月20日　中国证券监督管理委员会关于清理B股账户的通知对不符合规定的B股账户，要进行清理和规范，逐步妥善解决B股账户的遗留问题。

1997年3月10日　国务院证券委员会关于推荐B股预

选企业的通知指出申请发行 B 股企业的条件、程序与所需文件。

1998 年 2 月 24 日　国务院证券委员会关于发布《境内上市外资股(B 股)公司增资发行 B 股暂行办法》的通知，首次提出，符合一定条件的 B 股公司，可以增资发行股票。

1998 年 7 月 11 日　关于 B 股上市公司中期财务报告审计问题的通知(中国证券监督管理委员会)股票交易特别处理的公司，可以只进行中期境内审计；拟在下半年办理配股的公司与在下半年实施分红或公积金转增股本的公司，可以不进行中期审计。

1999 年 中国证券监督管理委员会发出《关于企业发行 B 股有关问题的通知》。

2000 年 12 月 15 日　上海证券交易所关于实施 B 股市场改进措施的通知，推行 B 股无形交易，申请发行 B 股的企业可以是国有企业、集体企业及其他企业所有制形式的企业，开通即时成交回报，降低交易结算费用、缩小申报价位最小变动单位。

2001 年 2 月 19 日　B 股市场对境内居民开放。

2001 年 2 月 21 日　证监会和外汇局联合发布了《关于境内居民个人投资境内上市外资股若干问题的通知》，明确规定在 2001 年 6 月 1 日以前，只允许 2001 年 2 月 19 日(含 2 月 19 日)前存入境内商业银行的现汇或外币现钞存款才可以参与 B 股买卖，6 月 1 日以后方取消对入市外汇资金存款时间的限制，并对境内居民投资 B 股开立账户等作了具体规定：

B股之最

1992年2月，B股市场诞生。

1992年5月，沪B股指数创下历史最高点140.85点。

1999年3月，沪、深B股指数分别创下了21.24点和323.19点的历史最低记录。

1996年1月3日，国务院《境内上市外资股的规定》发布施行，B股市场有了首部全国性法规。

1996年12月，A、B股同时实行涨跌幅限制。

1997年9月，B股股本最大的公司——东电B上市，B股股本达6.9亿，这也是第一家行使超额配售权的B股公司。

1998年3月14日中国证监会发布了《境内上市外资股(B股)公司增资发行B股暂行办法》。

2000年7月，张裕B股增发不超过4000万股A股，成为增发A股试点第一家。

2000年7月6日，粤华包B成为2000年上市的第一家B股公司，也是第一家上市的民营企业。

2000年9月1日，中国证监会发布《关于境内上市外资股(B股)公司非上市外资股上市流通问题的通知》。

上海市场第一家发行B股的上市公司是电真空B股，深圳市场第一家发行B股的上市公司是伸南玻B股。

第一家被PT的股票是水仙B股。

2000年，上海市场涨幅最大的股票是胶带B股，涨幅为461.90%；深圳市场涨幅最大的股票是深益力B，涨幅为190.15%。上海市场涨幅最小的股票是凌云B股，涨幅为47.45%；深圳市场涨幅最小的股票是杭汽轮B，涨幅为

-8%。

2000年,深圳市场全年换手率最高的股票是中鲁B,换手率为375.88%;上海市场换手率最高的股票是ST永久B,换手率是308.52%;深圳市场换手率最低的股票是ST江铃B,换手率为5.22%;上海市场换手率最低的股票是苿织华B,换手率为13.23%。

截止到2001年2月19日,上海有56家B股上市公司,市价总值折合人民币310.79亿元;深圳市场有58家B股上市公司,市价总值折合人民币278.42亿。上海市场自成立以来总筹资额为85.07亿元,深圳市场自成立以来总筹资额为88.72亿元。

截止到2001年2月19日,上海B股市场流通市值为309.93亿元,深圳B股市场流通市值为210.02亿元。

截止到2001年2月19日,深沪两市B股平均市盈率是15倍。深圳市场市盈率最低的股票是深康佳B,市盈率为4.95倍,上海市场市盈率最低的是凌云B股,市盈率为6.49倍。

从流通盘的绝对数来看,流通盘最大的B股是东电B股,流通盘最小的B股是深本实B。

从股权结构看B股的比重最大的公司是华新水泥,B股占总股本的49.94%。B股的比重最小的公司是大江股份,B股占总股本的8.88%。

截止到2001年2月19日,深沪两市A、B股股价的价格比最大的公司分别是:深南玻B,价格比为7.93;凤凰B股,价格比为6.68。

截止到2001年2月19日,深圳市场市净率最低的股票是深康佳B,市净率为0.68,上海市场市净率最低的股票是轻骑B股,市净率是0.76。(市净率又称净资产倍率,为每股市价与每股净资产的比值。)

深圳市场中期业绩最好的公司是深中集B,每股收益为0.60元,上海市场业绩最好的是上菱B,每股收益是0.32元。

结束语

B股市场,每天都会是新的!投资者,每天都会面对变幻莫测的赚钱机会。B股复盘以来短短的一周内,B股走势从凌厉上攻到震荡分化,随之将会去向何方?仁者见仁,智者见智。但万变不离其宗,市场有着自己的运行规律,而且永远只会青睐那些智慧的投资者。

本书以较为丰富的信息汇集,敏锐的市场分析,实用的操作技巧,旨在为广大投资者打开理性投资的大门,引领投资者踏准市场节拍,走进丰收的未来!

相信吧!机会不负有心人!

附　录

B股上市公司资料篇

附录1　深圳证券交易所B股上市公司名录

深圳证券交易所B股上市公司名录
B – Share Corporations Listed in ShenZhen Stock Exchange

股票代码	股票简称	公司名称
2002	深万科B	万科企业股份有限公司 CHINA VANKE CO., LTD.
2003	ST金田B	金田实业(集团)股份有限公司 GINTIAN INDUSTRY(GROUP) CO.,LTD.
2011	ST深物业B	深圳市物业发展(集团)股份有限公司 SHENZHEN PROPERTIES & RESOURCES DEVELOPMENT(GROUP) LTD.
2012	深南玻B	中国南方玻璃股份有限公司 CHINA SOUTHERN GLASS HOLDING CO., LTD.
2013	深石化B	深圳市石油化工(集团)股份有限公司 SHENZHEN PETROCHEMICAL (HOLDINGS) CO., LTD.
2015	ST中浩B	深圳市中浩(集团)股份有限公司 SHENZHEN ZHONGHAO (GROUP) LTD.
2016	深康佳B	康佳集团股份有限公司 KONKA GROUP CO.,LTD.

续表

深圳证券交易所B股上市公司名录
B – Share Corporations Listed in ShenZhen Stock Exchange

股票代码	股票简称	公 司 名 称
2017	深中华B	深圳市中华自行车(集团)股份有限公司 SHENZHEN CHINA BICYCLE COMPANY (HOLDINGS) LIMITED
2018	深中冠B	深圳中冠纺织印染股份有限公司 VICTOR ONWARD TEXTILE INDUSTRIAL CO.,LTD.
2019	深深宝B	深圳市深宝实业股份有限公司 SHENZHEN SHENBAO INDUSTRIAL CO.,LTD.
2020	深华发B	深圳华发电子股份有限公司 SHENZHEN HUAFA ELECTRONICS CO., LTD.
2022	深赤湾B	深圳赤湾港航股份有限公司 SHENZHEN CHIWAN WHARF HOLDINGS LTD
2024	深招港B	蛇口招商港务股份有限公司 CHINA MERCHANTS SHEKOU PORT SERVICE CO.,LTD.
2025	ST特力B	深圳市特力(集团)股份有限公司 SHENZHEN TELLUS HOLDING CO.,LTD.
2026	飞亚达B	深圳市飞亚达(集团)股份有限公司 SHENZHEN FIYTA HOLDINGS LTD.
2028	深益力B	深圳市益力矿泉水股份有限公司 SHENZHEN HEALTH MINERAL WATER CO.,LTD.

续表

深圳证券交易所B股上市公司名录

B – Share Corporations Listed in ShenZhen Stock Exchange

股票代码	股票简称	公 司 名 称
2029	深深房B	深圳市经济特区房地产(集团)股份有限公司 SHENZHEN SPECIAL ECONOMIC ZONEREAL ESTATE&PROPERTIES (GROUP). CO., LTD.
2030	莱英达B	深圳市莱英达(集团)股份有限公司 SHENZHEN LIONDA HOLDINGS CO., LTD.
2037	深南电B	深圳南山热电股份有限公司 SHENZHEN NANSHAN POWER STATION CO., LTD.
2039	中集B	中国国际海运集装箱股份有限公司 CHINA INTERNATIONAL MARINE CONTAINERS (GROUP) CO., LTD.
2041	深本实B	深圳本鲁克斯实业股份有限公司 SHENZHEN BENELUX ENTERPRISE CO., LTD.
2045	深纺织B	深圳市纺织(集团)股份有限公司 SHENZHEN TEXTILE (HOLDINGS) CO., LTD.
2053	深基地B	赤湾石油基地股份有限公司 SHENZHEN CHIWAN PETROLEUM SUPPLY BASE CO., LTD
2054	深建摩B	深圳北方建设摩托车股份有限公司 SHENZHEN NORTH JIANSHE MOTORCYCLE CO., LTD.
2055	深方大B	深圳方大实业股份有限公司 CHINA FANGDA GROUP CO., LTD.

深圳证券交易所B股上市公司名录

B – Share Corporations Listed in ShenZhen Stock Exchange

股票代码	股票简称	公司名称
2056	深国商B	深圳市国际企业股份有限公司 SHENZHEN INTERNATIONAL ENTERPRISE CO.,LTD.
2057	ST大洋B	深圳大洋海运股份有限公司 SHENZHEN GREAT OCEAN SHIPPING CO., LTD.
2058	深赛格B	深圳赛格股份有限公司 SHENZHEN SEG CO.,LTD.
2413	宝石B	石家庄宝石电子玻璃股份有限公司 SHIJIAZHUANG BAOSHI ELECTRONIC GLASS CO.,LTD.
2418	小天鹅B	无锡小天鹅股份有限公司 WUXI LITTLE SWAN COMPANY LIMITED
2429	粤高速B	广东高速公路股份有限公司 GUANGDONG PROVINCIAL EXPRESSWAY DEVELOPMENT CO., LTD.
2468	宁通信B	南京普天通信股份有限公司 NANJING POST & COMMUNICATIONS EQUIPMENT CO.,LTD.
2488	晨鸣B	山东晨鸣纸业集团股份有限公司 SHANDONG CHENMING PAPER HOLDINGS LIMITED
2505	琼珠江B	海南珠江实业股份有限公司 HAINAN PEARL RIVER ENTERPRISES HOLDINGS CO.,LTD.

深圳证券交易所 B 股上市公司名录

B – Share Corporations Listed in ShenZhen Stock Exchange

股票代码	股票简称	公 司 名 称
2512	闽灿坤 B	厦门灿坤实业股份有限公司 TSANN KUEN (CHINA) ENTERPRISE CO., LTD.
2513	粤丽珠 B	珠海经济特区丽珠医药集团股份有限公司 LIVZON PHARMACEUTICAL GROUP INC
2521	皖美菱 B	合肥美菱股份有限公司 HEFEI MEILING CO., LTD.
2530	大冷 B	大连冷冻机股份有限公司 DALIAN REFRIGERATION COMPANY LIMITED
2539	粤电力 B	广东电力股份有限公司 GUANGDONG ELECTRIC POWER DEVELOPMENT CO., LTD.
2541	粤照明 B	佛山电器照明股份有限公司 FOSHAN ELECTRICAL & LIGHTING CO., LTD.
2550	赣江菱 B	江铃汽车股份有限公司 JIANGLING MOTORS CORPORATION LTD.
2553	沙隆达 B	湖北沙隆达股份有限公司 HUBEI SANONDA CO., LTD.
2570	苏常柴 B	常柴股份有限公司 CHANGCHAI CO., LTD.
2581	苏威孚 B	无锡威孚股份有限公司 WEIFU FUEL INJECTION CO., LTD.

续表

深圳证券交易所B股上市公司名录

B－Share Corporations Listed in ShenZhen Stock Exchange

股票代码	股票简称	公司名称
2596	古井贡B	安徽古井贡酒股份有限公司 ANHUI GUJING DISTILLERY CO.,LTD.
2613	ST东海B	海南大东海旅游中心股份有限公司 HAINAN DADONGHAI TOURISM CENTRE (HOLDINGS) CO.,LTD.
2625	长安B	重庆长安汽车股份有限公司 CHONGQING CHANGAN AUTOMOBILE CO.,LTD.
2706	瓦轴B	瓦房店轴承股份有限公司 WAFANGDIAN BEARING COMPANY LIMITED
2725	京东方B	北京东方电子集团股份有限公司 BEIJING ORIENT ELECTRONICS GROUP CO.,LTD.
2726	鲁泰B	鲁泰纺织股份有限公司 LUTHAI TEXTILE JOINT STOCK CO., LTD.
2761	本钢板B	本钢板材股份有限公司 BENGANG STEEL PLATES CO.,LTD.
2770	武锅B	武汉锅炉股份有限公司 WUHAN BOILER COMPANY LIMITED
2771	杭汽轮B	杭州汽轮机股份有限公司 HANGZHOU STEAM TURBINE CO., LTD.
2869	张裕B	烟台张裕葡萄酿酒股份有限公司 YANTAI CHANGYU PIONEER WINE COMPANY

附录2 上海证券交易所B股上市公司名录

上海证券交易所B股上市公司名录

B – Share Corporations Listed in Shanghai Stock Exchange

股票代码	股票简称	公司名称
900901	真空B股	上海真空电子器件股份有限公司 SHANGHAI VACUUM ELECTRON DEVICES CO., LTD.
900902	二纺B股	上海二纺机股份有限公司 SHANGHAI ER-FANGJI CO., LTD.
900903	大众B股	上海大众出租汽车股份有限公司 SHANG-HAI DAZHONG TAXI CO., LTD
900904	永生B股	上海永生制笔股份有限公司 SHANGHAI WINGSONG STATIONARY CO., LTD.
900905	中铅B股	中国第一铅笔股份有限公司 CHINA FIRST PENCIL CO., LTD.
900906	ST中纺B股	中国纺织机械股份有限公司 CHINA TEX-TILE MACHINERY STOCK CO., LTD.
900907	胶带B股	上海胶带股份有限公司 SHANGHAI RUB-BER BELT CO., LTD.
900908	氯碱B股	上海氯碱化工股份有限公司 SHANGHAI CHLOR – ALKAI CHEMICAL CO., LTD.
900909	轮胎B股	上海轮胎橡胶(集团)股份有限公司 SHANGHAI TIRE AND RUBBER CO., LTD.
900910	冰箱B股	上海冰箱压缩机股份有限公司 SHANGHAI REFRIGERATOR COMPRESSOR CO., LTD.
900911	金桥B股	上海市金桥出口加工区开发股份有限公司

续表

上海证券交易所 B 股上市公司名录
B – Share Corporations Listed in Shanghai Stock Exchange

股票代码	股票简称	公司名称
900912	外高 B 股	上海外高桥保税区开发股份有限公司 SHANGHAI OUTER GAOQIAO FREE TRADE ZONE DEVELOPMENT CO., LTD.
900913	联华 B 股	上海联华合纤股份有限公司 SHANGHAI LIANHUA FIBRE CORPORATION LTD.
900914	新锦 B 股	上海新锦江大酒店股份有限公司 SHANGHAI JINJIANG TOWER CO., LTD.
900915	ST 永久 B 股	上海永久自行车股份有限公司 SHANGHAI FOREVER BICYCLE CO., LTD.
900916	凤凰 B 股	上海凤凰自行车股份有限公司 SHANGHAI PHOENIX BICYCLE CO., LTD.
900917	海欣 B 股	上海海欣股份有限公司 SHANGHAI HAIXIN CO., LTD.
900918	耀皮 B 股	上海耀华皮尔金顿玻璃股份有限公司 SHANGHAI YAOHUA PUKINGTON GLASS CO., LTD.
900919	大江 B 股	上海大江(集团)股份有限公司 SHANGHAI DAJIANG (GROUP) STOCK CO., LTD.
900920	上柴 B 股	上海柴油机股份有限公司 SHANGHAI DIESEL ENGINE CO., LTD.
900921	英雄 B 股	上海英雄股份有限公司 SHANGHAI HERO CO., LTD.
900922	三毛 B 股	上海三毛纺织股份有限公司 SHANGHAI SANMAO TEXTILES CO., LTD.

上海证券交易所B股上市公司名录

B－Share Corporations Listed in Shanghai Stock Exchange

股票代码	股票简称	公司名称
900923	友谊B股	上海友谊华侨股份有限公司 SHANGHAI FRIENDSHIP OVERSEA CHINESE CO., LTD.
900924	上工B股	上海工业缝纫机股份有限公司 SHANGHAI INDUSTRIAL SEWING MACHINE CO., LTD.
900925	上菱B股	上海上菱电器股份有限公司 SHANGHAI SHANGLING ELECTRIC APPLIANCES CO., LTD.
900926	ST钢管B股	上海钢管股份有限公司 SHANGHAI STEEL TUBE CO., LTD.
900927	物贸B股	上海物资贸易中心股份有限公司 SHANGHAI GOODS & MATERIALS TRADE CENTER CO., LTD.
900928	自仪B股	上海自动化仪表股份有限公司
900929	国旅B股	中国泛旅实业发展股份有限公司 CHINA PAN TOUR INDUSTRIAL DEVELOPMENT CO., LTD.
900930	邮通B股	上海邮电通讯设备股份有限公司 SHANGHAI POSTS & TELECOMMUNICATIONS EQUIPMENT CO., LTD.
900931	PT水仙B	上海水仙电器实业股份有限公司 SHANGHAI NARCISSUS ELECTRIC APPLIANCES INDUSTRY CO., LTD.

续表

上海证券交易所B股上市公司名录
B – Share Corporations Listed in Shanghai Stock Exchange

股票代码	股票简称	公司名称
900932	陆家B股	上海市陆家嘴金融贸易区开发股份有限公司 SHANGHAI LUJIAZUI FINANCE & TRADE ZONE DEVELOPMENT CO., LTD.
900933	华新B股	华新水泥股份有限公司 HUAXIN CEMENT CO., LTD.
900934	新亚B股	新亚（集团）股份有限公司 XINYA (GROUP) CO., LTD.
900935	金泰B股	上海金泰股份有限公司 SHANGHAI JINTAI CO., LTD.
900936	鄂绒B股	内蒙古鄂尔多斯羊绒制品股份有限公司 INNER MONGOLIA ERDOS CASHMERE PRODUCT CO., LTD.
900937	龙电B股	黑龙江电力股份有限公司 HEILLONGJIANG ELECTRIC POWER CO., LTD.
900938	天海B股	天津海运股份有限公司 TIANJIN MARINE SHIPPING CO., LTD.
900939	汇丽B股	上海汇丽建材股份有限公司 SHANGHAI HUILI BUILDING MATERIAL CO., LTD.
900940	华源B股	上海华源股份有限公司 SHANGHAI HUAYUAN CO., LTD
900941	东信B股	东方通讯股份有限公司 EASTERN COMMUNICATIONS CO., LTD.
900942	黄山B股	黄山旅游股份有限公司 HUANGSHAN TOUR CO., LTD.

续表

上海证券交易所 B 股上市公司名录 B – Share Corporations Listed in Shanghai Stock Exchange		
股票代码	股票简称	公司名称
900943	开开 B 股	上海开开实业股份有限公司 SHANGHAI KAIKAI INDUSTRIAL CO., LTD.
900945	海航 B 股	海南航空股份有限公司 HAINAN AIRLINES CO., LTD.
900946	轻骑 B 股	济南轻骑摩托车股份有限公司 JINAN QINGQI MOTORCYCLE CO.,LTD
900947	振华 B 股	上海振华港口机械股份有限公司 SHANGHAI ZHENGHUA HARBOUR MACHINERY
900948	伊煤 B 股	内蒙古伊泰煤炭股份有限公司 INNER MONGOLIA YITAI COAL CO., LTD.
900949	东电 B 股	浙江东南发电股份有限公司 ZHEJIANG SOUTHEAST ELECTRIC POWER COMPANY LIMITED
900950	五菱 B 股	五菱股份有限公司 WULING CO., LTD.
900951	大化 B 股	大化股份有限公司 DAHUA CO., LTD.
900952	锦港 B 股	锦州港务(集团)股份有限公司 JINZHOU HARBOUR (GROUP) CO.,LTD
900953	凯马 B 股	华源凯马机械股份有限公司 WORLDBESTKAMAMACHINERYCO., LTD
900956	东贝 B 股	黄石东贝电器股份有限公司 Huangshi Dongbei Electrical Appliance Co., Ltd.

附录 3　深市 B 股最近三年盈利及股价表现

（截至 2001 年 2 月 22 日）

代码	公司简称	每股盈利			每股净资产	上市后最高价		上市后最低价		2000 年以来升跌	2000 年 2 月 19 日	
		2000 年中期	1999 年报	1998 年报		价格	时间	价格	时间		收市价	市盈率(%)
2002	深万科 B	0.18	0.42	0.41	4.49	11.00	1994.01.18	0.63	1993.06.03	59.28	4.73	12.41
2003	ST 金田 B	-0.22	-0.55	-0.82	0.09	10.40	1994.01.10	0.46	1999.03.10	21.74	1.40	
2011	ST 物业 B	0.02	0.08	0.02	0.33	16.55	1993.02.08	0.45	1999.03.10	82.50	2.19	29.59
2012	深南玻 B	0.12	-0.25	0.02	2.70	15.40	1993.12.14	0.44	1999.03.10	141.67	2.90	
2013	深石化 B	0.06	0.03	0.02	1.81	21.50	1992.05.19	0.55	1993.06.11	61.11	2.90	93.55
2015	PT 中浩 B	-0.38	-0.82	-2.29	-3.73	13.45	1992.06.25	0.27	1999.03.10			
2016	深康佳 B	0.22	0.91	1.10	6.57	23.00	1992.05.20	0.73	1993.06.23	-16.61	4.24	5.76
2017	ST 中华 B	-0.14	0.42	-1.36	0.30	20.00	1992.05.19	0.33	1999.03.10	16.07	1.21	3.09
2018	深中冠 B	0.02	0.06	0.02	1.80	12.00	1992.06.16	0.38	1993.06.25	42.20	3.10	55.36

续表

代码	公司简称	每股盈利			每股净资产	上市后最高价		上市后最低价		2000年以来升跌	2000年2月19日	
		2000年中期	1999年报	1998年报		价格	时间	价格	时间		收市价	市盈率(%)
2019	深深宝B	0.05	0.18	0.20	1.78	9.50	1993.02.10	0.38	1993.06.23	52.56	3.28	19.29
2020	深华发B	0.00	0.04	-0.18	1.09	10.00	1993.02.08	0.54	1993.06.02	156.86	2.62	79.39
2022	深赤湾B	0.10	0.19	0.14	2.85	8.00	1996.12.10	0.39	1993.05.10	34.58	3.10	18.13
2024	招商局B	0.18	0.40	0.32	4.45	9.20	1993.11.19	0.33	1993.06.25	14.37	3.98	10.70
2025	ST特力B	-0.38	-0.47	0.10	0.63	5.45	1996.12.10	0.51	1993.06.21	2.12	1.93	
2026	飞亚达B	0.03	0.13	0.21	2.36	8.00	1996.12.09	0.40	1993.06.25	64.74	2.74	23.42
2028	深益力B	0.07	0.13	0.09	2.20	6.88	1996.12.10	0.56	1999.01.27	205.47	3.35	49.26
2029	深深房B	0.02	0.10	-1.03	1.52	6.80	1996.12.10	0.45	1999.03.11	97.27	2.17	23.09
2030	ST英达B	-0.16	0.17	-1.42	0.04	6.60	1996.12.10	0.38	1999.03.05	139.51	1.94	12.13
2037	深南电B	0.15	0.33	0.22	1.82	7.09	1996.12.10	1.20	1996.05.22	90.77	3.46	12.01

续表

代码	公司简称	每股盈利			每股净资产	上市后最高价		上市后最低价		2000年以来升跌	2000年2月19日	
		2000年中期	1999年报	1998年报		价格	时间	价格	时间		收市价	市盈率(%)
2039	中 集 B	0.61	0.76	0.72	5.59	14.30	1997.05.12	1.88	1999.03.10	40.00	6.98	10.15
2041	深本实 B	0.00	-0.19	0.03	2.15	7.68	1996.12.11	0.95	1999.02.08	33.55	4.38	
2045	深纺织 B	0.08	0.13	-0.73	1.70	5.71	1996.12.10	0.63	1999.01.27	67.89	3.19	
2053	深基地 B	0.09	0.17	0.19	2.24	6.65	1996.12.10	0.75	1999.03.11	65.00	2.82	19.18
2054	深建摩 B	0.01	0.02	-1.57	1.03	6.10	1996.12.10	0.44	1999.03.11	72.16	1.67	111.33
2055	深方大 B	0.12	0.22	0.52	3.46	14.51	1997.08.15	1.00	1996.01.08	16.62	3.79	18.13
2056	深国商 B	0.02	0.14	0.01	1.91	7.20	1996.12.10	0.61	1999.03.03	73.24	2.40	19.05
2057	ST 大洋 B	-0.07	-0.58	0.01	0.19	6.50	1996.12.10	0.62	1999.11.05	101.23	1.63	
2058	深赛格 B	0.02	0.24	0.23	2.62	10.49	1997.05.06	1.20	1999.02.04	-11.34	2.32	11.54
2152	山 航 B	0.32				2.90	2001.01.02	1.82	2000.10.19		2.59	12.95

续表

代码	公司简称	每股盈利			每股净资产	上市后最高价		上市后最低价		2000年以来升跌	2000年2月19日	
		2000年中期	1999年报	1998年报		价格	时间	价格	时间		收市价	市盈率(%)
2160	帝贤B	0.55	0.39			4.98	2001.01.12	2.49	2000.09.29		4.33	17.32
2168	雷伊B	0.35	0.25			4.48	2001.01.04	3.10	2000.10.27		3.97	18.05
2413	宝石B	0.06	0.10	-0.62	1.19	7.30	1996.12.10	0.33	1999.02.09	150.00	2.00	21.98
2418	小天鹅B	0.31	0.57	0.62	5.56	15.28	1997.08.15	2.24	1998.08.12	0.96	3.95	7.84
2429	粤高速B	0.13	0.38	0.19	3.34	10.23	1997.04.10	1.30	1999.01.22	40.51	3.18	9.30
2468	宁通信B	0.02	0.00	0.06	2.28	4.50	1997.05.22	1.12	1999.05.06	46.34	3.00	750.00
2488	晨鸣B	0.32	0.45	0.33	3.85	8.64	1997.08.15	1.43	1999.03.11	47.40	4.26	10.05
2505	珠江B	-0.03	0.07	-0.52	1.01	5.70	1996.12.10	0.41	1999.01.26	101.79	2.24	33.94
2512	闽灿坤B	0.20	0.37	0.28	1.81	6.30	1994.01.05	0.88	1999.02.04	64.20	3.34	12.19
2513	丽珠B	0.02	0.01	0.13	2.98	7.67	1997.04.28	0.56	1999.03.10	52.57	2.6	534.00

续表

代码	公司简称	每股盈利			每股净资产	上市后最高价		上市后最低价		2000年以来升跌	2000年2月19日	
		2000年中期	1999年报	1998年报		价格	时间	价格	时间		收市价	市盈率(%)
2521	皖美菱B	0.01	0.17	0.20	3.40	10.00	1997.05.09	0.85	1999.02.05	35.98	2.23	14.39
2530	大冷B	0.10	0.20	0.20	3.13	3.06	1999.06.15	1.08	1999.03.11	44.97	2.35	13.06
2539	粤电力B	0.37	0.65	0.54	3.59	9.79	1997.04.18	1.59	1998.08.13	85.08	3.14	11.02
2541	粤照明B	0.25	0.57	0.54	4.15	8.50	1996.08.07	1.60	1998.08.13	30.79	4.52	9.85
2550	ST江铃B	0.01	-0.21	-0.06	1.84	5.75	1996.12.09	0.56	1996.07.15	40.00	1.96	
2553	沙隆达B	0.05	0.21	0.25	3.38	6.30	1997.05.15	1.10	1999.03.10	16.67	2.35	12.43
2570	苏常柴B	0.10	0.28	0.44	4.60	9.40	1997.05.12	1.34	1999.03.11	14.02	3.01	11.44
2581	苏威孚B	0.20	0.27	0.27	3.21	6.70	1996.12.10	1.40	1999.03.10	41.81	3.29	12.95
2596	古井贡B	0.21	0.63	0.60	4.64	13.00	1996.12.09	1.44	1996.10.11	54.07	4.98	8.41
2613	ST东海B	-0.14	-0.15	1.05		6.10	1996.12.10	0.45	1999.03.10	84.85	1.22	

续表

代码	公司简称	每股盈利			每股净资产	上市后最高价		上市后最低价		2000年以来升跌	2000年2月19日	
		2000年中期	1999年报	1998年报		价格	时间	价格	时间		收市价	市盈率(%)
2625	长安B	0.03	0.04	0.01	1.96	6.67	1996.12.10	0.52	1999.03.11	66.99	1.72	41.95
2706	瓦轴B	0.09	0.14	0.14	3.08	7.40	1997.04.22	0.78	1999.03.11	36.31	2.23	17.70
2725	京东方B	0.10	0.15	0.12	2.29	5.29	1997.08.25	0.68	1999.01.28	51.98	3.82	26.71
2726	鲁泰B	0.27	0.41	0.33	2.39	4.98	2001.01.10	1.10	1998.08.14	58.17	4.45	12.57
2761	本钢板B	0.18	0.29	0.26	2.90	3.16	1997.08.28	0.70	1999.03.10	41.67	1.87	7.42
2770	武锅B	0.00	0.01	0.08	1.66	2.00	1999.06.21	0.44	1999.03.09	48.65	1.65	183.33
2771	杭汽轮B	0.10	0.27	0.33	2.00	5.49	1999.06.29	1.13	1999.02.09	-19.18	2.88	11.95
2869	张裕B	0.30	0.41	0.35	2.81	4.95	2001.01.08	1.56	1998.08.12	59.93	4.40	12.19
2986	粤华包B	0.13	0.37	1.74		2.91	2000.08.22	1.99	2000.07.06		2.61	10.44
2992	中鲁B	0.40	0.67	1.97		3.75	2000.08.31	2.48	2000.07.24		3.38	10.56

附录4　沪市B股最近三年盈利及股价表现

（截至2001年2月22日）

代码	公司简称	每股盈利			每股净资产	上市后最高价		上市后最低价		2000年以来升跌幅（%）	2000年2月19日	
		2000年中期	1999年报	1998年报		价格	时间	价格	时间		收市价	市盈率
900901	真空B股	0.22	0.42	0.22	3.41	10.00	1992.05.26	0.08	1999.03.11	78.18	0.52	11.54
900902	二纺B股	-0.01	0.01	0.01	1.56	0.88	1993.02.24	0.04	1999.03.10	162.93	0.30	217.86
900903	大众B股	0.18	0.33	0.41	3.48	2.01	1997.06.03	0.24	1999.03.09	80.79	0.56	14.11
900904	永生B股	0.06	0.04	0.03	2.24	1.10	1993.02.24	0.08	1998.09.02	217.90	0.52	97.17
900905	中铅B股	0.05	0.06	0.26	1.83	0.70	1993.02.25	0.10	1999.03.09	131.88	0.37	56.21
900906	ST中纺B	-0.03	-0.49	-0.47	0.40	0.70	1993.02.24	0.05	1999.05.05	183.96	0.30	
900907	胶带B股	0.01	0.01	0.01	1.40	0.78	2001.01.02	0.07	1999.01.19	374.60	0.60	543.64
900908	氯碱B股	0.03	0.03	0.01	2.61	0.85	1993.01.15	0.04	1999.03.10	186.96	0.36	96.51
900909	轮胎B股	-0.29	0.00	0.17	2.11	1.25	1993.01.18	0.07	1999.03.09	211.40	0.35	887.50
900910	冰箱B股	0.09	0.03	0.00	2.35	7.20	1993.03.01	0.08	1999.03.11	191.04	0.3	106.85

续表

代码	公司简称	每股盈利			每股净资产	上市后最高价		上市后最低价		2000年以来升跌幅（%）	2000年2月19日	
		2000年中期	1999年报	1998年报		价格	时间	价格	时间		收市价	市盈率
900911	金桥B股	0.04	0.07	0.07	2.60	1.50	1993.12.15	0.10	1999.03.15	151.43	0.4	58.09
900912	外高B股	0.02	0.04	0.22	2.09	1.50	1993.12.15	0.14	1999.03.05	78.67	0.54	99.26
900913	联华B股	0.02	0.03	0.00	1.71	0.65	1994.01.10	0.07	1998.12.30	261.27	0.51	134.21
900914	新锦B股	0.00	0.00	0.03	3.01	1.16	1994.01.03	0.06	1999.03.10	162.50	0.36	
900915	ST永久B	-0.11	-1.28	-0.64	-0.32	0.70	1994.01.05	0.06	1999.03.08	202.94	0.31	
900916	凤凰B股	0.02	0.01	-0.41	1.93	0.92	1994.01.05	0.07	1999.01.26	299.09	0.44	313.57
900917	海欣B股	0.17	0.34	0.33	2.93	0.97	1993.12.08	0.15	1999.03.03	170.80	0.65	18.97
900918	耀皮B股	0.13	0.19	0.07	3.34	1.91	1994.02.14	0.04	1999.03.10	193.41	0.52	22.15
900919	大江B股	0.01	0.01	-0.20	1.44	0.70	1994.01.06	0.05	1999.03.10	230.70	0.38	314.17
900920	上柴B股	0.08	0.16	0.15	3.50	1.26	1994.09.07	0.09	1999.03.10	105.38	0.36	19.11
900921	英雄B股	0.03	0.04	0.18	2.15	0.60	1994.01.10	0.11	1999.03.08	107.98	0.39	75.19

续表

代码	公司简称	每股盈利			每股净资产	上市后最高价		上市后最低价		2000年以来升跌幅(%)	2000年2月19日	
		2000年中期	1999年报	1998年报		价格	时间	价格	时间		收市价	市盈率
900922	三毛B股	0.06	0.27	0.21	3.28	0.63	2001.01.02	0.07	1998.01.16	192.34	0.58	19.67
900923	友谊B股	0.10	0.18	0.21	2.19	0.83	1994.01.06	0.10	1999.03.08	223.72	0.49	22.63
900924	上工B股	0.04	0.02	0.01	2.55	0.69	1994.01.19	0.06	1999.03.10	172.15	0.43	159.26
900925	上菱B股	0.32	0.55	0.03	6.23	1.05	1995.09.12	0.09	1998.08.31	121.27	0.79	11.96
900926	ST钢管B	-0.12	-0.70	-0.29	1.14	0.51	2000.12.27	0.04	1999.03.10	284.17	0.46	
900927	物贸B股	0.00	-0.04	0.01		0.53	2001.01.03	0.06	1999.03.10	244.35	0.43	
900928	自仪B股	-0.03	-0.35	0.00	0.96	0.46	2001.01.02	0.07	1999.03.09	125.64	0.35	
900929	国旅B股	0.05	0.11	0.11	2.98	0.65	1997.05.06	0.13	1999.03.09	176.00	0.53	39.88
900930	邮通B股	0.01	0.04	0.04	1.73	0.70	1995.08.07	0.12	1999.03.03	155.43	0.47	97.92
900931	PT水仙B	-0.23	-0.83	-0.27	0.12	0.35	1996.12.10	0.05	1999.03.02			
900932	陆家B股	0.01	0.01	0.10	2.24	1.70	1997.05.06	0.22	1999.03.17	56.65	0.50	291.18

续表

代码	公司简称	每股盈利			每股净资产	上市后最高价		上市后最低价		2000年以来升跌幅（%）	2000年2月19日	
		2000年中期	1999年报	1998年报		价格	时间	价格	时间		收市价	市盈率
900933	华新B股	0.01	0.01	0.02	2.18	0.40	1996.12.11	0.06	1998.01.13	158.06	0.32	200.00
900934	新亚B股	0.09	0.21	0.19	2.19	0.65	1996.12.11	0.09	1998.08.13	162.16	0.39	16.43
900935	金泰B股	0.00	0.01	0.01	1.59	0.52	2000.12.25	0.05	1999.03.18	287.93	0.456	25.00
900936	鄂绒B股	0.15	0.26	0.19	3.62	1.12	1997.05.13	0.10	1999.03.09	139.82	0.51	16.11
900937	龙电B股	0.24	0.31	0.40	3.11	1.11	1997.08.27	0.21	1999.03.16	118.12	0.60	16.10
900938	天海B股	0.14	0.11	0.35	1.80	0.82	1997.08.29	0.12	1999.03.15	176.00	0.41	32.34
900939	汇丽B股	0.03	-0.04	0.22	1.78	0.53	2000.12.29	0.08	1999.03.05	270.77	0.48	
900940	华源B股	0.15	0.34	0.21	2.03	0.82	1997.08.27	0.10	1998.08.11	230.61	0.42	15.77
900941	东信B股	0.26	0.50	0.39	3.36	1.98	1997.08.22	0.32	1999.03.09	61.38	1.03	18.55
900942	黄山B股	0.08	0.28	0.33	2.35	1.32	1997.08.26	0.20	1998.08.05	49.18	0.53	15.34
900943	开开B股	0.09	0.13	0.14	2.24	0.56	2001.01.15	0.11	1999.04.23	229.38	0.51	31.62

续表

代码	公司简称	每股盈利			每股净资产	上市后最高价		上市后最低价		2000年以来升跌幅（%）	2000年2月19日	
		2000年中期	1999年报	1998年报		价格	时间	价格	时间		收市价	市盈率
900945	海航B股	0.04	0.20	0.20	3.03	0.78	1997.08.27	0.14	1998.08.11	46.25	0.42	19.33
900946	轻骑B股	0.00	0.02	0.35	3.08	0.63	1997.06.17	0.12	2000.03.16	93.84	0.28	117.92
900947	振华B股	0.14	0.24	0.26	2.38	1.14	1997.08.28	0.20	1998.08.13	116.06	0.56	23.65
900948	伊煤B股	0.01	0.02	0.06	2.13	0.69	1997.08.27	0.08	1999.03.10	170.69	0.31	144.70
900949	东电B股	0.18	0.41	0.41	2.65	0.49	1999.06.30	0.14	1999.03.03	98.75	0.44	8.90
900950	五菱B股	0.00	0.02	0.10	1.83	0.52	1997.10.16	0.09	1999.03.11	161.03	0.30	163.54
900951	大化B股	0.04	-0.11	0.03	2.00	0.40	2001.01.05	0.08	1999.04.22	188.79	0.34	
900952	锦港B股	0.07	0.23	0.20	2.18	0.53	2001.01.10	0.13	1999.04.30	128.30	0.48	17.41
900953	凯马B股	0.06	0.13	0.25	2.04	0.37	2001.01.02	0.12	1999.03.17	96.47	0.33	21.27
900955	茉织华B	0.21	0.31	0.42	1.91	0.78	2001.01.02	0.22	1999.05.21	74.52	0.70	18.56
900956	东贝B股	0.06	0.13		1.54	0.39	2001.01.02	0.15	2000.03.09	73.16	0.33	20.64
900957	凌云B股	0.23	0.55		1.56	0.47	2000.12.26	0.30	2000.07.28		0.43	13.71

附录 5　深沪 B 股基本情况对照表

序号	代码	公司简称	行业属性	每股盈利			2000.6.30 每股净资产(元)	上市后最高价		上市后最低价		2000 年以来升跌幅(%)	2000 年 2 月 19 日	
				2000 年中期	1999 年	1998 年		价格	时间	价格	时间		收市价	市盈率
1	2002	深万科 B	房地产	0.18	0.42	0.407	4.49	11	1994.01.18	0.63	1993.06.03	59.28	4.73	12.41
2	2003	ST 金田 B	房地产	-0.215	-0.546	-0.819	0.09	10.4	1994.01.10	0.46	1999.03.10	21.74	1.4	—
3	2011	ST 物业 B	房地产	0.0195	0.079	0.024	0.33	16.55	1993.02.08	0.45	1999.03.10	82.5	2.19	29.59
4	2012	深南玻 B	玻璃	0.1185	-0.25	0.02	2.7	15.4	1993.12.14	0.44	1999.03.10	141.67	2.9	—
5	2013	深石化 B	石油化工	0.06	0.033	0.021	1.81	21.5	1992.05.19	0.55	1993.06.11	61.11	2.9	93.55
6	2015	PT 中浩 B	综合	-0.38	-0.82	-2.295	-3.73	13.45	1992.06.25	0.27	1999.03.10	—	—	—
7	2016	深康佳 B	彩电	0.2239	0.9091	1.1022	6.57	23	1992.05.20	0.73	1993.06.23	-16.61	4.24	5.76
8	2017	ST 中华 B	自行车	-0.135	0.417	-1.363	0.3	20	1992.05.19	0.33	1999.03.10	116.07	1.21	3.09
9	2018	深中冠 B	纺织	0.023	0.06	0.02	1.8	12	1992.06.16	0.38	1993.06.25	42.2	3.1	55.36
10	2019	深深宝 B	饮料	0.051	0.181	0.197	1.78	9.5	1993.02.10	0.38	1993.06.23	52.56	3.28	19.29
11	2020	深华发 B	家用电器	-0.0027	0.035	-0.18	1.09	10	1993.02.08	0.54	1993.06.02	156.86	2.62	79.39
12	2022	深赤湾 B	港口服务	0.103	0.19	0.145	2.85	8	1996.12.10	0.39	1993.05.10	34.58	3.1	18.13

续表

序号	代码	公司简称	行业属性	每股盈利			2000.6.30每股净资产(元)	上市后最高价		上市后最低价		2000年以来升跌幅(%)	2000年2月19日	
				2000年中期	1999年	1998年		价格	时间	价格	时间		收市价	市盈率
13	2024	招商局B	港口服务	0.181	0.403	0.316	4.45	9.2	1993.11.19	0.33	1993.06.25	14.37	3.98	10.7
14	2025	ST特力B	机械制造	-0.38	-0.47	0.1	0.63	5.45	1996.12.10	0.51	1993.06.21	2.12	1.93	—
15	2026	飞亚达B	仪器仪表	0.0298	0.133	0.205	2.36	8	1996.12.09	0.4	1993.06.25	64.74	2.74	23.42
16	2028	深益力B	饮料	0.066	0.129	0.088	2.2	6.88	1996.12.10	0.56	1999.01.27	205.47	3.35	49.26
17	2029	深深房B	房地产	0.018	0.1	-1.03	1.52	6.8	1996.12.10	0.45	1999.03.11	97.27	2.17	23.09
18	2030	ST英达B	综合	-0.1642	0.17	-1.42	0.04	6.6	1996.12.10	0.38	1999.03.05	139.51	1.94	12.13
19	2037	深南电B	热电	0.154	0.33	0.22	1.82	7.09	1996.12.10	1.2	1996.05.22	90.77	3.46	12.01
20	2039	中集B	集装箱制造	0.606	0.757	0.722	5.59	14.3	1997.05.12	1.88	1999.03.10	40	6.98	10.15
21	2045	深纺织B	纺织	0.08	0.127	-0.729	1.7	5.71	1996.12.10	0.63	1999.01.27	67.89	3.19	—
22	2055	深圳方大B	建材	0.123	0.224	0.516	3.46	14.51	1997.08.15	1	1996.01.08	16.62	3.79	18.13
23	2056	深国商B	百货	0.0197	0.1368	0.0107	1.91	7.2	1996.12.10	0.61	1999.03.03	73.24	2.4	19.05
24	2058	深赛格B	电子元器件	0.021	0.239	0.23	2.62	10.49	1997.05.06	1.2	1999.02.04	-11.34	2.32	11.54

续表

序号	代码	公司简称	行业属性	每股盈利			2000.6.30每股净资产(元)	上市后最高价		上市后最低价		2000年以来升跌幅(%)	2000年2月19日	
				2000年中期	1999年	1998年		价格	时间	价格	时间		收市价	市盈率
25	2413	宝石B	显像管玻壳	0.0608	0.0969	-0.618	1.19	7.3	1996.12.10	0.33	1999.02.09	150	2	21.98
26	2418	小天鹅B	白色家电	0.3135	0.5735	0.6155	5.56	15.28	1997.08.15	2.24	1998.08.12	0.96	3.95	7.84
27	2429	粤高速B	公路运输	0.1314	0.38	0.19	3.34	10.23	1997.04.10	1.3	1999.01.22	40.51	3.18	9.3
28	2488	晨鸣B	造纸	0.317	0.452	0.334	3.85	8.64	1997.08.15	1.43	1999.03.11	47.4	4.26	10.05
29	2505	珠江B	房地产	-0.034	0.07	-0.524	1.01	5.7	1996.12.10	0.41	1999.01.26	101.79	2.24	33.94
30	2513	丽珠B	制药	0.02	0.005	0.13	2.98	7.67	1997.04.28	0.56	1999.03.10	52.57	2.67	534
31	2521	皖美菱B	白色家电	0.005	0.165	0.2	3.4	10	1997.05.09	0.85	1999.02.05	35.98	2.23	14.39
32	2530	大冷B	制冷设备	0.1	0.203	0.202	3.13	3.06	1999.06.15	1.08	1999.03.11	44.97	2.35	13.06
33	2539	粤电力B	电力开发	0.37	0.648	0.538	3.59	9.79	1997.04.18	1.59	1998.08.13	85.08	3.14	11.02
34	2541	粤照明B	照明设备	0.249	0.574	0.536	4.15	8.5	1996.08.07	1.6	1998.08.13	30.79	4.52	9.85
35	2550	ST江铃B	汽车	0.006	-0.212	-0.058	1.84	5.75	1996.12.09	0.56	1996.07.15	40	1.96	—
36	2553	沙隆达B	农用化工	0.0469	0.21	0.247	3.38	6.3	1997.05.15	1.1	1999.03.10	16.67	2.35	12.43

续表

序号	代码	公司简称	行业属性	每股盈利			2000.6.30每股净资产(元)	上市后最高价		上市后最低价		2000年以来升跌幅(%)	2000年2月19日	
				2000年中期	1999年	1998年		价格	时间	价格	时间		收市价	市盈率
37	2570	苏常柴B	机械制造	0.1	0.28	0.44	4.6	9.4	1997.05.12	1.34	1999.03.11	14.02	3.01	11.44
38	2581	苏威孚B	汽车配件	0.2	0.27	0.27	3.21	6.7	1996.12.10	1.4	1999.03.10	41.81	3.29	12.95
39	2596	古井贡B	制酒	0.209	0.63	0.6	4.64	13	1996.12.09	1.44	1996.10.11	54.07	4.98	8.41
40	2613	ST东海B	旅游	—	-0.14	-0.15	1.05	6.1	1996.12.10	0.45	1999.03.10	84.85	1.22	—
41	2625	长安B	汽车	0.028	0.044	0.014	1.96	6.67	1996.12.10	0.52	1999.03.11	66.99	1.72	41.95
42	2725	京东方B	电子元器件	0.102	0.152	0.124	2.29	5.29	1997.08.25	0.68	1999.01.28	51.98	3.82	26.71
43	2726	鲁泰B	纺织	0.27	0.41	0.33	2.39	4.98	2001.01.10	1.1	1998.08.14	58.17	4.45	12.57
44	2761	本钢板B	钢铁	0.1804	0.2928	0.2619	2.9	3.16	1997.08.28	0.7	1999.03.10	41.67	1.87	7.42
45	2869	张裕B	酿酒	0.296	0.405	0.35	2.81	4.95	2001.01.08	1.56	1998.08.12	59.93	4.4	12.19
46	2041	深本实B	电子产品	0.0014	-0.19	0.0315	2.15	7.68	1996.12.11	0.95	1999.02.08	33.55	4.38	—
47	2053	深基地B	港口服务	0.088	0.165	0.189	2.24	6.65	1996.12.10	0.75	1999.03.11	65	2.82	19.18
48	2054	深建摩B	摩托车	0.005	0.016	-1.57	1.03	6.1	1996.12.10	0.44	1999.03.11	72.16	1.67	111.33

续表

序号	代码	公司简称	行业属性	每股盈利			2000.6.30每股净资产(元)	上市后最高价		上市后最低价		2000年以来升跌幅(%)	2000年2月19日	
				2000年中期	1999年	1998年		价格	时间	价格	时间		收市价	市盈率
49	2057	ST大洋B	交通运输	-0.065	-0.582	0.009	0.19	6.5	1996.12.10	0.62	1999.11.05	101.23	1.63	—
50	2152	山航B	航运	—	0.32	—	—	2.9	2001.01.02	1.82	2000.10.19	—	2.59	12.95
51	2160	帝贤B	纺织	—	0.547	0.385	—	4.98	2001.01.12	2.49	2000.09.29	—	4.33	17.32
52	2168	雷伊B	商贸	—	0.35	0.25	—	4.48	2001.01.04	3.1	2000.10.27	—	3.97	18.05
53	2468	宁通信B	通信设备	0.024	0.004	0.056	2.28	4.5	1997.05.22	1.12	1999.05.06	46.34	3	750
54	2512	闽灿坤B	日用电器	0.204	0.37	0.28	1.81	6.3	1994.01.05	0.88	1999.02.04	64.2	3.34	12.19
55	2706	瓦轴B	机械制造	0.087	0.137	0.145	3.08	7.4	1997.04.22	0.78	1999.03.11	36.31	2.23	17.7
56	2770	武锅B	机械制造	0.0041	0.0076	0.0799	1.66	2	1999.06.21	0.44	1999.03.09	48.65	1.65	183.33
57	2771	杭汽轮B	机械制造	0.1	0.27	0.33	2	5.49	1999.06.29	1.13	1999.02.09	-19.18	2.88	11.95
58	2986	粤华包B	造纸	0.1327	0.37	—	1.74	2.91	2000.08.22	1.99	2000.07.06	—	2.61	10.44
59	2992	中鲁B	农林牧渔	0.399	0.67	—	1.97	3.75	2000.08.31	2.48	2000.07.24	—	3.38	10.56
60	900942	黄山B股	旅游	0.083	0.284	0.33	2.35	1.32	1997.08.26	0.2	1998.08.05	49.18	0.526	15.34

续表

序号	代码	公司简称	行业属性	每股盈利			2000.6.30	上市后最高价		上市后最低价		2000年以来升跌幅(%)	2000年2月19日	
				2000年中期	1999年	1998年	每股净资产(元)	价格	时间	价格	时间		收市价	市盈率
61	900940	华源B股	化纤	0.15	0.34	0.21	2.03	0.822	1997.08.27	0.104	1998.08.11	230.61	0.421	15.77
62	900952	锦港B股	港口服务	0.074	0.23	0.203	2.18	0.528	2001.01.10	0.128	1999.04.30	128.3	0.484	17.41
63	900945	海航B股	航空服务	0.039	0.2	0.2	3.03	0.78	1997.08.27	0.138	1998.08.11	46.25	0.42	19.33
64	900947	振华B股	机械制造	0.143	0.244	0.26	2.38	1.14	1997.08.28	0.2	1998.08.13	116.06	0.564	23.65
65	900901	真空B股	电子元器件	0.215	0.422	0.215	3.41	10	1992.05.26	0.08	1999.03.11	78.18	0.523	11.54
66	900902	二纺B股	纺织机械	-0.01	0.012	0.008	1.56	0.88	1993.02.24	0.038	1999.03.10	162.93	0.305	217.86
67	900906	ST中纺B股	纺织机械	-0.0315	-0.493	-0.474	0.4	0.7	1993.02.24	0.05	1999.05.05	183.96	0.301	—
68	900903	大众B股	公路运输	0.18	0.33	0.41	3.48	2.008	1997.06.03	0.24	1999.03.09	80.79	0.563	14.11
69	900905	中铅B股	文体用品	0.0476	0.055	0.26	1.83	0.7	1993.02.25	0.1	1999.03.09	131.88	0.371	56.21
70	900904	永生B股	文体用品	0.0595	0.0436	0.0263	2.24	1.1	1993.02.24	0.08	1998.09.02	217.9	0.515	97.17
71	900907	胶带B股	塑胶化工	0.0106	0.009	0.006	1.4	0.777	2001.01.02	0.072	1999.01.19	374.6	0.598	543.64
72	900913	联华B股	化纤	0.023	0.0314	0.0032	1.71	0.65	1994.01.10	0.07	1998.12.30	261.27	0.51	134.21

续表

序号	代码	公司简称	行业属性	每股盈利			2000.6.30 每股净资产(元)	上市后最高价		上市后最低价		2000年以来升跌幅（%）	2000年2月19日	
				2000年中期	1999年	1998年		价格	时间	价格	时间		收市价	市盈率
73	900908	氯碱B股	化工	0.025	0.034	0.0065	2.61	0.85	1993.01.15	0.036	1999.03.10	186.96	0.359	96.51
74	900910	冰箱B股	制冷设备	0.089	0.027	0.003	2.35	7.2	1993.03.01	0.076	1999.03.11	191.04	0.39	106.85
75	900909	轮胎B股	塑胶化工	-0.2912	0.0029	0.169	2.11	1.25	1993.01.18	0.066	1999.03.09	211.4	0.355	887.5
76	900931	PT水仙B	白色家电	-0.2253	-0.834	-0.271	0.12	0.35	1996.12.10	0.048	1999.03.02	—	—	—
77	900911	金桥B股	开发区经营	0.044	0.075	0.069	2.6	1.5	1993.12.15	0.096	1999.03.15	151.43	0.481	58.09
78	900912	外高B股	开发区经营	0.016	0.045	0.216	2.09	1.5	1993.12.15	0.136	1999.03.05	78.67	0.536	99.26
79	900914	新锦B股	酒店	0.001	0.0002	0.026	3.01	1.16	1994.01.03	0.062	1999.03.10	162.5	0.357	—
80	900932	陆家B股	开发区经营	0.014	0.014	0.1	2.24	1.7	1997.05.06	0.218	1999.03.17	56.65	0.495	291.18
81	900916	凤凰B股	自行车	0.0236	0.0117	-0.406	1.93	0.918	1994.01.05	0.066	1999.01.26	299.09	0.439	313.57
82	900930	邮通B股	通信设备	0.013	0.04	0.036	1.73	0.7	1995.08.07	0.124	1999.03.03	155.43	0.47	97.92
83	900922	三毛B股	纺织	0.057	0.273	0.212	3.28	0.63	2001.01.02	0.07	1998.01.16	192.34	0.58	19.67
84	900919	大江B股	畜牧业	0.0116	0.01	-0.196	1.44	0.7	1994.01.06	0.046	1999.03.10	230.7	0.377	314.17

续表

序号	代码	公司简称	行业属性	每股盈利			2000.6.30 每股净资产(元)	上市后最高价		上市后最低价		2000年以来升跌幅(%)	2000年2月19日	
				2000年中期	1999年	1998年		价格	时间	价格	时间		收市价	市盈率
85	900946	轻骑B股	摩托车	0.002	0.02	0.35	3.08	0.626	1997.06.17	0.12	2000.03.16	93.84	0.283	117.92
86	900937	龙电B股	电力开发	0.241	0.31	0.4	3.11	1.11	1997.08.27	0.206	1999.03.16	118.12	0.602	16.1
87	900938	天海B股	水上运输	0.1407	0.1063	0.352	1.8	0.82	1997.08.29	0.122	1999.03.15	176	0.414	32.34
88	900934	新亚B股	酒店	0.0928	0.213	0.189	2.19	0.65	1996.12.11	0.094	1998.08.13	162.16	0.388	16.43
89	900941	东信B股	通信设备	0.264	0.5	0.39	3.36	1.98	1997.08.22	0.318	1999.03.09	61.38	1.027	18.55
90	900933	华新B股	水泥	0.012	0.013	0.021	2.18	0.4	1996.12.11	0.056	1998.01.13	158.06	0.32	200
91	900915	ST永久B	自行车	-0.11	-1.28	-0.6385	-0.32	0.7	1994.01.05	0.058	1999.03.08	202.94	0.309	—
92	900918	耀皮B股	玻璃	0.134	0.193	0.07	3.34	1.91	1994.02.14	0.042	1999.03.10	193.41	0.516	22.15
93	900927	物贸B股	商贸	0.0008	-0.038	0.012	—	0.528	2001.01.03	0.056	1999.03.10	244.35	0.427	—
94	900923	友谊B股	百货	0.1	0.18	0.21	2.19	0.828	1994.01.06	0.1	1999.03.08	223.72	0.491	22.63
95	900925	上菱B股	白色家电	0.324	0.545	0.032	6.23	1.05	1995.09.12	0.09	1998.08.31	121.27	0.787	11.96
96	900920	上柴B股	机械制造	0.077	0.158	0.152	3.5	1.262	1994.09.07	0.09	1999.03.10	105.38	0.365	19.11

续表

序号	代码	公司简称	行业属性	每股盈利			2000.6.30每股净资产(元)	上市后最高价		上市后最低价		2000年以来升跌幅(%)	2000年2月19日	
				2000年中期	1999年	1998年		价格	时间	价格	时间		收市价	市盈率
97	900924	上工B股	机械制造	0.0412	0.0227	0.01	2.55	0.69	1994.01.19	0.058	1999.03.10	172.15	0.43	159.26
98	900921	英雄B股	文体用品	0.026	0.043	0.176	2.15	0.6	1994.01.10	0.106	1999.03.08	107.98	0.391	75.19
99	900926	ST钢管B	钢铁	-0.12	-0.7	-0.286	1.14	0.512	2000.12.27	0.036	1999.03.10	284.17	0.461	—
100	900928	自仪B股	仪器仪表	-0.027	-0.351	0.0039	0.96	0.464	2001.01.02	0.068	1999.03.09	125.64	0.352	—
101	900917	海欣B股	纺织	0.167	0.343	0.328	2.93	0.97	1993.12.08	0.15	1999.03.03	170.8	0.646	18.97
102	900929	国旅B股	旅游	0.05	0.11	0.11	2.98	0.648	1997.05.06	0.126	1999.03.09	176	0.53	39.88
103	900935	金泰B股	机械制造	0.0013	0.006	0.006	1.59	0.522	2000.12.25	0.054	1999.03.18	287.93	0.45	625
104	900936	鄂绒B股	纺织	0.15	0.26	0.19	3.62	1.124	1997.05.13	0.096	1999.03.09	139.82	0.506	16.11
105	900939	汇丽B股	建材	0.028	-0.043	0.217	1.78	0.528	2000.12.29	0.078	1999.03.05	270.77	0.482	—
106	900943	开开B股	服装	0.092	0.134	0.14	2.24	0.564	2001.01.15	0.108	1999.04.23	229.38	0.512	31.62
107	900948	伊煤B股	煤炭生产	0.014	0.018	0.0577	2.13	0.688	1997.08.27	0.084	1999.03.10	170.69	0.314	144.7
108	900949	东电B股	电力开发	0.18	0.41	0.41	2.65	0.486	1999.06.30	0.142	1999.03.03	98.75	0.441	8.9

续表

序号	代码	公司简称	行业属性	每股盈利			2000.6.30 每股净资产(元)	上市后最高价		上市后最低价		2000年以来升跌幅(%)	2000年2月19日	
				2000年中期	1999年	1998年		价格	时间	价格	时间		收市价	市盈率
109	900950	五菱B股	机械制造	0.0038	0.018	0.1	1.83	0.52	1997.10.16	0.092	1999.03.11	161.03	0.296	163.54
110	900951	大化B股	无机化工	0.039	-0.114	0.027	2	0.4	2001.01.05	0.076	1999.04.22	188.79	0.335	—
111	900953	凯马B股	汽车配件	0.06	0.13	0.25	2.04	0.369	2001.01.02	0.12	1999.03.17	96.47	0.334	21.27
112	900955	茉织华B	服装	0.21	0.31	0.42	1.91	0.778	2001.01.02	0.222	1999.05.21	74.52	0.695	18.56
113	900956	东贝B股	机械制造	0.062	0.132	—	1.54	0.385	2001.01.02	0.148	2000.03.09	73.16	0.329	20.64
114	900957	凌云B股	建材	0.225	0.55	—	1.56	0.47	2000.12.26	0.296	2000.07.28	—	0.431	13.71

附录6　深沪市含B股上市公司增发情况一览

代码	简称	股份	发行时间	筹资	资金投向
2016	深康佳	A: 8000	1999.11.01-04	120 049.5	1.投资5亿元于高清晰度彩电；2.投资2 500万美元发展数字移动电话；3.投资11 000万元于重庆康佳与印度康佳。
2024	深招港	A:8000	2000.02.04-08	60 000	1.出资26 500万元向蛇口工业区收购所持招商石化50%的股权；2.用于支付资产置换的差额12 262万元；3.偿还外汇贷款21 961.8万元。

续表

代码	简称	股份	发行时间	筹资	资金投向
2488	晨鸣 B	A:7000			全部用于建设 15.3 万吨高档铜版纸项目。
2512	闽灿坤 B	B:5000			用于改造厂房及引进新世代家电制造及生产设备,改造生产线等。
2541	佛山照明	A:5500			1.投资 38 800 万元左右开发、引进细管高效节能 T8、T5 直管荧光灯、Φ 20 细管径双环管节能荧光灯生产线以及与之配套的灯具生产线;2.投资 21 300 万元建设上述主体项目的配套工程; 3.销售网络的建设、补充生产流动资金以及设备运输和安装等需要资金 5500 万元。
2550	江铃	B:17000	1998.10	HK $ 54 449.5	1.支付全顺系列换代汽车车型的开发及准备工作的部分费用;2.补充流动资金以供购买全顺系列换代汽车零件;3.补充本公司营运流动资金;4.降低本公司之负债杠杆比率,以改进公司资本结构。
2725	京东方 B	A:6000			1.投资 2 589.6 万元用于北京东方冠捷电子有限公司增资;2.投资 6 900 万元用于移动电脑生产线技改项目;3.投资 10 000 万元用于北京城市交通"一卡通"系统开发技术创新项目;4.投资 19 000万元用于京东方电子商务项目 IT 产品专业电子市场、物流配送系统及网上交易平台的建设;5.投资 13 890 万元用于北京松下纯平彩管生产线结构改造项目。

续表

代码	简称	股份	发行时间	筹资	资金投向
2726	鲁泰 B	A:6000			1 新建年产色织布 3 300 万米的项目:计划总投资 19 880 万元,其中固定资产投资 16 880 万元,流动资金 3 000 万元; 2.新建年加工能力为 4 500 万米的色织布后整理项目:计划总投资 15 630 万元,其中固定资产投资 15 130 万元,流动资金 500 万元; 3.计划投资 15 000 万元收购一家 4 万锭左右的纺纱工厂; 4.补充企业营运资金 7 000 万元。
2869	张裕 B	A:4000			1 投资 27 050 万元用于新增 3 万吨中高档葡萄酒项目;2 投资 9 125 万元用于营销系统改扩建项目;3 投资 1 000 万元用于国家级技术中心建设项目;4 补充营运资金 1.2 亿元左右。
900901	真空电子	A:12900	1999.12.02 – 08	127 812	1.STN – LCD 项目投资 10 400 万元;2.上永彩管增加投资 10 300 万元;3.索广映像注资 2 129 万元;4.PDP 项目投资 11 952 万元;5.旭电子公司增加投资 4 500 万元;6.T5 荧光灯项目投资 19 560 万元;7.VFD 项目投资 15 500 万元;8.微波硫灯项目投资 2 193 万元。
900917	海欣股份	A:6000			1.投资组建江苏海欣生物医药工程公司; 2.投资组建西安美辰股份有限公司; 3.与上海东华大学合作设立上海海欣科技开发有限公司; 4.合资组建广东海欣珠江长毛绒有限公司; 5.投资组建上海海欣出口保税加工基地。

续表

代码	简称	股份	发行时间	筹资	资金投向
900922	上海三毛	A:5000	1998.07.24－28	15 148	1.投资上海春明粗纺厂高档羊绒服装面料技术改造项目1997万元;2.部分毛纺织染色及后整理设备技术改造项目投资4195万元;3.在全国建立销售网项目投资2000万元;4.建立国际销售服务网络项目投资3000万元;5.投资建立中日合资上海花菱服装有限公司项目400万元;6.参股“上海春竹企业发展有限公司”项目120万元;7.收购德明毛纺织厂项目投资2077万元;8.收购上海第二毛纺织厂东沟分厂部分权益项目投资1000万元;9.补充流动资金投资359万元。
900925	上菱电器	A:12000	1999.06.18	141 600	1. 向上海电气(集团)总公司收购其在上海电气集团通用冷冻空调设备有限公司的63.42%股权,向上海电气实业公司收购其在上海通用冷冻空调设备有限公司的36.58%,收购总额为26573万元;2. 向上海电气(集团)总公司收购其在上海电气集团印刷包装机械有限公司的75.55%股权,向上海电气实业公司收购其在上海电气集团印刷包装机械有限公司的24.45%股权,收购总额为2 4845万元;3. 投资6 972万元,与上海人造板机器厂共同出资组建上海新绿人造板制造有限公司;4. 投资2 7467万元,向上海真空电子器件股份有限公司受让上海永新彩色显象管有限公司15%股权;5. 投资9 000万元,以47.87%之比例与上海长江计算机(集团)公司共同组建上海长江计算机系统工程有限公司;

续表

代码	简称	股份	发行时间	筹资	资　金　投　向
900925	上菱电器	A:12000	1999.6.18	141600	6. 投资 1 960 万元，以 49%的参股比例与上海东海电脑股份有限公司共同组建上海东海光驱有限公司；7. 投资 3 000 万元，参股宁波华信模塑制造公司 37.5%的股份；8. 投资 8 000 万元，参股组建上海富叶时代通讯有限公司，投资比例 35%；9. 补充流动资金 18 000 万元。
900933	华新水泥	B:7700	1999.3	USD1 909.1797	全部投入公司日产 4 000 吨水泥熟料干法生产线（五号窑）技术改造项目。
900934	新亚股份	A:5000			1.收购上海新亚大包有限公司 40%股权并增资项目；2.投资组建上海新亚厨房食品加工配送有限公司；3.设立上海新亚绿色厨房工程有限公司"新亚小厨"项目；4.补充流动资金
900937	龙电股份	A:8000			主要用于收购牡丹江第二发电厂＃7 机组 75%的产权。
900941	东方通信	A:8000	2000.09	126000	1. 杭州摩托罗拉移动电话用户机有限公司增资项目；2. 杭州摩托罗拉移动电话系统有限公司增资项目；3. 数字移动通信手机开发中心、生产线建设项目；4. 数字移动通信手机国产化生产线技术改造项目；5. 收购广州邮电通信设备有限公司；6. 补充营运资金。

续表

代码	简称	股份	发行时间	筹资	资金投向
900943	开开B股	A:6000			1.收购上海开开(集团)有限公司持有的上海雷允上药业西区有限公司45.66%股权并向雷允上药业增资,用于整合雷允上药业的药品销售网络,并对下属企业上海静安制药有限公司实施GMP改造;2.投资控股河南援生制药股份有限公司;3.采用协议方式全资收购上海其胜生物制剂实业总公司;4.组建上海开开药物研发中心;5.补充营运资金3000万元左右。
900945	海航B股	A:20500	1999.10.11	92820	1. 偿还入股组建海口美兰机场有限责任公司的银行贷款;2. 三架波音767-300飞机的引进项目。
900947	振华B股	A:9000			1.投资16 000万元用于填平补缺、改进生产中的落后环节、扩大生产能力;2.投资1000万元用于港口机械新技术的开发和新产品的研制;3.投资6000万元用于向上海振华船运有限公司增加出资;4.投资11000万元用于开展自产产品的国际经营性租赁业务;5.拟以15000万元补充流动资金。
900953	凯马B股				募集资金用于内燃机、农用车、拖拉机的技改项目。

续表

代码	简称	股份	发行时间	筹资	资金投向
900955	茉织华 B	A:10000			1.投资人民币 20000 万元在北京经济技术开发区内投资建设燃油税发票、银行存折、存单等金融票据印刷项目；2.出资人民币约 6000 万元,采用协议方式收购自然人顾建国拥有的上海金茂印务有限公司 25.79%的权益；3.投资 20000 万元用于上海金茂印务有限公司改扩建项目；4.出资人民币约 3000 万元,采用协议方式收购日本松冈株式会社及日本野崎工业株式会社持有的浙江茉织华印务有限公司 25%的权益；5.投资 9960 万元用于浙江茉织华印务有限公司印刷纸版箱、彩印包装、服装吊牌、宣传资料的扩大再生产；6.投资人民币 12000 万元新建上海茉织华股份有限公司南汇分公司项目；7.投资人民币 12000 万元用于浙江平湖市茉织华工业城出口西服项目；8.投资 6000 万元人民币用于浙江平湖市茉织华工业城年产 330 万条裤子项目；9.投资 5000 万元人民币用于上海茉织华股份有限公司服饰分公司扩建项目；10.投资 7020 万元人民币用于浙江平湖市茉织华工业城年产 50 万套汽车座椅和椅套项目；11.投资 2000 万元人民币用于浙江平湖市茉织华工业城服装水洗、漂染等后整理项目；12.投资 2980 万元用于茉织华工业城一期基础设施建设项目。

附录 7　上海证券交易所 B 股上市公司历年分红派息情况

序号	公司简称	1992 年度	1993 年度	1994 年度	1995 年度	1996 年度	1997 年度	1998 年度
1	真空 B 股	十送 1 派 2 元	十送 1 派 1 元	十送 2	十送 1	不分红	10 送 1.5 转增 0.5	不分红
2	二纺 B 股	十送 4 派 1 元	十派 1 元	十送 1	十送 1	十转增 1	不分红	不分红
3	大众 B 股	十送 1	十派 2 元	十派 2.2 元	十派 2.4 元	十送 3.5 转增 6.5	不分红	不分红
4	永生 B 股	十送 2	十派 1.5 元	十派 1.6 元	十送 1.5	十送 1.5	十转增 1.5	不分红
5	中铅 B 股	十送 2	十送 1 派 2 元	十送 2 派 2 元	十转增 1 派 2.2	十派 1.6 元	十派 1 元	十送 2 转 1
6	中纺 B 股	十送 2	十送 3	不分红	不分红	十转增 1	不分红	不分红
7	胶带 B 股	十送 2	十送 1	不分红	十派 0.5 元	十送 1.5	十转增 1	不分红
8	氯碱 B 股	十派 1 元	十派 1.5 元	十派 1.5 元	十派 1.5 元	十送 1 派 0.6 元	不分红	不分红
9	轮胎 B 股	十送 3	十派 1 元	十派 1 元	不分红	十派 1.5 元	十转增 1	不分红
10	冰箱 B 股		十派 2.6 元	十送 3	十送 2 派 0.6 元	十送 3	不分红	不分红
11	金桥 B 股		十派 3.4 元	十派 3.3 元	十派 0.6 元	十派 1 元	十派 0.85 元	不分红
12	外高 B 股		十送 5	十派 2.8 元	十派 1 元	十派 1 元	不分红	十送 1
13	联华 B 股		十派 0.75 元	十送 2 派 1.5 元	十派 0.38 元	不分红	10 派 0.4 元	不分红
14	新锦 B 股		十送 0.27	十派 1.79 元	十送 1	十送 1 转增 1	不分红	十送 1 转增 1
15	永久 B 股			十派 1.4 元	不分红	十转增 1.5	不分红	不分红
16	凤凰 B 股			十派 3.5 元	十送 1	不分红	10 转增 2	不分红
17	海欣 B 股			十送 1 派 2.8 元	十送 2 派 1 元	十派 3.5 元转增 3	十派 2.8 元	10 派 2 元

续表

序号	公司简称	1992 年度	1993 年度	1994 年度	1995 年度	1996 年度	1997 年度	1998 年度
18	耀皮 B 股			十派 5.3 元	十转增 2.5	十派 1.5 元	十派 0.5 元	10 派 0.3 元
19	大江 B 股			十送 3	十派 2 元	十送 1 派 1.5 元	十转增 2 派 0.5 元	不分红
20	上柴 B 股			十派 4.3 元	十送 2	不分红	十派 1.5 元	十派 1 元
21	英雄 B 股			十送 3 派 1.5 元	十送 1.5 派 1 元	十送 1.19 转 1.59 派 0.79 元	十转增 1.5	不分红
22	三毛 B 股			十派 2.2 元	不分红	十转增 1 派 0.5 元	不分红	不分红
23	友谊 B 股			十送 2 派 1.2 元	十送 1	十派 1 元转增 3	十派 1.2 元转增 3	十送 1 转 1
24	上工 B 股			十派 1.5 元	不分红	十转增 3	不分红	不分红
25	上菱 B 股			十派 4.1 元	十送 2	不分红	不分红	不分红
26	钢管 B 股			十送 1 派 0.4 元	不分红	不分红	不分红	不分红
27	物贸 B 股			十送 1 派 0.43 元	不分红	十转增 1	不分红	十转增 1
28	自仪 B 股			十送 1 派 1 元	十送 1.5	十送 1	十转增 1	不分红
29	国旅 B 股				十派 2.88 元	十派 2 元	10 送 1 派 1 元	不分红
30	邮通 B 股				十派 2 元	十送 1 转增 2 派 1 元	不分红	十送 2 转增 4
31	水仙 B 股			十派 0.37 元	十送 1	不分红	不分红	不分红
32	陆家 B 股			十派 0.9 元	十派 3.6 元	中期十送 4	不分红	十转增 4
33	华新 B 股				十派 1.3 元	不分红	十派 0.3 元	不分红
34	新亚 B 股				十派 1 元	十派 1 元转增 2 股	十送 2 转增 1 股	十派 0.6 元
35	金泰 B 股				十派 0.8 元	不分红	不分红	不分红

续表

序号	公司简称	1992 年度	1993 年度	1994 年度	1995 年度	1996 年度	1997 年度	1998 年度
36	鄂绒 B 股				十派 0.7 元	十派 3.2 元	十派 2.2 元	十派 1.8 元
37	龙电 B 股					十派 1.7325 元	十送 3 转增 2 股	十派 1.5 元
38	天海 B 股					不分红	不分红	十送6转增4股
39	汇丽 B 股					不分红	10 派 0.42 元	不分红
40	华源 B 股					十派 1.05 元	10 转增 2 股派 1 元	十派 1 元
41	东信 B 股					十派 1.75 元	10 转 5(中期)派 3 元(末期)	10 派 1.4 元
42	黄山 B 股					十派 0.254 元	不分红	10 派 2.8 元
43	开开 B 股						十派 1.5 元	不分红
44	轻骑 B 股						不分红	不分红
45	海航 B 股						十派 1.2 元	不分红
46	振华 B 股						十派 0.5 元	10 送 1 派 1 元
47	伊煤 B 股						十派 2.1 元	十派 0.4 元
48	东电 B 股						十派 0.301 元	十派 1.64 元
49	五菱 B 股						10 转增 1 派 0.5 元	不分红
50	大化 B 股						不分红	不分红
51	锦港 B 股							不分红
52	凯马 B 股							十派
53	茉织 B 股							0.5 元

附录 8　上海 B 股上市公司网址

上海 B 股上市公司网址

股票代码	股票简称	网址
900901	真空 B 股	http://www.china-svec.com/
900902	二纺 B 股	http://www.shej.com/
900903	大众 B 股	http://www.dztaxi.com/
900904	永生 B 股	http://www.wingsung.com/
900905	中铅 B 股	http://www.chinafirstpencil.com/
900906	中纺 B 股	
900907	胶带 B 股	http://www.srbsh.com/
900908	氯碱 B 股	http://www.scacc.com/
900909	轮胎 B 股	http://www.cstarc.com/
900910	冰箱 B 股	http://www.china-src.com/
900911	金桥 B 股	http://www.pdjq.com/
900912	外高 B 股	http://www.shftz.com/
900913	联华 B 股	http://www.lh-fibre.com/
900914	新锦 B 股	http://www.jjtcn.com/
900915	永久 B 股	http://www.shanghai-forever.com/
900916	凤凰 B 股	http://www.sunrise-cn.com/
900917	海欣 B 股	http://www.haixin-group.com/
900918	耀皮 B 股	
900919	大江 B 股	http://www.dajianggroup.com/
900920	上柴 B 股	
900921	英雄 B 股	http://www.hero.com/
900922	三毛 B 股	
900923	友谊 B 股	
900924	上工 B 股	http://www.shanggonggroup.com/
900925	上菱 B 股	
900926	钢管 B 股	
900927	物贸 B 股	http://www.swm-centre.com/
900928	自仪 B 股	
900929	国旅 B 股	http://www.scits.com/

续表

上海B股上市公司网址

股票代码	股票简称	网址
900930	邮通B股	
900931	水仙B股	http://61.129.103.2/listed/b/www.narcissusappliances.com
900932	陆家B股	http://www.shld.com/
900933	华新B股	
900934	新亚B股	
900935	金泰B股	
900936	鄂绒B股	
900937	龙电B股	http://www.longdian.com/
900938	天海B股	
900939	汇丽B股	http://www.huiligp.com/
900940	华源B股	
900941	东信B股	http://www.eastcom.com/
900942	黄山B股	http://www.huangshan.com/
900943	开开B股	
900945	海航B股	http://www.hnair.com/
900946	轻骑B股	http://www.china-qingqi.com/
900947	振华B股	http://www.zpmc.com/
900948	伊煤B股	http://www.ymjt.com/
900949	东电B股	http://www.zsepc.com/
900950	五菱B股	http://www.chinawuling.com/
900951	大化B股	
900952	锦港B股	http://www.jinzhouport.com/
900953	凯马B股	
900955	茉织B股	
900956	东贝B股	http://www.dongbei.com.cn/

附录9 B股历年发展和投资者分布

	B股市场历年发展概况								
	1992年	1993年	1994年	1995年	1996年	1997年	1998年	1999.6.30	2000年2月
上市公司数 上海	9	22	34	36	42	50	52	53	55
深圳	9	19	24	34	43	51	54	54	59
合计	18	41	58	70	85	101	106	107	114
发行总股本(亿股)	10.75	23.54	33.94	44.84	60.89	89.71	96.41	96.41	
每年筹资额(亿元)	9.41	40.32	36.78	25.42	51.91	85.77	16.1	0.55	

	1998年末B股投资者地区分布														
国家地区	中国	香港	美国	台湾	日本	英国	加拿大	澳大利亚	新加坡	澳门	德国	法国	韩国	荷兰	其他	合计
开户数	51712	8981	5032	2253	1868	1200	1133	1109	810	295	276	224	230	169	2677	77969
所占比例	66.32	11.52	6.45	2.89	2.40	1.54	1.45	1.42	1.04	0.38	0.35	0.29	0.29	0.22	3.43	100%

B股市场法规篇

附录10 《中国证监会和国家外汇管理局就境内居民个人投资境内上市外资股若干问题的联合通知》

为了促进境内上市外资股(即“B”股)市场的健康发展，维护B股市场和外汇市场的正常秩序，保护投资人的合法权益，规范市场参与者的行为，中国证监会和国家外汇管理局昨天就境内居民个人投资境内上市外资股的有关问题联合发出通知。通知内容如下：

一、根据1995年《国务院关于股份有限公司境内上市外资股的规定》(国务院第189号令)第四条的规定和中国证券监督管理委员会(以下简称“中国证监会”)2001年2月19日发布的境内居民可投资B股市场的决定，境内居民个人可以按照本通知从事B股投资。

二、境内居民个人从事B股交易，在2001年6月1日前，只允许使用在2001年2月19日(含2月19日，下同)前已经存入境内商业银行的现汇存款和外币现钞存款，不得使用外币现钞和其它外汇资金；境内居民个人2001年2月19日前已经存入境内商业银行，2001年2月19日后到期并转存的，可以作为从事B股交易的资金。2001年6月1日后，允许境内居民个人使用2001年2月19日后存入境内商业银行的现汇存款和外币现钞存款以及从境外汇入的外汇资金从事B股交易，但仍不允许使用外币现钞。

三、经中国证监会批准经营B股业务和经国家外汇管理局批准经营外汇业务的证券公司和信托投资公司可以凭中国证监会核发的从事B股业务资格证书和国家外汇管理局核发的经营外汇业务许可证到所在地同一城市所有经批准经营外汇存款、汇款业务的境内商业银行或其分支机构开立B股保证金帐户；上述公司的分支机构可以凭加盖分支机构印章的总公司资格证书复印件和许可证复印件办理开户手续。证券公司和信托投资公司或其分支机构(以下简称“证券经营机构”)在一个境内商业银行只能开立一个B股保证金帐户,不得在同一境内商业银行开立一个以上的B股保证金帐户。证券经营机构应当在开户后三个工作日内将开户银行名称报所在地国家外汇管理局或其分支局(以下简称“外汇局”)备案,并通过所在地新闻媒体对外公布其开户情况。

四、境内居民个人开立B股资金帐户和股票帐户,应当按照下列程序办理:

(一)凭本人有效的身份证明文件到其原外汇存款银行将其现汇存款和外币现钞存款划入证券经营机构在同城、同行的B股保证金帐户,暂时不允许跨行或异地划转外汇资金。境内商业银行应当向境内居民个人出具进帐凭证,并向证券经营机构出具对帐单。

(二)凭本人有效身份证明和本人进帐凭证到证券经营机构开立B股资金帐户,开立B股资金帐户的最低金额为等值1000美元。

(三)凭B股资金帐户开户证明到该证券经营机构开立B股股票帐户。

五、境内商业银行在为境内居民个人办理外汇划转手续时，必须严格按照本通知的规定审核存款日期和划转资金；2001年6月1日前，从境内居民个人定期存款帐户划转资金时，帐户存款日期不得晚于2001年2月19日；从境内居民个人活期存款帐户划转资金时，划转资金金额不得超过2001年2月19日前的帐户存款余额；在办理外汇划转时，应当将划出资金币种转为与证券经营机构B股保证金帐户相同的币种。

六、境内居民个人的B股资金帐户的收入范围为从现汇存款帐户或外币现钞存款帐户划入的外汇以及从事B股交易所获得的外汇，支出范围为从事B股交易需支付的外汇以及划回境内商业银行存储，不得用于向境外支付。境内居民个人从B股资金帐户划回境内商业银行存储的从事B股交易的所有外汇，按照《境内居民个人外汇管理暂行办法》中有关现钞管理的规定以及其它现钞管理规定进行管理。境内居民个人不得从B股资金帐户提取外币现钞。

七、非居民的B股资金帐户的收入范围为从境外汇入的外汇资金、境内商业银行的合法现汇存款以及从事B股交易所获得的外汇，支出范围为汇出境外、存入其在境内开立的合法外汇帐户以及从事B股交易需支付的外汇。非居民不得从B股资金帐户提取外币现钞。

八、境内居民个人与非居民之间不得进行B股协议转让。境内居民个人所购B股不得向境外转托管。

九、所有为证券经营机构开立B股保证金帐户的境内商业银行，均可以办理B股交易项下证券经营机构与证券登记结算公司之间以及证券经营机构总分支机构之间外汇资金的收付业务。

十、证券经营机构、境内商业银行、境内居民个人、非居民应当严格按照本通知规定以及中国证监会和外汇局的其它相关规定办理B股交易项下的相关业务，防止逃汇、非法套汇等违法行为的发生，对违反规定的，由中国证监会或外汇局根据有关规定进行处罚。

据悉，本通知自发布之日起开始施行。自本通知施行之日起，证券经营机构可以向境内商业银行申请办理开立B股保证金帐户事宜，但境内居民个人办理资金划转和开立B股资金帐户事宜应于2001年2月26日起开始。中国证监会《关于严格管理B股开户问题的通知》（证监发字（1996）75号）和《关于清理B股帐户的通知》（证监交字（1996）1号）同时废止。

附录11 《深圳证券交易所关于境内居民个人开立B股帐户有关事项的通知》

各会员单位、开户代理机构：

为了规范境内居民个人投资深圳证券交易所境内上市外资股（以下简称B股）开户、交易等业务，维护B股市场的正常秩序，保护投资人的合法权益，根据国家有关法律法规和中国证监会、国家外汇管理局《关于境内居民个人投资上市外资股有关问题的通知》，现将境内居民个人开立B股帐户有关事项通知如下：

一、境内居民个人开立B股证券帐户可以在有资格从事本所B股交易业务的证券营业部（以下简称“证券营业部”），也可以在本所委托的银行、证券登记机构代理开户点（以下简称“开户机构”）办理开户，本所将在各大媒体公布开户网点的详细资料。

二、境内居民个人申请开户须按下列程序办理：

1. 在证券营业部开立 B 股资金帐户，提交以下文件：

(1)本人居民身份证及其它有效身份证明文件

(2)境内商业银行出具的进帐凭证

证券营业部对上述文件审核无误后，为境内居民个人开设 B 股资金帐户，该帐户最低金额为等值 1000 美元。

2. 在证券营业部或本所委托的开户机构开设 B 股证券帐户，提交下列文件：

(1)居民身份证或其它有效身份证明文件

(2)证券营业部出具的 B 股资金帐户证明

(3)《深圳 B 股证券帐户申请表》

3. 证券营业部、开户机构应认真核验身份证件是否有效，B 股资金帐户是否符合有关规定，《深圳 B 股证券帐户申请表》各项内容是否准确、真实、完整。凡不符合规定者不得办理 B 股证券帐户。

三、证券营业部或开户机构将 B 股开户资料通过 B 股实时开户系统或其它方式传送本所，本所确认无误后配发 B 股证券帐户号，由证券营业部或开户机构签发 B 股证券帐户给投资者。

四、境内居民个人遗失 B 股证券帐户，应到证券营业部、开户机构办理挂失补办手续，提供身份证及其复印件，或户口本、户口所在地公安机关出具的身份证遗失证明(贴本人照片并压盖公安机关公章)及其复印件。

五、境内居民个人进行 B 股交易，必须通过本所有资格从事 B 股交易业务的会员进行，境内居民个人 B 股交易不得在境外B股证券经营机构处办理。

境内居民个人与非居民之间不得进行B股协议转让，境内居民个人所购B股不得向境外转托管。

六、本所B股交易方式不作变化。

七、境内居民个人B股开户费用每户120港元。

八、本通知自2001年2月26日起实施。

深圳证券交易所

2001年2月22日

附录12 《上海证券交易所、上海证券中央登记结算公司关于境内居民个人开立B股帐户有关事项的通知》

各会员公司：

为贯彻落实中国证监会、国家外汇管理局《关于境内居民个人投资境内上市外资股若干问题的通知》精神，上海证券交易所(以下简称本所)、上海证券中央登记结算公司(以下简称登记公司)就境内居民个人开立B股股票帐户及交易事项通知如下，请各会员公司严格按照本通知内容做好各项准备，切实保证开户、交易的顺利进行。

一、境内居民个人从事B股交易须向境内具有经营B股业务资格的本所会员(以下简称会员)申请开立B股股票帐户。同时须提交以下材料：(1)本人有效身份证明文件；(2)1000美元以上的银行进账凭证；(3)《上海B股境内居民个人开户登记申请表》；(4)本所及登记公司认为需提供的其他材料。

二、会员受理境内居民个人开户申请后，应认真审核以下事项：(1) 身份证件的有效性；(2)申请人所交《上海 B 股境内居民个人开户登记申请表》内容的准确性和完整性；(3)银行美元进帐凭证是否符合有关规定；(4)本所及登记公司认为需要审查的其他事项。

三、会员按规定对 B 股开户申请审核完毕后，须按登记公司规定的格式制作成开户申请电子数据文件，通过登记公司参与人远程操作平台（以下简称操作平台）传送至登记公司。

四、对于审核不合格的开户申请，会员应在境内居民个人递交的《上海 B 股境内居民个人开户登记申请表》上注明不合格的原因并退还开户申请人。

五、登记公司根据会员送达的开户申请电子数据文件，给每个合格的申请人配置一个 B 股股票帐户，并用电子数据形式通过操作平台返还给会员。

六、会员收到登记公司上述电子数据文件后，按登记公司规定的格式打印《B 股开户确认书》，并加盖公章后交开户申请人。

七、境内居民个人开立 B 股股票帐户，应按规定缴纳手续费。手续费按 19 美元/ 户标准收取。

八、境内居民个人进行 B 股交易，必须办理指定交易。B 股股票帐户开立的同时，该帐户即被指定在开户会员处。B 股股票帐户的指定于 T+1 日生效。

九、B 股指定交易可以撤销和重新指定，撤销和重新指定应由境内居民个人向会员提出申请，会员将其申请通过操作平台传送至登记公司。由登记公司审核后于次日通知会员该申请是否生效。

十、境内居民个人只能在境内会员处进行指定和交易，不得在境外 B 股证券经营机构处办理指定交易。

十一、境内居民个人与非居民之间不得进行 B 股协议转让（本所的 B 股小配对交易属协议转让）。

十二、B 股交易采用集合竞价方式产生开盘价，每个交易日 9:15 ~ 9:25 为集合竞价交易时间；9:30 ~ 11:30，13:00 ~ 15:00为连续竞价交易时间。

十三、本通知未作规定的 B 股交易的其他事项，按原规定执行。

十四、本通知自 2001 年 2 月 26 日起实施。

上海证券交易所

上海证券中央登记结算公司

2001 年 2 月 22 日

附件：

1.《上海 B 股境内居民个人开户登记申请表》格式

2. 开户申请电子数据文件格式

3. 撤销和重新指定交易申请电子数据文件格式

附件：

上海 B 股境内居民个人开户登记申请表

本人已经了解并承诺遵守 B 股交易结算业务规则和国家相关法律法规，自愿向＿＿＿＿＿＿＿＿公司申请开立 B 股帐户,如实填写本表,并愿指定在该公司进行 B 股交易。

申请人签名

申请日期:　　　年　　　月　　　日

姓名	
身份证件号码	
通讯地址	
邮政编码	
联系电话	
职业代码	
学历代码	

填写说明:

1. 学历代码:1:博士,2:硕士,3:学士,4:大专,5:中专,6:高中,7:初中及其以下,8:其他。

2. 职业代码:1:文教科卫专业人员,2:党政(在职,离退休)机关干部,3:企事业单位干部,4:行政企事业单位工人,5:农民,6:个体,7:无业,8:军人,9:其他。

开户申请电子数据文件格式

文件名称:B-KHZL.DBF

数据格式及说明:

NO	字段名	类型	长度	说　明
1	GDLB	Character	1	股东类别

2	GDDM	Character	9	股东代码
3	GDXM	Character	8	股东姓名
4	TXDZ	Character	30	通讯地址
5	LXDH	Character	15	联系电话
6	JSHY	Character	10	B股结算会员(左对齐)
7	XWH	Character	5	B股指定席位(右对齐)
8	SFZH	Character	20	身份证号
9	XLDM	Character	1	学历代码
10	ZYDM	Character	1	职业代码
11	LSH	Character	6	流水号
12	SBRQ	Character	8	申报日期
13	CLSM	Character	20	处理说明
14	FHBZ	Character	1	返回标志
15	FRDB	Character	8	法人代表
16	GDQC	Character	50	股东全称

注:

1)股东类别填空,股东代码填空。

2)B股指定席位(即B股交易席位)字段必须填写。

3)申报日期格式为:YYYYMMDD。

4)流水号由开户会员自行填写,但必须由数字和字符构成。

5)处理说明、返回标志、法人代表及股东全称字段均填空。

6)“学历代码”意义如下:

DM	说　明
1	博士
2	硕士
3	学士

4	大专
5	中专
6	高中
7	初中及其以下
8	其他

7)职业代码(ZYDM)意义如下:

ZYDM	说　明
1	文教科卫专业人员
2	党政(在职,离退休)机关干部
3	企事业单位干部
4	行政企事业单位工人
5	农民
6	个体
7	无业
8	军人
9	其他

撤销和重新指定交易申请电子数据文件格式

文件名称:B-ZDJY.DBF

数据格式及说明:

NO	字段名	类型	长度	说　明
1	GDLB	Character	1	股东类别
2	GDDM	Character	9	股东代码
3	GDXM	Character	8	股东姓名
4	JSHY	Character	10	B股结算会员(左对齐)
5	XWH	Character	5	B股指定席位(右对齐)

6	SFZH	Character	20	身份证号
7	SBRQ	Character	8	申报日期
8	CLSM	Character	20	处理说明
9	FHBZ	Character	1	返回标志
10	XLDM	Character	1	业务类型

注：

1)除处理说明和返回标志填空格外，其他字段必须如实填写，否则申请无效。

2)申报日期格式为：YYYYMMDD。

3)B股指定席位(即B股交易席位)字段必须填写。

4)业务类型："1"表示申请B股指定，"2"表示申请撤销B股指定。

附录13 《深交所B股交易规则摘要》

深圳B股的开市时间为每周一至周五上午9:30～11:30，下午1:00－3:00。逢每周六、日及国内和香港公众假期休市。

深圳B股的交易以港币计价，委托买卖及清算的价格以一股为准，买卖数额以一手即100股或其整数倍为单位，但不足100股的零股，可在集中交易市场交易时间内卖出，但不可买进。

B股交易方式分为集中交易和对敲交易，分别在交易所的集中交易和对敲系统中完成。

(1)集中交易是指在B股交易时间内通过深交所的集中市场交易系统达成的交易。

(2)对敲交易是指B股证券商在开市后至闭市前5分钟

将其接受的同一种B股买入委托和卖出委托配对后输入，经交易所的对敲交易系统确认后达成的交易。对敲交易仅限于股份托管在同一证券商处且不同投资者之间的股份协议转让。每笔交易数量须达到50000股以上。申报内容包括证券代码，买卖方股东代码，买卖方合同序号，对敲价格，对敲手数，对敲交易经对敲交易系统接受后，不可撤消。对敲交易的价格幅度为“前一交易日收盘价加二十个价位与当日价中取一个最高价为上限”，“前一营业日收盘价减二十个价位与当日最低价取一个最低价为下限”。例如：某只B股前一交易日的收盘价为HK$5.80加二十个价位(0.20)为6.00，当日最高价为6.10，则当日对敲交易价格上限为HK$6.10，反之，减二十个价位(-0.20)为HK$5.60，当日最低价为HK$5.70，则价格下限为HK$5.60。

B股交易的竞价原则：B股交易的升降单位为港币一仙(港币0.01)，每笔有效委托的接受范围在上一笔成交价的500个价位(5.00)之内。新股上市当日的有效委托接受范围在上一笔成交价的1500个价位(15.00)之内，开盘时上一笔成交价取发行公司的发行价。

1996年12月16日起，B股交易实行价格涨跌幅限制，除上市首日的证券外，每只证券的交易价格相对于上一交易日收市价的涨跌幅度不得超过10%，每只证券涨跌限价的计算公式为(1±10%)上一交易日收市价。计算结果四舍五入至0.01港元。每天公布的每只证券收市价的计算方式为：该只证券当日有成交的最后一分钟内所有成交价的成交量加权的平均价，如该只证券无成交，其收市价为上一交易日的收市价。

境内居民个人与非居民之间不得进行B股协议转让。境内居民个人所购B股不得向境外转托管。

深圳B股的交收期为T+3日，即在某一个交易日成交的股票将在第四个交易日完成股份的过户及资金的收付。在交易所买进并确认成交的股票可于当天全部或部分卖出，但股份及资金净额的最终交收亦需在T+3日完成。

结算公司根据交易所成交资料及结算会员指令进行股份及资金的结算交收。

结算公司根据交易所交收指令的对盘与配对的成功来保证交易所发生的每笔交易如期交收，并实现"货银对付"。

(1)指令及报送方式

用于完成同一投资者在不同结算会员之间进行股份转移的指令为二类指令（目前仅适用于境外B股经纪及托管银行）。

证券商及托管银行通过B－COM（结算公司客户终端服务系统）或传真在B股中央结算系统规定时限内向结算公司发送各类交收指令。

(2)结算交收程序

1 在交易所达成的所有B股交易记录在当日收市后传送至结算公司的B股中央结算系统。在T+1日结算系统根据成交资料生成交收指令。

2 T+2日中午12:00前，使用二类指令的结算会员需将该指令发送至B股中央结算系统，系统将于T+2日下午完成二类指令的配对，不配对指令的修正需在T+2下午完成。二类指令配对完成后，进行试交收，打出试交收报告及各参予结算会员。

3 T+3 日中午 12:00 前,应付款结算会员须将应付资金划至结算公司指定帐户。T+3 下午 4:00 前,结算公司进行股份及资金的最终交收,打出应交收确认书通知各参予结算会员。

股份托管于境内证券商处的客户办理转托管时需填写转托管申请表,填写转托管资料,包括:股东代码、股东姓名、证券代码、证券名称、转出股数、转出/转入券商名称、代码。申请表需交由转出及转入证券商签章确认,如于工作日 12:00 前传与结算公司,该笔转托管将第二天到帐。结算公司向转入券商处委托卖出,转托管费确认书或不确认书,获确认的转托管股份,投资者即可在转入券商处委托卖出。转托管费为每次每户 100 元港币。

深圳 B 股的交易费用是:①经纪佣金为成交金额的 0.43%;②印花税为成交金额的 0.3%;③交易规费为成交金额的 0.0341%。

附录 14 《上交所 B 股交易规则摘要》

境内居民个人在上海证券交易所进行 B 股交易,必须办理指定交易。B 股股票帐户开立的同时,该帐户即被指定在开户会员处。B 股股票帐户的指定于 T+1 日生效。B 股指定交易可以撤销和重新指定,撤销和重新指定应由境内居民个人向会员提出申请,会员将其申请通过操作平台传送至登记公司。由登记公司审核后于次日通知会员该申请是否生效。

境内居民个人只能在境内会员处进行指定和交易,不得在境外 B 股证券经营机构处办理指定交易。

上海B股的交易时间与上海A股的交易时间完全相同,每周一到五的上午9:30~11:30,下午1:00~3:00,周六、周日和公众假期除外。

上交所进行B股交易的程序是:投资者开设B股帐户后即可委托券商代理其进行B股交易。证券商受理委托后,由其场内交易员将委托指令输入交易所电脑交易主机系统,经系统撮合配对后,将成交数据传回券商,在T+3日交收。

上海B股委托方式分当面委托和电话委托。

投资者本人或其指定代理人到证券商B股交易柜台,亲自填写委托单,即为当面委托。目前居住在境内的B股投资者或在境内有其指定代理人的投资者较多采用这种方式。

投资者本人或其指定代理人通过电话、传真、电传等通讯方式向证券商下达买卖指令,一般称为电话委托。大多数B股投资者(包括个人、机构和各类基金)居住海外,进行B股交易时,较多采用长途通讯方式,将委托指令下达给境内券商,或通过B股海外代理商进行买卖。这些海外代理商一般也是通过电话、传真等方式传达交易指令。这类委托均属电话委托。

电话委托是B股委托常用的方式。因此、电话录音(或传真件)保存至关重要,一般要求保留较长时期。

上海B股买卖申报价格的最小升降单位是0.001美元,申报数量以"股"为单位(买入申报必须是1000股的整数倍),每股面额为1元人民币,B股面值及发行价格以人民币计,其发行价在发行时,折算成美元,在此以后挂牌、交易与结算均用美元进行。

B股交易实行价格涨跌幅限制,除上市首日的证券无涨跌幅限制外，每只证券的交易价格相对于上一交易日收市价的涨跌幅度不得超过10%，即每只证券涨跌限价为(1±10%)×上一交易日收市价。

同时，为防止交易员输单出错或人为造价引起股价剧烈波动，上海证券交易所对申报价格升降幅度进行限制，具体规定如下：

(1)任何高于市价的卖出委托均可自由申报

(2)任何低于市价的买入委托均可自由申报

(3)高于市价的买入委托的递增幅度不得大于电脑即时揭示价位的10%

(4)低于市价的卖出委托的递减幅度不得小于电脑即时揭示价位的10%

高于市价的卖出和低于市价的买入委托均难有机会成交，因此可以放开不加限制；而高于市价的买入和低于市价的卖出几乎具有100%的成交机会，因此，对其限制可以防止人为造价和交易员操作出错。

可进行零股交易，即指不足一交易单位的委托买卖，因此不足1000股的委托买卖即为零股交易。买入不能有零股申报，而卖出可以申报零股卖出。

上交所B股交易采用集合竞价方式产生开盘价，每个交易日9:15~9:25为集合竞价交易时间；9:30~11:30，13:00~15:00为连续竞价交易时间。

上海B股的法定名册登记机构是上海证券中央登记结算公司(简称清算公司)，在业务运作上实行结算会员制，即以结算会员作为投资帐户登记和投资者的结算交收代理人参加B股的中央登记、结算交收、存管。所有的投资者均通过各自选择的结算会员来获取清算公司提供的服务。

清算公司按照"银货两讫"、"职期交收"和"实行T+3交收"的原则组织B股的中央结算和交收。

投资者在向结算会员申请开立B股股票帐户时，要填写清算公司统一制作的投资者开户登记表，由清算会员盖章后与投资者的有效证件复印件送至清算公司，清算公司将开户登记资料输入股东数据库，并通过结算会员以"开户确认书"形式向每一个投资者提供一个股票帐户代码。

对于投资者因B股上市公司发行新股、派红股等认购和获得的B股，清算公司将根据承销商编制、提交的认购清单和经核准的上市公司分配决议办理股权登记，对交易市场B股买卖引起的股权变更，由清算公司根据结算会员的交收指令办理股权登记。

上海B股的交易费用是：①佣金按成交金额的0.43%计收；②印花税按成交金额的0.3%计收；③交易经手费和证管费分别按成交金额的0.0255%和0.0045%计收；④清算费按成交金额的0.05%计收。

附录15 《境内居民个人外汇管理暂行办法》

境内居民个人外汇管理暂行办法

（1998年9月1日国家外汇管理局发布）

汇发(1998)11号

第一章 总则

第一条 为完善境内居民个人外汇管理，根据《中华人民共和国外汇管理条例》，特制定本办法。

第二条　本办法所称"境内居民个人"（以下简称"居民个人"）系指居住在中华人民共和国境内的中国人、定居在中华人民共和国境内的外国人（包括无国籍人）以及在中国境内居留满一年（按申请人护照上登记的本次入境日期计算）以上的外国人及港澳台同胞。

第三条　本办法所称"银行"系指经批准经营外汇业务的外汇指定银行。

第四条　本办法所称"外汇帐户"包括"现汇帐户"和"现钞帐户"。"现汇帐户"系指由港、澳、台地区或者境外（以下简称"境外"）汇入外汇或携人的外汇票据转存款帐户；"现钞帐户"系指境内居民个人持有的外币现钞存款帐户。

第五条　居民个人不得以自身名义为机构办理外汇收付。

第六条　国家外汇管理局及其一级、二级分局（以下简称"外汇局"），负责居民个人外汇收入、支出及帐户的监督和管理。

第二章　外汇收入管理

第七条　居民个人外汇收入系指居民个人从境外获得的、拥有完全所有权、可以自由支配的外汇收入，包括下列内容：

（一）经常项目外汇收入：

1. 专利、版权：居民个人将属于个人的专利、版权许可或者转让给非居民而取得的外汇；
2. 稿费：居民个人在境外发表文章、出版书籍获得的外汇稿费；

3. 咨询费：居民个人为境外提供法律、会计、管理等咨询服务而取得的外汇；

4. 保险金：居民个人从境外保险公司获得的赔偿性外汇；

5. 利润、红利：居民个人对外直接投资的收益及持有境外外币有价证券而取得的红利；

6. 利息：居民个人境外存款利息以及因持有境外外币有价证券而取得的利息收入；

7. 年金、退休金：居民个人从境外获得的外汇年金、退休金；

8. 雇员报酬：居民个人为非居民提供劳务所取得的外汇；

9. 遗产：居民个人继承非居民的遗产所取得的外汇；

10. 赡家款：居民个人接受境外亲属提供的用以赡养亲属的外汇；

11. 捐赠：居民个人接受境外无偿提供的捐赠、礼赠；

12. 居民个人合法获得的其它经常项目外汇收入。

（二）资本项目外汇收入：

居民个人从境外调回的、经国内境外投资有关主管部门批准的各类直接投资或者间接投资的本金。

第八条　居民个人经常项目外汇收入，可以解付外币现钞或者兑换成人民币；居民个人资本项目外汇收入，经外汇局批准，可以解付外币现钞或者兑换成人民币。

第九条　居民个人从境外汇入或携入的属于本办法第七条（一）项所列的经常项目外汇收入，如需解付外币现钞或者兑换成人民币，按照下列规定办理：

（一）一次性解付外币现钞或兑换人民币等值1万美元以下的，直接到银行办理；

（二）一次性解付外币现钞或兑换人民币等值1万美元（含1万美元）以上、5万美元以下的，银行须审核本办法第十条规定的证明材料后登记备案，予以办理；

（三）一次性解付外币现钞或兑换人民币等值5万美元（含5万美元）以上、20万美元以下的，应当持本办法第十条规定的证明材料向所在地外汇局申请，经外汇局审核真实性后，凭外汇局的核准件到银行办理；

（四）一次性解付外币现钞或兑换人民币等值20万美元（含20万美元）以上的，应当持本办法第十条规定的证明材料向所在地外汇局申请，由所在地外汇局转报国家外汇管理局审核真实性后，凭所在地外汇局的核准件到银行办理。

第十条　居民个人经常项目外汇收入如需解付外币现钞或者兑换成人民币必须向银行或者外汇局提供下列相关证明：

（一）专利、版权收入：须提供真实身份证明、专利或版权证书、转让或者使用协议以及境外完税证明；

(二)稿费收入:须提供真实身份证明、已发表作品、境外完税证明；

(三)咨询费收入:须提供真实身份证明、咨询协议以及境外完税证明；

(四)保险金收入:须提供真实身份证明、保单、索赔书、理赔证明；

(五)利润、红利收入:须提供真实身份证明、投资协议或者股权证明、利润分配决议或者红利支付书、境外完税证明；

(六)利息收入:须提供真实身份证明、债券或者债券登记证或者存款利息清单、境外完税证明；

(七)年金、退休金:须提供真实身份证明、在境外工作证明、境外完税证明；

(八)雇员报酬:须提供真实身份证明、雇佣协议、境外完税证明；

(九)遗产继承外汇:须提供真实身份证明、公证书、境外完税证明；

(十)赡家款:须提供真实身份证明、亲属关系说明书；

(十一)捐赠外汇:须提供真实身份证明、捐赠协议；

(十二)居民个人遇有本办法未列入的其它经常项目外汇收入,且金额在等值1万美元(含1万美元)以上的,应当持真实身份证明和相关的证明材料向所在地外汇局申请,经外汇局审核真实性后，凭所在地外汇局的核准件到银行办理有关手续；等值20万美元（含20万美元）以上的，由所在地外汇局报国家外汇管理局审核，银行凭所在地外汇局的核准件办理有关手续。

第十一条　居民个人从境外调回的资本项目外汇收入，如需解付外币现钞或者兑换成人民币，按照下列规定办理：

（一）一次性解付外币现钞或兑换人民币等值20万美元以下的，应当持本办法第十二条规定的证明材料向所在地外汇局申请，经外汇局审批同意后，凭外汇局的核准件到银行办理；

（二）一次性解付外币现钞或兑换人民币等值20万美元（含20万美元）以上的，应当持本办法第十二条规定的证明材料向所在地外汇局申请，由所在地外汇局转报国家外汇管理局审批同意后，凭所在地外汇局的核准件到银行办理。

第十二条　居民个人资本项目外汇收入如需解付外币现钞或者兑换成人民币，必须向银行或者外汇局提供下列相关证明：

（一）境外直接投资调回的本金收入：须提供国内境外投资有关主管部门境外直接投资的批准文件、境外直接投资回收的有关证明材料、境外完税证明；

(二)境外间接投资调回的本金收入：须提供国内境外投资有关主管部门境外间接投资批准文件、出售境外各种有价证券收据的有关证明材料、境外完税证明。

第三章　外汇支出管理

第十三条　居民个人外汇支出系指居民个人因私用于境外的外汇支付和投资等，包括下列内容：

(一)经常项目外汇支出：

1. 居民个人出境旅游，探亲、会亲、朝觐、留学、就医、参加国际学术活动、被聘任教等用汇；
2. 居民个人缴纳国际学术团体组织的会员费的用汇；
3. 居民个人从境外邮购少量药品、医疗器械等用汇；
4. 居民个人在境外的直系亲属发生生病、死亡、意外灾难等特殊情况的用汇；
5. 在中国境内居留满一年以上的外国人及港澳台同胞从境外携入或者在境内购买的自用物品等出售后所得人民币款项汇出的用汇；
6. 居民个人经常项目的其他外汇支出。

(二)资本项目外汇支出：

居民个人对境外各类直接投资和间接投资的外汇支出。

第十四条　居民个人经常项目外汇支出，可以按照本办法向银行购汇汇出或者携带出境，也可以从其外汇帐户中支付。居民个人资本项目的外汇支出，可以从其外汇帐户中支出，但不得购汇支出。

第十五条　居民个人因私兑换外汇，金额在下列规定标准以内的，必须向银行提供本办法第十七条规定的证明材料，银行审核后，按照规定标准兑换外汇：

(一)出境旅游、探亲、会亲兑换外汇标准：

1. 去香港、澳门地区可兑换1000美元(含1000美元)的等值外汇；

2. 去香港、澳门地区以外的国家和地区(含台湾)可兑换2000美元(含2000美元)等值外汇。

(二)自费朝觐、自费留学以及自费出国就医人员出境时可一次性兑换2000美元(含2000美元)等值外汇。

(三)其他需要兑换外汇标准：

1. 居民个人自费出境参加国际学术活动，被聘任教等，如邀请方不负担旅途零用费，按照出境探亲标准兑换外汇；

2. 居民个人缴纳国标学术团体组织的会员费按照其学术团体规定标准兑换外汇汇出；

3. 居民个人从境外邮购药品、医疗器具等特殊用汇，可兑换1000美元(含1000美元)以内的等值外汇；

4. 居民个人在境外的直系亲属发生生病、死亡、意外灾难等特殊用汇，可兑换1000美元(含1000美元)等值外汇汇出；

5. 在中国境内居留满一年以上的外国人及港澳台同胞从境外携入或者在境内购买的自用物品等出售后所得人民币款项，可兑换1000美元(含1000美元)等值外汇汇出；

6. 遇有本办法未列入的其他用汇，金额在500美元(含500美元)以内的由银行兑付；

7. 14岁以下儿童出境的，供汇标准减半。

第十六条　居民个人因私兑换外汇，金额超过第十五条规定标准的，按照下列规定分理：

(一)一次性因私兑换外汇超过规定标准，并在等值1万美元以下的，持本办法第十七条规定的证明材料向所在地外汇局申请，经外汇局审核真实性后，凭外汇局的核准件到银行兑换外汇汇出或者携带出境；

(二)一次性因私兑换外汇超过规定标准并在等值1万美元(含1万美元)以上的，由所在地外汇局转报国家外汇管理局审核，银行凭所在地外汇局的核准件予以供汇。

第十七条　居民个人因私兑换外汇必须向银行或者外汇局提交下列有关文件：

(一)居民个人因私出境旅游、探亲、会亲、朝觐、留学、就医兑换外汇除向银行提交本人户籍证明及工作单位(无工作单位的由户口所在地街道办事处或者乡以上人民政府)的证明文件外,还必须提交下列有关证明材料:

1. 已办妥前往国家有效入境签证的护照和出境证明,自费留学人员还需提供录取通知书,自费就医人员还需提供所在地的地区(市)级医院证明附医生意见以及境外医院的接收证明;
2. 前往港澳通行证或者往来港澳通行证;
3. 定居在中国境内的外国人提供注有"侨"字的外国人居留证和注有返回签证的护照或外国人出入境证;
4. 出境朝觐人员须提供省级宗教事务管理局的文件。

凡属通过旅行社组团出境旅游的居民(其护照附页备注栏内盖有"仅限一次旅游出入境有效")由旅行社集体办理兑换外汇手续。凡自行出境旅游的居民可向银行直接办理兑换外汇手续。

(二)居民个人因特殊需要申请兑换外汇必须向银行提供下列证明材料:

1. 居民个人自费出境参加国际学术活动、被聘任教等,如邀请方不负担旅途零用费,须提供邀请函、电,工作单位证明及出境文件;

2. 居民个人缴纳国际学术团体组织的会员费，须提供有关学术组织的证明文件；
3. 居民个人从境外邮购少量药品、医疗器具等特殊用汇，须凭所在地的地区（市）级医院证明附医生处方、本人工作单位证明，无工作单位的凭街道办事处或者乡以上人民政府开具的证明；
4. 居民个人在境外的直系亲属发生重病、死亡、意外灾难等特殊情况的用汇，须凭境外公证部门的有效证明，或者我驻外使、领馆的证明，或者病人所在地（单位）的申请或者医院出具的处方；
5. 在中国境内居留满一年以上的外国人及港澳台同胞从境外携入或者在境内购买的自用物品等，出售后所得人民币款项需兑换外汇时，兑换金额在规定标准以下的，凭真实的身份证明到银行办理；兑换金额在规定标准以上的，凭真实的身份证明、出售证明以及携入境内的海关申报记录或境内原购物发票到所在地外汇局办理；
6. 居民个人遇有本办法未列入的经常项目下的其他用汇，凭本人工作单位（无工作单位的由所在地街道办事处或乡以上人民政府）出具的有关文件和与用汇相关的证明材料。

第十八条　居民个人因私出境,持多次往返签证的护照或通行证,如一年期以内有效的,银行在审核本办法第十七条规定的证明材料后,按照规定标准予以一次供汇;如一年期以上有效的,银行在审核本办法第十七条规定的证明材料后,按照规定标准在有效期内每年供汇一次;超过规定标准兑换外汇,按照本办法第十六条的规定办理。

第十九条　居民个人现汇帐户存款汇出境外用于经常项目支出,按照下列规定办理:

(一)一次性汇出等值1万美元以下的,直接到银行办理;

(二)一次性汇出等值1万美元(含1万美元)以上,5万美元以下的,须持本办法第十七条规定的证明材料向所在地外汇局申请,经外汇局审核真实性后,凭外汇局的核准件到银行办理;

(三)一次性汇出等值5万美元(含5万美元)以上的,由所在地外汇局报国家外汇管理局审核,银行凭所在地外汇局的核准件办理汇出手续。

第二十条　居民个人现钞帐户存款或者持有的外币现钞汇出境外用于经常项目支出,按照下列规定办理:

(一)一次性汇出等值2000美元以下的,直接到银行办理;

(二)一次性汇出等值2000美元(含2000美元)以上,1万美元以下的,须持本办法第十七条规定的证明材料和相应的外汇携入海关申报单或者银行单据或者银行证明向所在地外汇局申请，经外汇局审核真实性后，凭外汇局的核准件到银行办理；

(三)一次性汇出等值1万美元(含1万美元)以上的，由所在地外汇局报国家外汇管理局审核，银行凭所在地外汇局的核准件办理汇出手续。银行、外汇局在审核外汇携人海关申报单或者银行单据或者银行证明后，须在相应的单据、证明上标注本次汇出金额和汇出日期。

第二十一条　居民个人在境外进行直接投资或者间接投资的用汇，按照下列规定办理：

(一)一次性汇出等值1万美元以下的，应当持本办法第二十二条规定的证明材料向所在地外汇局申请，经外汇局批准后，凭外汇局的批准文件到银行办理；

(二)一次性汇出等值1万美元(含1万美元)以上的，应当持本办法第二十二条规定的证明材料向所在地外汇局申请；由所在地外汇局转报国家外汇管理局批准后，凭所在地外汇局的批准文件到银行办理。

第二十二条　居民个人在境外进行直接投资或者间接投资，必须向银行或者外汇局提供下列相关证明：

(一)国内境外投资主管部门境外直接投资的批准文件、居民个人真实身份证明、投资

协议证明;

(二)国内境外投资主管部门境外间接投资的批准文件、居民个人真实身份证明、投资协议证明。

第四章 外汇帐户管理

第二十三条 居民个人由境外汇入的外汇或携入的外汇票据,均可以开立现汇帐户存储;居民个人从境外携入或者持有的可自由兑换的外币现钞,均可以开立现钞帐户存储。

第二十四条 居民个人将外汇收入存入外汇帐户,按照下列规定办理:

(一)一次性存入等值1万美元以下的,直接到银行办理;

(二)一次性存入等值1万美元(含1万美元)以上的,须向银行提供真实的身份证明,银行登记备案后予以办理。

第二十五条 居民个人从现汇帐户中提取外币现钞或将外汇帐户中的外汇收入兑换成人民币,比照第九条的规定办理;居民个人从现钞帐户中提取外币现钞,按照下列规定办理:

(一)一次性提钞等值1万美元以下的,直接到银行办理;

(二)一次性提钞等值1万美元(含1万美元)以上的,须向银行提供真实的身份证明,银行登记备案后予以办理。居民个人外汇帐户不得用于办理境内帐户间的划转及结算。

第五章 监督管理

第二十七条 居民个人从境外汇入或者携入外汇，以及汇出或者携出外汇，均应当按照有关规定办理国际收支统计申报和海关申报。

第二十八条 居民个人通过国际邮政汇兑中心办理外汇汇入及汇出，按照对邮政汇兑的有关规定办理。

第二十九条 各银行应当根据本办法，管理、监督境内居民个人的外汇收付与兑换，对于一月之内三次进入登记备案记录或者超过 15 万美元(含 15 万美元)的异常情况应当于三个工作日之内报告外汇局。

第三十条 国家外汇管理局各分局应根据本办法，办理规定的居民个人外汇收支审核，监督检查辖内银行的居民个人外汇收支审核，定期向总局报送表格(见附表一和附表二)，并对银行报送的备案登记表进行定期分析。

第三十一条 凡违反本办法的，由外汇局根据《中华人民共和国外汇管理条例》处罚。

第六章 附则

第三十二条 本办法不适用于非居民，非居民外汇管理办法由国家外汇管理局另行制定。

第三十三条 本办法由国家外汇管理局负责解释。

第三十四条　本办法自1998年9月15日起施行。国家外汇管理局1996年2月发布的《关于境内居民外汇汇入款解付原币现钞的复函》、1996年5月发布的《境内居民因私兑换外汇办法》、《境内居民外汇存款汇出境外的规定》、1996年12月发布的《关于〈境内居民因私兑换外汇办法〉及〈境内居民外汇存款汇出境外的规定〉的补充通知》、1997年8月发布的《关于提高境内居民因私用汇标准的通知》同时废止。

B股操作指导篇

附录16　深沪两市A、B股价价差前十位个股

（2001年2月19日）

深市A、B股价差前十位个股

代码	简称	收市价（元）	代码	简称	收市价（港元）	B股折人民币	价差幅度（%）
0012	深南玻A	24.40	2012	深南玻B	2.90	3.08	692.93
0030	ST英达A	13.15	2030	ST英达B	1.94	2.06	538.80
0020	深华发A	17.39	2020	深华发B	2.62	2.78	525.52
0017	ST中华A	7.83	2017	ST中华B	1.21	1.28	509.85
0028	深益力A	20.15	2028	深益力B	3.35	3.55	466.86
0613	ST东海A	7.20	2613	ST东海B	1.22	1.29	456.18
0026	飞亚达A	15.40	2026	飞亚达B	2.74	2.91	429.68
0025	ST特力A	10.60	2025	ST特力B	1.93	2.05	417.60
0413	宝石A	10.97	2413	宝石B	2.00	2.12	416.92
0018	深中冠A	16.79	2018	深中冠B	3.10	3.29	410.43

沪市A、B股价差前十位个股

代码	简称	收市价（元）	代码	简称	收市价（美元）	B股折人民币	价差幅度（%）
600679	凤凰股份	24.29	900916	凤凰B股	0.439	3.63	568.48
600845	ST钢管	21.42	900926	ST钢管B	0.461	3.82	461.37
600680	上海邮通	20.77	900930	邮通B股	0.470	3.89	433.91
600614	胶带股份	26.35	900907	胶带B股	0.598	4.95	432.36
600818	ST永久	13.20	900915	ST永久B	0.309	2.56	416.11
600623	轮胎橡胶	14.81	900909	轮胎B股	0.355	2.94	404.03

600612	第一铅笔	15.26	900905	中铅B股	0.371	3.07	396.94
600843	上工股份	17.06	900924	上工B股	0.430	3.56	379.33
600844	英雄股份	15.48	900921	英雄B股	0.391	3.24	378.32
600617	联华合纤	20.13	900913	联华B股	0.510	4.22	376.87

(注:A、B股收市价取2月19日,2月19日汇率1港元=1.0611人民币)

附录17 沪深B股复牌以来涨幅一览

(2001年3月9日)

代码	名称	收盘价(2001年3月9日)	复牌以来涨幅(%)
2002	深万科B	7.85	65.96
2003	ST金田B	2	42.86
2011	ST物业B	3.24	47.95
2012	洋南玻B	6.19	113.45
2013	深石化B	5.19	78.97
2015	PT中浩B	1.09	10.1
2016	深康佳B	6.55	54.48
2017	ST中华B	1.53	26.45
2018	深中冠B	5.95	91.94
2019	深深宝B	5.99	65.93
2020	深华发B	4.95	88.93
2022	深赤湾B	5.23	68.71
2024	招商局B	6.43	61.65
2025	ST特力B	2.6	34.72
2026	飞亚达B	5.33	94.53
2028	深益力B	6.35	95.52
2029	深深房B	3.44	58.53
2030	ST英达B	2.87	40.69
2037	深南电B	7.43	114.74
2039	中集集团B	12.67	81.52

续表

代码	名称	收盘价(2001年3月9日)	复牌以来涨幅%
2041	深本实B	8.62	96.8
2045	深纺织B	5.96	86.83
2053	深基地B	4.91	74.11
2054	深建摩B	3.03	81.44
2055	深圳方大B	6.17	62.8
2056	深国商B	4.11	71.25
2057	ST大洋B	2.11	29.45
2058	深赛格B	3.47	49.57
2152	山航B	4.8	85.33
2160	帝贤B	7.95	83.6
2168	雷伊B	6.72	69.27
2413	宝石B	3.48	74
2418	小天鹅B	6.66	68.61
2429	粤高速B	5.02	57.86
2468	宁通信B	4.97	65.67
2488	晨鸣纸业B	7.46	75.12
2505	珠江B	3.6	60.71
2512	闽灿坤B	6.27	87.72
2513	丽珠B	4.5	68.54
2521	美菱电器B	3.53	58.3
2530	大冷股份B	3.98	69.36
2539	粤电力B	5.46	73.89
2541	粤照明B	7.31	61.73
2550	ST江铃B	2.79	42.35
2553	沙隆达B	3.76	60
2570	苏常柴B	4.8	59.47
2581	苏威孚B	5.62	70.82
2596	古井贡B	9.44	89.56
2613	ST东海B	1.57	28.69
2625	长安汽车B	2.84	65.12
2706	瓦轴B	3.97	78.03

续表

代码	名称	收盘价(2001 年 3 月 9 日)	复牌以来涨幅%
2725	京东方 B	6.65	74.08
2726	鲁泰 B	7.99	79.55
2761	本钢板 B	3.65	95.19
2770	武锅 B	3.16	91.52
2771	杭汽轮 B	4.85	68.4
2869	张裕 B	8.26	87.73
2986	粤华包 B	4.96	90.04
2992	中鲁 B	7.02	107.69
900901	真空 B 股	0.768	46.85
900902	二纺 B 股	0.418	37.05
900903	大众 B 股	0.812	31.18
900904	永生 B 股	0.885	56.08
900905	中铅 B 股	0.57	53.64
900906	ST 中纺 B	0.412	36.88
900907	胶带 B 股	1.177	79.15
900908	氯碱 B 股	0.476	32.59
900909	轮胎 B 股	0.461	29.86
900910	冰箱 B 股	0.54	38.46
900911	金桥 B 股	0.658	36.8
900912	外高 B 股	0.743	25.93
900913	联华 B 股	0.898	76.08
900914	新锦 B 股	0.511	43.14
900915	ST 永久 B	0.414	33.98
900916	凤凰 B 股	0.828	88.61
900917	海欣 B 股	1.02	57.89
900918	耀皮 B 股	0.756	46.51
900919	大江 B 股	0.541	30.36
900920	上柴 B 股	0.53	45.21
900921	英雄 B 股	0.598	52.94
900922	三毛 B 股	0.938	61.72
900923	友谊 B 股	0.755	39.81

续表

代码	名称	收盘价(2001年3月9日)	复牌以来涨幅%
900924	上工B股	0.68	58.14
900925	上菱B股	1.22	55.02
900926	ST钢管B	0.68	47.51
900927	物贸B股	0.664	55.5
900928	自仪B股	0.505	43.47
900929	国旅B股	0.858	61.89
900930	邮通B股	0.849	64.22
900931	PT水仙B	0.214	10.31
900932	陆家B股	0.663	33.94
900933	华新B股	0.452	41.25
900934	新亚B股	0.642	65.46
900935	金泰B股	0.677	36.77
900936	鄂绒B股	0.965	90.71
900937	龙电B股	1.008	67.44
900938	天海B股	0.639	54.35
900939	汇丽B股	0.855	77.39
900940	华源B股	0.605	43.71
900941	东信B股	1.513	47.32
900942	黄山B股	0.75	42.59
900943	开开B股	0.86	67.97
900945	海航B股	0.585	39.29
900946	轻骑B股	0.367	29.68
900947	振华B股	0.862	52.84
900948	伊煤B股	0.48	52.87
900949	东电B股	0.735	66.67
900950	五菱B股	0.45	52.03
900951	大化B股	0.509	51.94
900952	锦港B股	0.731	51.03
900953	凯马B股	0.506	51.5
900955	茉织华B	1.446	71.73
900956	东贝B股	0.624	72.38
900957	凌云B股	0.823	90.95

附录 18　复盘以来市场表现十强 B 股

名称	涨幅(%)	2001 年 3 月 8 日收盘价(港币)	每股收益(元)	B 股(万股)
深南电 B	95	6.75	0.15	7326
深南玻 B	94	5.63	0.12	22300.80
中鲁 B	89	6.38	0.40	12000
飞亚达 B	80	4.94	0.03	5832
茉织华 B	80	1.315 *	0.52	11000
深益力 B	79	5.98	0.07	5488.56
深本实 B	79	7.84	−0.01	1573
胶带 B	79	1.070	0.01	4174.50
本钢板 B	78	3.32	0.18	40000
凤凰 B	75	0.77 *	0.02	13200

说明:以上涨幅的计算以 2001 年 2 月 19 日的收盘价为基础,以复盘后的最高收盘价为其最高价。带 * 标记的收盘价以美元计算。

附录 19　复牌以来市场表现十弱 B 股

名称	涨幅(%)	2001 年 3 月 8 日收盘价	每股收益(元)	B 股(万股)
轮胎 B 股	23.08	0.44	−0.29	24310
氯碱 B 股	21.38	0.456	0.03	4656
二纺 B 股	20.89	0.395	−0.01	23292.50
轻骑 B 股	20.69	0.345	0.002	230000
陆家 B 股	20.65	0.634	0.01	50960
金桥 B 股	19.9	0.620	0.04	20449

续表

名称	涨幅(%)	2001年3月8日收盘价	每股收益(元)	B股(万股)
自仪B股	19.05	0.459	-0.03	10714.55
五菱B股	18.95	0.412	0.0038	13391.4
新锦B股	18.6	0.468	0.001	14640.91
海航B股	18.32	0.553	0.04	7668

说明：由于大多数股价下跌的B股都是在2001年3月6日高开后出现回调，所以我们计算跌幅时以2001年3月6日的开盘价作为基点，以2001年3月6日以后(至2001年3月8日)出现的最低收盘价为股价回调的低点。

附录20　深沪两市市价低于每股净资产的B股一览表

序号	代码	商品名称	涨幅	成交价	每股资产	总股本	流通	每股净值	上市日期
1	2513	丽珠B	3.49	2.67	0.042	30 604	10 341	2.976	19930720
2	2521	皖美菱B	3.24	2.23	0.01	41 364	11 310	3.401	19960828
3	2570	苏常柴B	2.03	3.01	0.204	37 425	10 000	4.595	19940701
4	2418	小天鹅B	1.8	3.95	0.626	36 510	8 400	5.562	19960718
5	2530	大冷B	1.29	2.35	0.208	35 001	11 500	3.131	19980318
6	2625	长安B	1.18	1.72	0.056	12 2667	17 500	1.963	19961108
7	2024	招商局B	1.02	3.98	0.362	47 640	13 622	4.446	19930607
8	2016	深康佳B	0.95	4.24	0.448	60 199	6 380	5.977	19920327
9	2706	瓦轴B	0.9	2.23	0.174	33 000	13 000	3.076	19970325
10	2553	沙隆达B	0.86	2.35	0.094	29 696	11 500	3.381	19970515
11	2770	武锅B	0.61	1.65	0.008	29 700	12 500	1.66	19980413
12	2761	本钢板B	0.54	1.87	0.36	113 600	40 000	2.899	19970708

续表

序号	代码	商品名称	涨幅	成交价	每股资产	总股本	流通	每股净值	上市日期
13	2058	深赛格 B	-1.28	2.32	0.042	72 615	22 804	2.397	19961226
14	900914	新锦 B 股	4.81	0.283	0.004	97 182	23 000	3.077	19931206
15	900920	上柴 B 股	4.29	0.365	0.154	48 031	21 700	3.465	19940311
16	900946	轻骑 B 股	3.78	0.357	0.002	50 146	14 641	3.009	19930607

说明：

1.深圳 B 股成交价单位为港元，上海 B 股成交价单位为美元，每股净资产单位为人民币 2.美元兑人民币汇率按 1:8.30 计算；

2.港元兑人民币汇率按 1:1 计算。

3.每股收益数值单位为人民币(元)，其数值为中期收益×2。

附录 21　个股操作宝典

代码	名称	市盈率	AB 股价差(元)	操作指南
2002	深万科 B	13.96	9.77	中线潜力股，7.8 元附近有较大阻力
2003	ST 金田 B	——	4.31	公司已连续三年亏损，有摘牌危险
2011	ST 物业 B	61.25	7.04	短线 4 元附近可获利了结
2012	深南玻 B	12.84	20.16	B 股差价巨大，上升空间广阔，中线持股
2013	深石化 B	25.68	8.78	流通盘较小，在 4.2 元附近将可反复
2015	PT 中浩 B	——	3.45	有摘牌危险，不碰为益

续表

代码	名称	市盈率	AB股价差(元)	操作指南
2016	深康佳B	10.24	8.05	短线股价将迅速向净资产值6元靠拢
2017	ST中华B	——	5.56	中线持股风险较大,逢高派发
2018	深中冠B	71.62	12.3	流通盘极小,有投机抄作价值
2019	深深宝B	34.86	8.9	流通盘极小,有投机抄作价值
2020	深华发B	——	14.81	4元附近可获利了结
2022	深赤湾B	15.99	8.52	短线4元附近有阻力
2024	招商局B	11.68	8.53	5.8元以下可适量介入
2025	ST特力B	——	7.03	公司已连续2年亏损,有摘牌危险
2026	飞亚达B	48.86	12.43	随大市作波段性操作
2028	深益力B	25.43	16.45	短线有望迅速填权,持股
2029	深深房B	64.06	6..87	在3.2元附近有阻力
2030	ST英达B	——	10.22	有重组题材,持股
2037	深南电B	11.94	11.67	5元附近可获利了结
2039	中集B	6.12	18.65	绩优潜力股,在14元附近有极强阻力
2041	深本实B	——	——	小盘袖珍股,可投机性参与
2045	深纺织B	21.19	11.05	流通盘极小,有投机抄作价值,持股
2053	深基地B	17.03	——	短线4.7元附近有较强阻力
2054	深建摩B	177.49	——	价位较低,在2.5元以下可以介入
2055	深方大B	16.34	12.51	随大市作波段性操作
2056	深国商B	64.74	8.36	筹码锁定性较强,中线持股

续表

代码	名称	市盈率	AB股价差(元)	操作指南
2057	ST大洋B	——	——	公司已连续三年亏损,参与风险较大
2058	深赛格B	58.71	——	股质一般,随大市作波段性操作
2152	山航B	15.29	——	庄家介入迹象较为明显,中线持股
2160	帝贤B	38.35	——	庄股,只要不放巨量便可持股
2168	雷伊B	21.1	——	中线量度升幅,在7元附近
2413	宝石B	17.48	8.16	股质一般,随大市作波段性操作
2418	小天鹅B	6.7	7.83	在8元附近有阻力
2429	粤高速B	12.86	10.87	公共事业股,在4元以下可参与
2468	宁通信B	66.43	——	在4元以下果断介入
2488	晨鸣B	7.14	7.62	绩优潜力股,在6元以下作中线吸纳
2505	珠江B	——	12.48	前四个涨停打开则介入,持有至与A股差40%止
2512	闽灿坤B	8.186	7.31	前五个涨停打开则介入,持有,目标价7元以上
2513	丽珠B	66.75	8.77	前五个涨停打开则介入,持有至与A股差50%止
2521	皖美菱B	223	6.09	操作同丽珠B
2530	大冷B	23.5	6.75	操作同珠江B
2539	粤电力B	8.486	7.85	操作同珠江B
2541	粤照明B	10.762	7.43	操作同珠江B
2550	ST江铃B	163.333	5.26	操作同珠江B

续表

代码	名称	市盈率	AB股价差(元)	操作指南
2553	沙隆达B	25.033	7.69	操作同珠江B
2570	苏常柴B	15.05	5.51	操作同珠江B
2581	苏威孚B	9.139	8.15	操作同珠江B
2596	古井贡B	7.905	19.41	操作同珠江B
2613	ST东海B	——	4.83	集合竞价以涨停板买入,持有至与A股价差50%止
2625	长安B	30.714	5.07	集合竟价以涨停板买入,持有至与A股价差60%止
2706	瓦轴B	12.816	——	前四个涨停打开则介入,再升60%出货
2725	京东方B	18.725	13.2	操作同瓦轴B
2726	鲁泰B	21.2	10.53	操作同瓦轴B
2761	本钢B	5.183	5.92	前四个涨停打开则介入,持有至与A股差50%止
2770	武锅B	201.22	——	前三个涨停打开则介入,持股价翻倍以上再出货
2771	杭汽轮B	14.4	——	操作同武锅B
2869	张裕B	8.462	15.68	操作同武锅B
2986	粤华包B	9.834	——	操作同武锅B
2992	中鲁B	8.204	——	操作同武锅B
900901	真空B股	10.07	8	在1美元以下不卖
900902	二纺B股	10.3	7.35	在0.6–1美元之间卖出
900903	大众B股	12.94	9.29	在1美元以下不卖
900904	永生B股	35.5	16.61	在1.03美元以下不卖
900905	中铅B股	31.98	10.85	在0.74美元以下不卖

续表

代码	名称	市盈率	AB股价差(元)	操作指南
900906	ST中纺B	——	7.9	在0.6美元以下不卖
900907	胶带B股	225	24.72	在1.2美元以下不卖
900908	氯碱B股	57.13	9.5	在0.72美元以下不卖
900909	轮胎B股	——	10.55	在0.71美元以下不卖
900910	冰箱B股	16.48	10.76	在0.78美元以下不卖
900911	金桥B股	49.75	9.38	在0.9美元以下不卖
900912	外高B股	138.75	13.9	在1美元以下不卖
900913	联华B股	96.52	15.87	在1.1美元以下不卖
900914	新锦B股	1475	9.3	在0.71美元以下不卖
900915	ST永久B	——	8.98	在0.618美元以下不卖
900916	凤凰B股	84	21.83	在0.9美元以下不卖
900917	海欣B股	19.53	9.58	在1.1美元以下不卖
900918	耀皮B股	15.93	9.63	在0.7美元以下不卖
900919	大江B股	130	10.17	在0.754美元以下不卖
900920	上柴B股	19.61	10.05	在0.73美元以下不卖
900921	英雄B股	62.31	11.23	在0.782美元以下不卖
900922	三毛B股	48	9.08	在1.16美元以下不卖
900923	友谊B股	9.23	10.73	在0.98美元以下不卖
900924	上工B股	43.41	12.79	在0.86美元以下不卖
900925	上菱B股	10.05	10.75	在1.18美元以下不卖
900926	ST钢管B	1765	15.15	在0.922美元以下不卖
900927	物贸B股	——	12.01	在0.854美元以下不卖
900928	自仪B股	——	8.76	在0.704美元以下不卖
900929	国旅B股	43.9	——	在1美元以下不卖

续表

代码	名称	市盈率	AB 股价差(元)	操作指南
900930	邮通 B 股	21.37	15.1	在 1 美元以下不卖
900931	PT 水仙 B	——	4.75	整体升幅过大减磅
900932	陆家 B 股	291.8	10.55	短线参与抢盘,升幅大于 50%适当回吐
900933	华新 B 股	200	6.89	在急拉回档后再作介入
900934	新亚 B 股	16.43	7.83	下档承接有力,可作中线关注跟进
900935	金泰 B 股	625	——	有联动上涨要求,但不宜过分重仓追高
900936	鄂绒 B 股	16	——	技术上有创新高要求,注意回吐压力
900937	龙电 B 股	16.1	10.4	强势上攻组合形态,中线潜力较大
900938	天海 B 股	32.34	8.05	短线随支书联动,高位放巨量则应谨慎
900939	汇丽 B 股	96.2	——	明显强势攀升走势,短中线跟进关注
900940	华源 B 股	15.77	7.17	短中线热炒后有回档要求,追高谨慎
900941	东信 B 股	16.43	14.95	下档承接积极,有创新高能力,关注
900942	黄山 B 股	15.39	9.1	整体走势随市场波动,可作短中线介入
900943	开开 B 股	31.62	——	中线反复向上,急升回档后可逢低建仓

续表

代码	名称	市盈率	AB股价差(元)	操作指南
900945	海航B股	19.33	5.08	报复性上涨有回吐要求,快进快出操作
900946	轻骑B股	117.92	3.59	中线则仍会较为乏力,急拉后建议减磅
900947	振华B股	23.65	9.21	短线较强,中线反复,回调跟进
900948	伊煤B股	144.7	——	短中线有一定持续上升动力,值得关注
900949	东电B股	8.9	——	中线上涨潜力较大,值得关注
900950	五菱B股	163.54	——	短线升后有回档要求,宜高位派发
900951	大化B股	76.2	——	短线反弹后有反复调整压力,高位减磅
900952	锦港B股	17.41	9.2	投机抄作气氛较浓,快进快出操作
900953	凯马B股	21.27	——	上升通道运行良好,中线有望跑赢大盘
900955	茉织华B	18.56	——	报复上涨要求较强,值得短中线关注
900956	东贝B股	——	——	顺势波动为主,拉升过急则应注意回吐
900957	凌云B股	13.71	——	次新B股,有一定的中线上涨潜力

附录22　个股逐个数

上海B股

真空B股(900901):流通股21 083万,收益0.215,净资产3.14。业绩好,净值高,持股看涨。

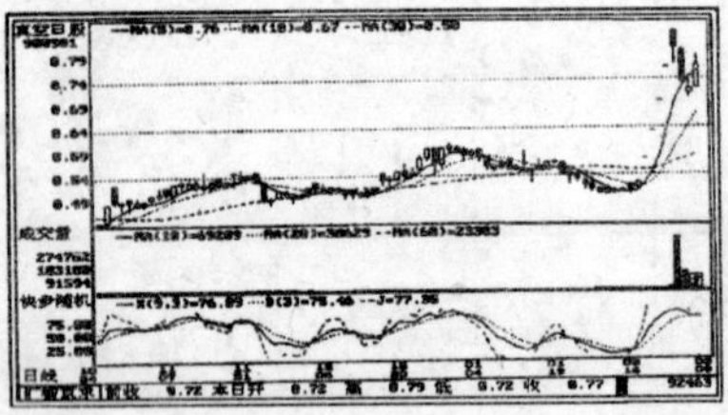

海通证券:公司主营真空电子器件及其应用产品、配件的生产和销售,主导产品为各种型号和尺寸的彩色显像管及其主要配套件玻壳、电子枪和荫罩等。2000年上半年,公司完成了对增发新股募集资金投资项目中现有高新技术企业上海永新彩色显象管有限公司、上海旭电子玻璃有限公司和上海索广映像有限公司的高新大屏幕彩管及彩管玻壳等项目的投入,使公司主营业务产品的生产与销售取得了稳步增长。

国泰君安:1999年在国内增发A股筹集资金超过12亿元,公司增发资金主要投资于PDP等离子项目,但由于PDP在产业化方面存在障碍,预计真空电子PDP项目在今后2年内将不会给公司产生回报。

二纺B股(900902):流通股23 292万,收益-0.01 ,净资产1.56。AB股差价仍较大,看高一线。

海通证券:公司主营纺织机械、纺织器材、服装机械、机电产品、环保设备、建筑装潢、计算机工程、办公室自动化、金

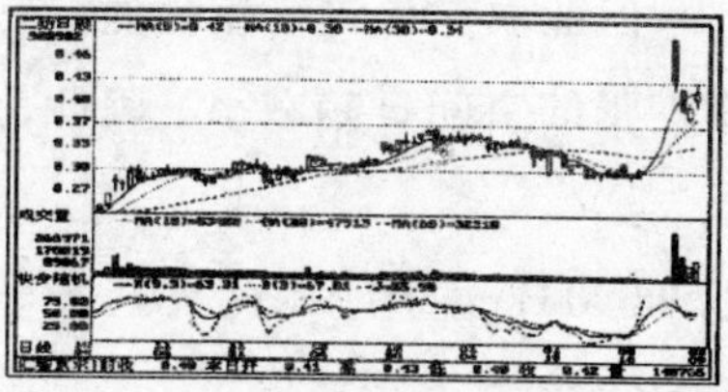

属材料、建筑材料、纺织原料、五金交电、日用百货、服装服饰、设备租赁、外经贸委批准的自营进出口业务。由于公司目前仍处于纺织结构调整的恢复时期，特别是出口产品价格竞争日趋激烈，产品毛利率仍较低，再加上近年来在建工程陆续竣工入帐，固定资产折旧较大，因此报告期内出现了亏损情况。

大众B股(900903)：流通股20 280万，收益0.180，净资产3.48。调整结束，有机会上试1美元。

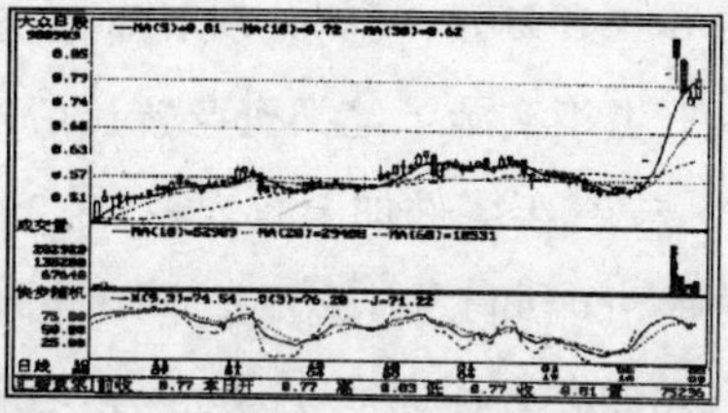

海通证券：公司主营城市客运和城市货运。经营领域除上海本地外，还涉足杭州、无锡、合肥等国内主要省会城市。2000年中期公司加大了对公司物流板块的投入。与和黄天美有限公司就双方共同推进物流产业的发展签定了合作协议后，公司又组建了大众集装箱运输公司，大众国际货代有限公司还开发了海运代理业务。以构建仓储、运输、集散等完善物流体系为服务平台的经营模式正逐步予以落实。

国泰君安：预计现代物流业将迅速发展，大众交通的业绩具备增长潜力，但业内竞争将日益激烈，而由于市场容量的限制，其规模扩张的空间日趋减小。因此，公司的成长性一般。

永生B股(900904)：流通股4 562万，收益0.06，净资产2.24。盘子小，AB股价差有待拉近。

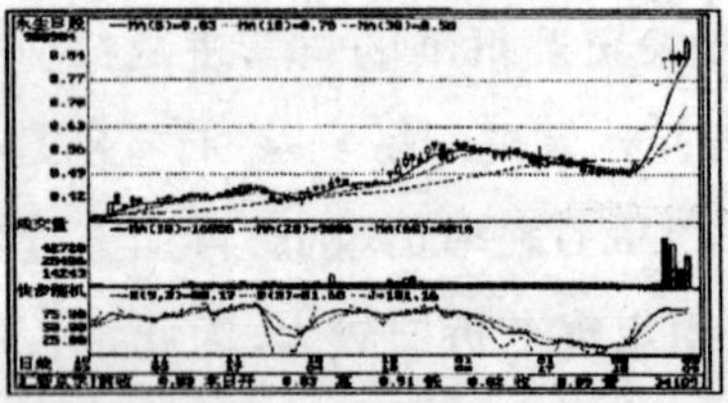

海通证券：主营生产笔类及其配套礼品、零配件和汽车零部件与机械加工；销售自产产品；投资基础设施和其他符合鼓励外商投资产业项目。2000年中期主营收入为1959万元，主营利润为644.8万元，同比分别下降27%与17%，主要原因是2000年下半年实施了笔类资产转让后，同比口径不一致所致，主营收入中汽车零件加工收入占58.2%，笔类销售占39.5%，公司上半年净利润为879万元，同比增加536万元。

中铅B股(900905)：流通股12 005万，收益0.048，净资产1.83。调整结束后仍将继续上升。

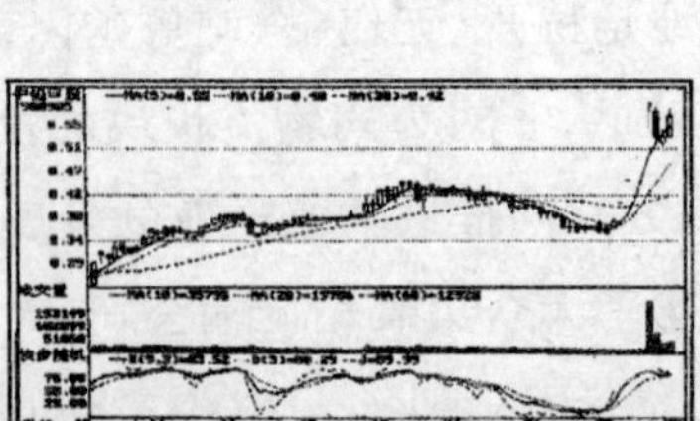

海通证券：主要从事笔类文化用品和笔类化妆用品以及与之相配套产品的生产与销售。2000年上半年，公司面对日

趋激烈的市场竞争环境，一是主动出击，灵活应对，推动产品销售，1～6 月份销售收入同比增长 11.3%。二是积极促进产品对外销售，增加出口数量。前 6 个月累计出口铅笔 2.97 亿支，同比增长 12.9%。自营出口创汇达到 766 万美元，同比上升 10.3%。三是加快产品结构调整，走精品化、礼品化、高档化的道路，彩色铅笔、铅笔削笔器、铅笔橡皮、特种铅笔等新的拳头产品上半年销售增长明显。另外，铅笔板出口也由去年的 2 万罗猛增到 25.6 万罗。四是继续控制投入与产出，降本增效。

ST 中纺 B 股(900906)：流通股 12 012 万，收益 -0.032，净资产 0.40。已连续两年亏损，风险渐增。

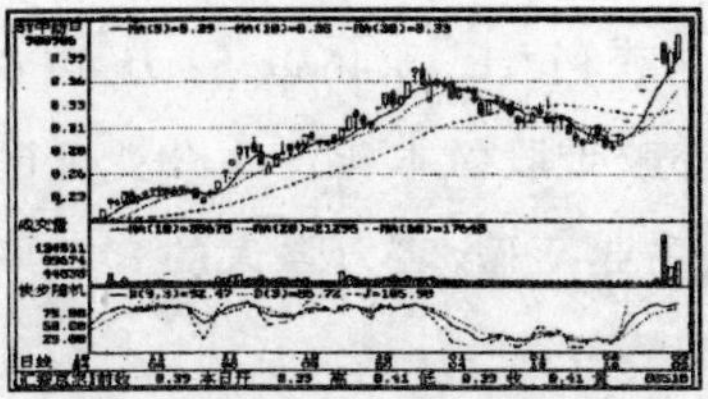

海通证券：主要从事纺织机械及有关器材的生产与销售等项业务，公司 2000 年上半年推出了较有力度的结构调整、降本增效的重大举措，为企业扭亏和步入盈利发展之路打下坚实的基础。

国泰君安：2000 年下半年及今年的经营环境进一步好转，公司也在进行内部调整，争取扭亏，但作为一个劳动力和资金密集型产业，公司面临的困难也是明显的，一是劳动力成本过高(含分流员工安置医疗退休等)，二是缺乏融资渠道，发展资金短缺。公司的重组不是容易的。

胶带 B 股(900907)：流通股 4 174 万，收益 0.011，净资

产 1.40。盘小好炒，AB 股差价仍较大，持股看涨。

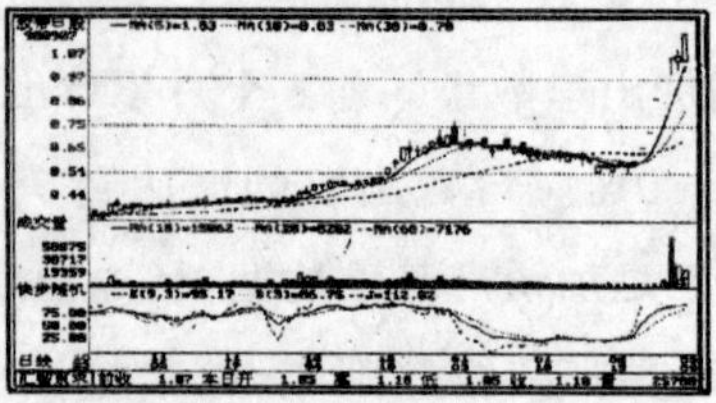

海通证券：主营包括国有资产经营与管理、实业投资、化工医药产品及设备的制造、销售和安装。

国泰君安：2000 年 11 月 28 日，三九企业集团成为胶带股份的第一大股东。2000 年 12 月 17 日，该公司发布公告，根据《房地产转让协议》，三九集团受让胶带股份拥有的四处房地产，本次交易如能获得成功，胶带股份将获得人民币 6984.7169 万元，获利人民币 4660.52 万元(税前)，本次交易的获利将能弥补胶带股份本年度主营业务的亏损。该公司业绩逐年下滑，主业萎缩，实力强大的三九集团入主后将给该公司注入新的活力。

氯碱 B 股(900908)：流通股 40 656 万，收益 0.025，净资产 2.60。盘子偏大，短期仍有一段上涨空间。

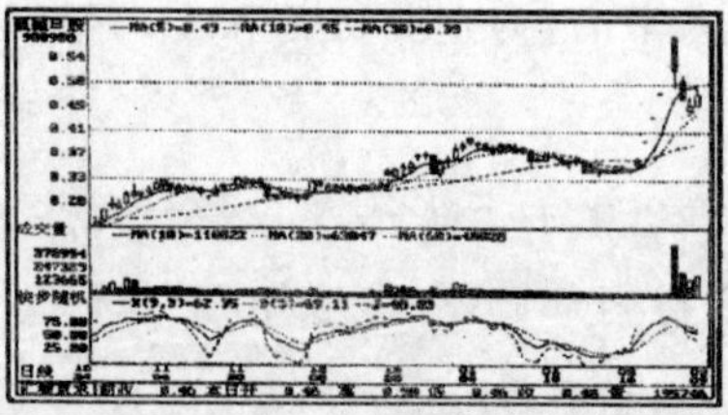

海通证券：主营为生产、销售聚氯乙烯、烧碱、氯等系列化工原料及加工产品。2000 年中期内经营状况继续好转，主要产品聚氯乙烯产量和售价已恢复到较好水平，烧碱价格也

止跌回升，生产创历史新高，市场销售持续上升。随着国际石油价格的上升，下游商品价格均有不同程度上升。

国泰君安：该公司将利用部分装置向位于漕泾的上海化学工业区转移的机会进行技术改造，该公司还计划在上海化学工业区新建32万吨/年聚氯乙烯装置，建成后聚氯乙烯生产能力将达到62万吨/年。如果上述项目能够顺利建成，该公司未来将具有非常好的发展前景。

轮胎B股(900909)：流通股24 310万，收益-0.291，净资产2.11。已预告年报亏损，将进入ST行列，不宜过分追涨。

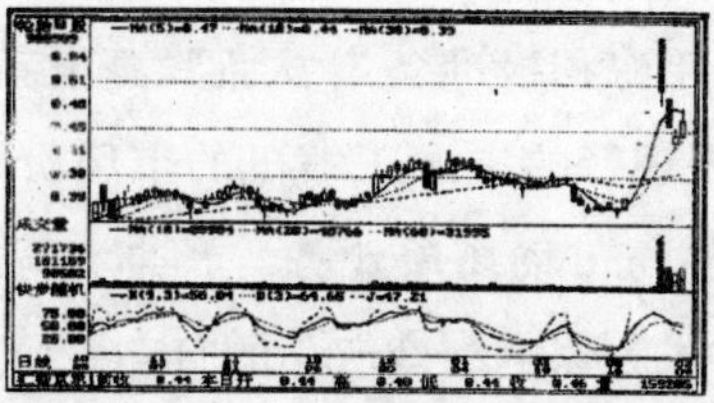

海通证券：公司所处的行业属化工行业轮胎橡胶制造专业。主营斜交汽车轮胎、子午线汽车轮胎两大类产品。2000年中期公司实现主营业务收入205,239.75万元。公司的经济状况进一步恶化，虽然公司采取了许多措施，但在销售等方面没有取得明显的突破，资金紧缺，开工不足，亏损严重。

国泰君安：该公司由于债务负担较重，靠自己解困难度很大。为了摆脱困境，该公司开始寻求与世界上最大的轮胎生产企业法国米其林公司合资。由于合资谈判过程中遇到了一些问题，该公司希望通过出让资产扭亏的想法未能实现，因此2000年将继续亏损，预计亏损额将达4.5亿元，每股亏损0.51元。

冰箱 B 股(900910):流通股 17 940 万,收益 0.089,净资产 2.60。业绩不理想,0.91 美元有阻力。

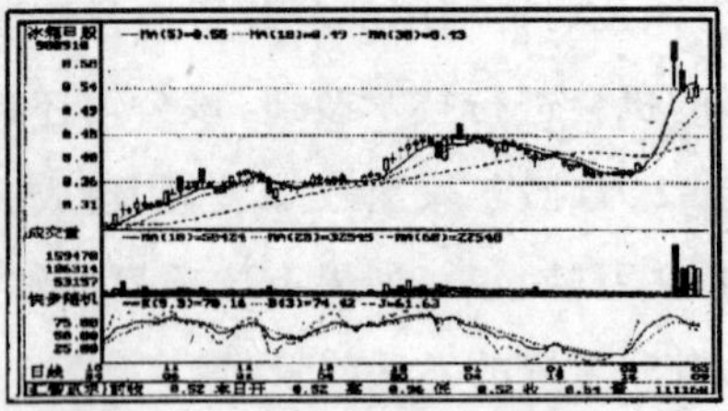

海通证券:主营为空调压缩机、冰箱压缩机及相关产品的生产和销售,分别由公司投资的“上海日立”、“森林电器”、“上海扎努西”经营。

国泰君安:公司已完成了回购部分国家股并注销的工作,预计公司今年将积极准备增发新股募集新的资金;同时,公司将继续扩展现行的空调压缩机的市场份额;完成冰箱压缩机的产品调整与市场拓展业务。预期公司将逐步走出调整的阴影,并向成为家电制冷产品的“Intel”目标迈进。

金桥 B 股(900911):流通股 20 449 万,收益 0.04,净资产 2.36。盘大绩平,阻力位 0.89。

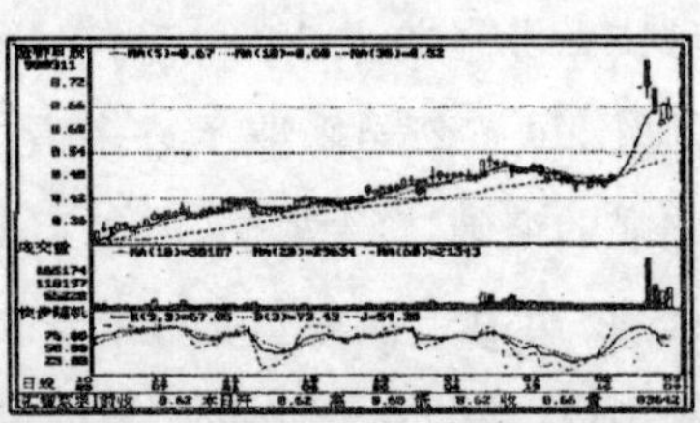

海通证券:主营为房地产开发经营销售出租和中介;土地使用权投资等。2000 年上半年实现主营业务收入 22,940 万元,净利润 2,816 万元,分别为年计划的 57%、54%,做到时间过半,完成任务过半。

国泰君安：随着浦东进入条件的改善、浦东在上海乃至全国经济地位的提高和入世后上海市房地产市场的全面开放，公司房地产业务将呈稳定发展态势。由于公司在区域开发方面的成功经验，已经吸引了业内龙头企业如万科的关注，如果双方能够成功合作，将在一定程度上解决其持续发展存在的土地储备和对外扩张问题。

外高B股(900912)：流通股18 232万，收益0.016，净资产2.09。接近0.9美元附近，压力增大。

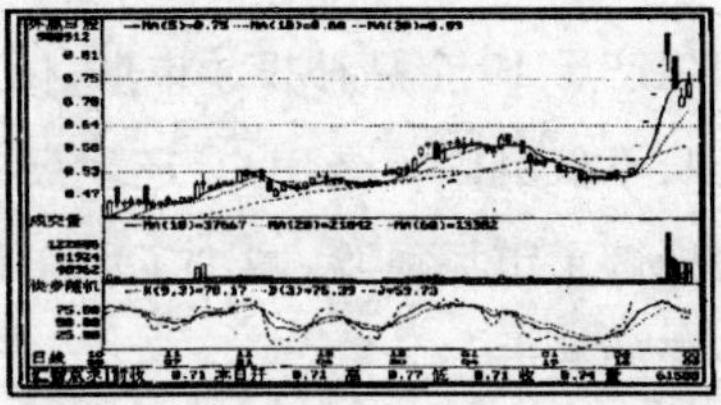

海通证券：公司主营保税区受让地块内的房地产经营，工程承包及转口贸易、保税仓储等业务。公司强化招商引资，以汽车交易市场为契机启动D8地块11万平方米房产租售，2000年上半年累计出租近万平米；D7地块报告期内编制了地块开发方案并完成了单层仓库建造的立项报批；积极探索资本运作业务。

国泰君安：随着保税区内部资源、组织结构的调整到位，公司业务逐步脱离下滑轨道。公司直接拥有的10余万平米的存量厂房有望2001年得到消化，新建的1.6万平米厂房租售状况也较正常。此外，公司计划将1.2平方公里的储备土地用于建设国际航运中心，以加快区港经济的形成，分享港口业务的高速成长。可以预见，外高桥主营业务将呈缓步稳定发展态势。

联华B股(900913):流通股3 600,收益0.023,净资产1.71。走势比其它个股强,盘小好炒,继续看高。

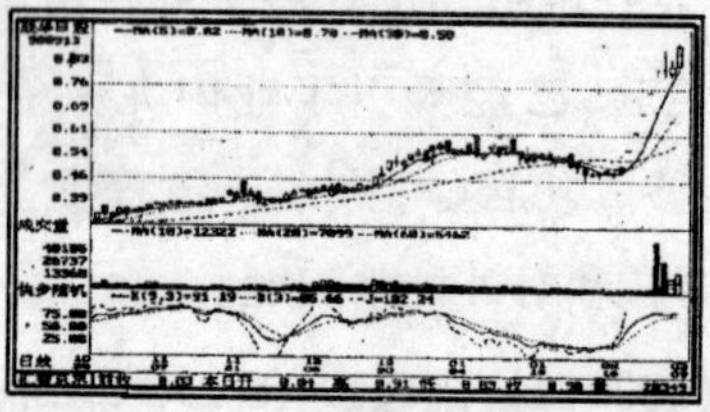

海通证券:主营生产、加工、销售聚酯切片、合成纤维及其深加工产品。公司扩大专用丝生产的同时,生产开发了军工丝,先后组织生产了19个品种投放市场,做到了特种、常规产品生产两不误,不仅巩固了老用户,还发展近10个国内外新用户,有效地抵御了市场风险,减少了由于原材料涨价、成本增高、效益下降的冲击。

国泰君安:未来几年,如果公司继续保持目前的主营结构,则公司经营业绩不可能得到大幅度地提升,相反则很有可能陷入亏损困境,特别是在我国入世后国外涤纶产品对我国涤纶市场形成较大冲击的情况下。公司目前虽有股权重组,但资产质量仍无调整。预计随着B股市场对国内投资者的开放,公司大规模资产重组的可行性也越来越大。

新锦B股(900914):流通股14 640万,收益0.001,净资产3.01。随大势上落,阻力位在0.8美元附近。

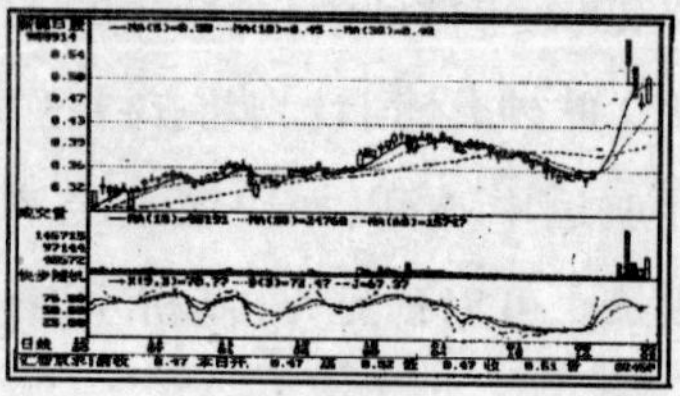

海通证券：主营为宾馆、物业管理、俱乐部、商场、房地产开发、车辆服务、洗涤制衣。公司所属的新锦江大酒店的客房因装修完毕，以全新的状态投入营业，营业收入有所增加；因部分餐厅正在装修，餐饮营业收入有所减少。公司所属的新锦江假日酒店也因开始装修改造，营业收入出现较大幅度的下滑，使公司的经营业绩受到了一定的影响。

国泰君安：由于公司已经丧失了市场融资能力，缺乏以增量启动存量的外部条件，未来发展在于依托集团公司，引入优质资产，改善经营业绩。

ST 永久 B 股(900915)：流通股 6 900 万，收益 -0.111，净资产 -0.33。连续两年半亏损，对这类即将 PT 的个股应小心。

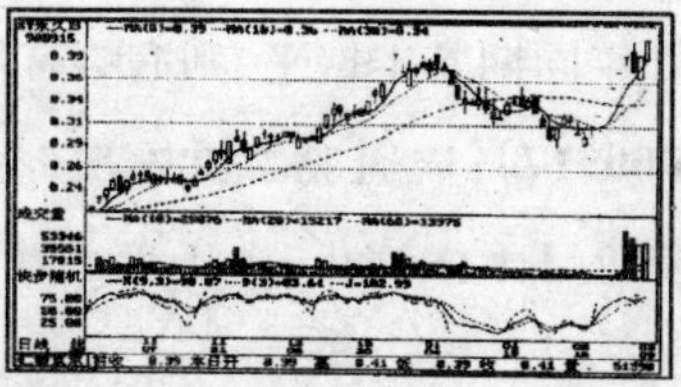

海通证券：主营生产、销售自行车及零部件、燃气助力车、电动助力车、特种车辆、自行车相关的配套产品，以及进出口和技术咨询业务等。2000 年上半年公司加大对资本、产品、人员三大结构调整的力度，以市场为导向，注重提高经济运行的质量，抓好影响经济效益的重点环节；结合公司南区土地置换，公司生产布局的调整也逐步到位；公司采取了一系列内部紧缩措施，大力压缩各类成本开支，因而初步达到公司年初提出的“努力摆脱困境，制止滑坡，力争大幅度减亏”的目标。

凤凰B股(900916):流通股13 200,收益0.02,净资产1.93。开禁以来天天阳线,在沪市B股中走势最强。

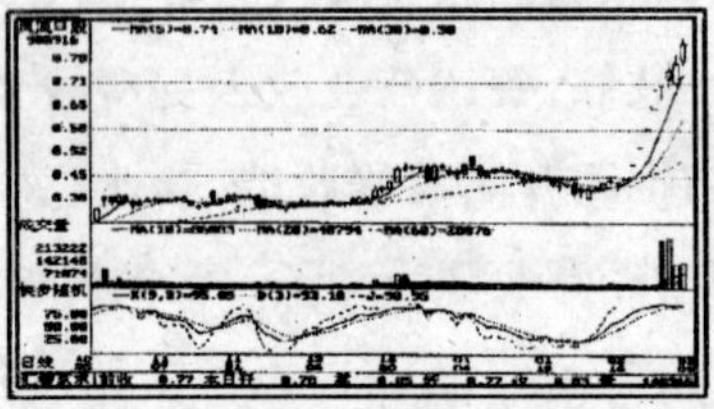

海通证券:公司主要生产经营自行车、助动车、摩托车、童车、健身器材及其零部件和自行车工业设备及模具,以及与上述产品相关的配套系列产品。2000年上半年,通过公司全体员工的共同努力,较好地完成了公司上半年的生产任务。在市场竞争激烈、销售形势严峻的情况下,公司上半年加大了在美国市场上的拓展力度,出口形势较为喜人,但总的销量仍与2000年同期基本持平,利润略有增长。

海欣B股(900917):流通股7 507万,收益0.167,净资产4.66,AB股差价已大大缩小,由于盘小绩优,短期仍有一定上涨空间。

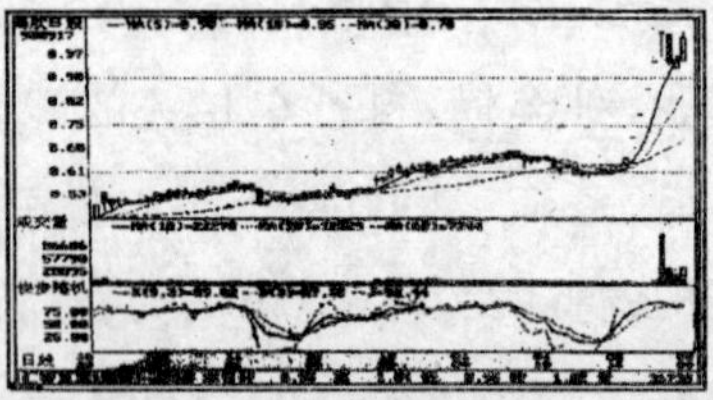

海通证券:公司目前仍主要从事纺织行业中长毛绒的生产加工,该类产品主要以外贸出口为主。由于石油价格上涨导致石化产品价格提高,使得公司原料成本增加,直接影响了产品利润率。

国泰君安:为克服主业增长乏力的现象,公司从 2000 年增发 A 股募集资金中,拿出 40000 万元用于投资医药行业。在投资医药行业前,该公司进行了充分的市场调研和论证。但毕竟是进入一个陌生的行业,存在一定的市场风险。该公司还将 3 亿多元投资于纺织主业,以巩固主业的竞争地位。由于近两年外销市场呈现出稳定增长的态势,入世后更意味着贸易机会的扩大,所以长毛绒业务仍成为今后几年中为公司带来稳定现金流的支柱产业。

耀皮 B 股(900918):流通股 12 500 万,收益 0.134,净资产 3.34。每股净值较高,看高一线。

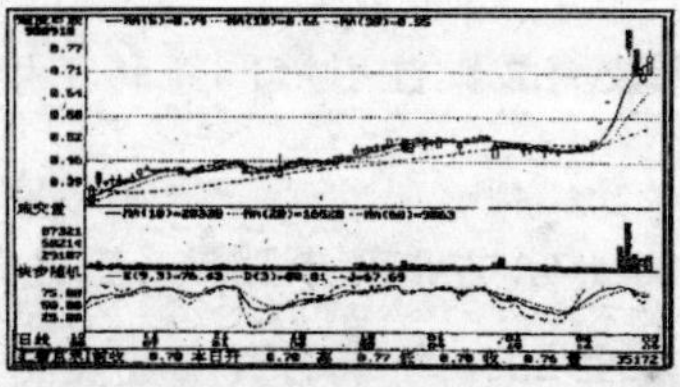

海通证券:公司隶属建材工业,系我国平板玻璃和建筑加工玻璃的大型骨干企业,主营生产和销售平板玻璃与玻璃深加工系列产品。2000 年上半年有可钢化、可热弯镀膜玻璃与点接式中空玻璃制作新工艺等两个项目研制成功,已用于具体工程项目并取得良好效果,为全年科研开发工作奠定了一个好的开局。

国泰君安:公司在 2001 年将会有一个飞跃发展,原因在于公司于 2000 年 8 月底在全行业率先展开了大规模的收购行动,顺利收购了广东浮法玻璃公司,使公司产能增长 50%,并取得了第三条采用美国 PPG 技术的高品质浮法玻璃生产线。在 2001 年 WTO 可能来临时,玻璃行业有较好的自我保护的能力。

大江B股(900919):流通股6 006万,收益0.012,净资产1.44。盘小可为,目前已到达历史高位区,阻力位0.70美元。

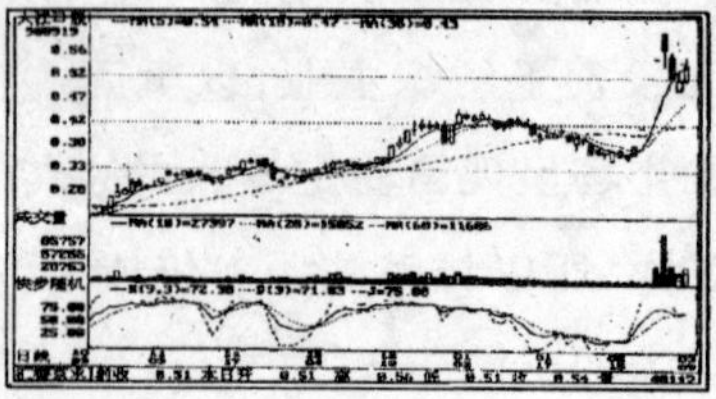

海通证券:主营家禽、家畜、水产的良种饲料及添加剂、生物制品、花卉肥料及有关食品加工产品、生物制品、兽药等。公司经营家畜家禽行业仅能产销平衡,但生物制药公司的国家二类新药玻璃酸钠注射液同意转正生产,可望为公司带来收益。

国泰君安:由于原主业前景黯淡,公司有强烈的拓展新产业的愿望,再加上2000年末的资产置换使公司手头拥有较充足的现金,同时也缓解了其盈利压力,这为公司进一步的资本运作奠定了良好的基础。但从目前来看,公司涉及的新业务较杂,覆盖了生物制药、旅游及基础设施建设,因而其未来主营业务发展方向有待廓清,目前来看其投资价值尚未发生实质性的提升。

上柴B股(900920):流通股21 700万,收益0.077,净资产3.50。短线看高,接近0.70美元时阻力较大。

海通证券:主营柴油机、工程机械、油泵及配件、柴油机配件、柴油电站、船用成套机组、机电设备及配件等。2000年上半年公司综合效益指数在全国同行业名列前茅。

国泰君安:作为一个中间产品的生产企业,上柴股份的

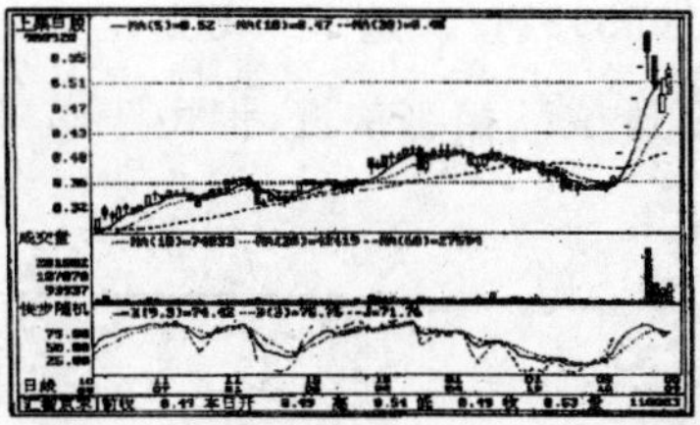

发展严重依赖于最终产品的发展，而面对日益激烈的市场竞争环境，公司的发展前景并不容乐观。纵观世界内燃机行业的发展，独立于最终产品之外的内燃机生产企业几乎没有，所以，公司的最终出路在于通过资产重组，寻找到一个有实力、可依靠的最终产品生产集团。

英雄 B 股(900921)：流通股 9 689 万，收益 0.026，净资产 2.15。AB 股股价尚有一段距离，持股看涨。

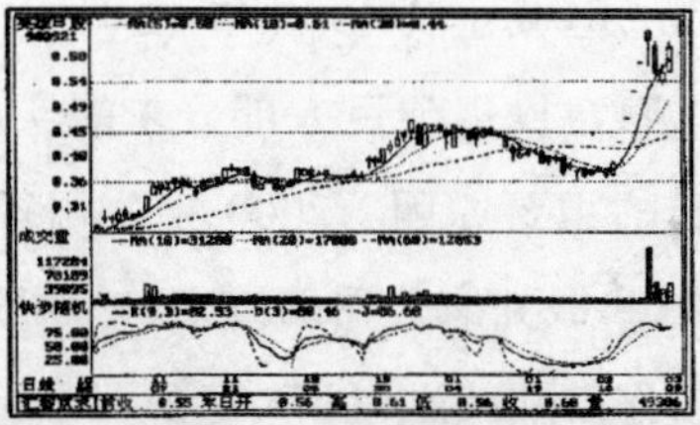

海通证券：主营为生产和销售笔类及办公用品、钢琴乐器、厨房设备等。2000 年上半年公司把握国际市场升温的有利时机，随行就市调整外销价格，取得较好经济效益。上半年，公司累计外销产品达 894 万美元，超过上年同期 39%。为加快新产品的开发力度，上半年先后开发了 97 对笔，进一步扩大和巩固了市场的占有率。钢琴、轻厨公司研制的新品咖啡壶、不锈钢包边汤碗上半年也获得较大的订单。英雄厨房设备公司引进意大利技术合作生产洗碗机、分体烤箱进入市场。

三毛 B 股(900922):流通股 4 065 万,收益 0.051,净资产 2.93。AB 股价位已相当接近,但由于盘子小,净值高,故短线仍有机会。

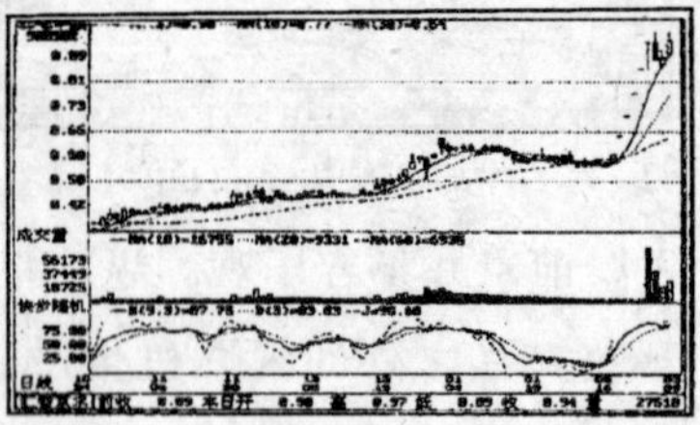

*海通证券:*主营为生产、销售毛条、精粗纺呢绒及服装。2000 年上半年出口占总销售量的 56.68%,比上年同期增长 64.82%,出口创汇 563 万美元。

*国泰君安:*公司 1998 年 6 月增发新股 4,000 万股,募集资金 15,148 万元,但截止到 1999 年 12 月,实施投资总额仅为 2 668 万元。原定投资项目大部分未能实施,这是公司业绩未能同步增长的主要原因。2000 年公司提出用募集资金 5 130万元,收购、参股 6 家公司的方案,并经股东大会审议通过。目前收购工作已陆续进行。6 家公司中除上海双龙高科技开发公司外,其余分别为毛纺、羊毛衫、服装等纺织企业,这几家公司已经过劣质资产剥离,经过公司制改革,目前经营状况和市场销售良好,但毕竟属于传统的消费品行业,增长空间不大。

友谊 B 股(900923):流通股 10 707 万,收益 0.22,净资产 2.21。业绩良好,短线仍有空间。

*海通证券:*公司是从事商业零售为主的大型连锁企业,是目前国内销售规模最大的商业上市公司。2000 年经过资产重组,经营规模取得了重大突破,成为国内目前最大的商

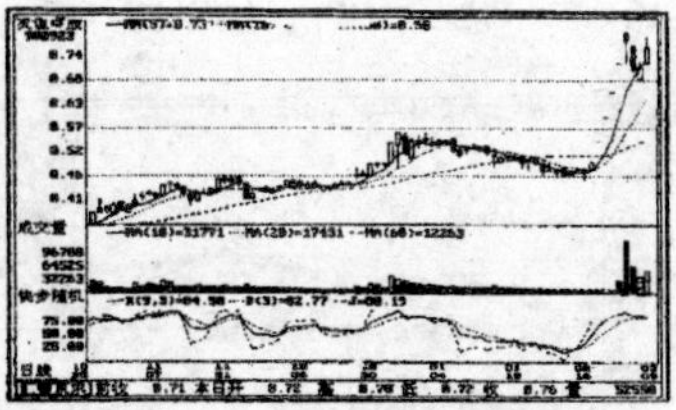

业上市公司，并为公司逐步发展成为规模大、业态优、最具竞争力的大型企业集团奠定了基础。2000 年公司实现销售 24.68 亿元，实现利润 6,696 万元，净利润 5,417 万元。为降低行业风险，挖掘新的增长点，公司将引进连锁超市，并决定再次出资收购上海友谊(集团)有限公司的优质资产，以改变公司主营业务发展空间较小的局面。

上工 B 股(900924)：流通股 9 750 万，收益 0.041，净资产 2.55。AB 股差价大，仍有空间可追。

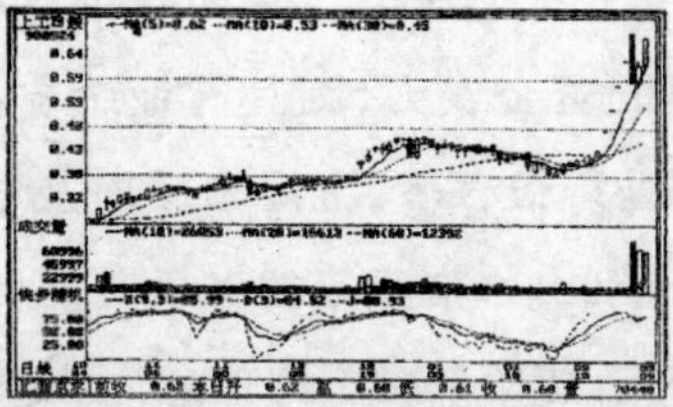

海通证券：主营为生产销售缝纫设备及零部件、缝纫机专用设备；生产和销售饮水机，饮用水等。2000 年上半年，公司主营业务收入 25,720 万元，比上年同期增长 31.59%，主营业务利润为 4,968 万元，较上年同期增加 51.72%，净利润为 1,040 万元，较上年同期增加 741.62%。经营情况有很大改善，下半年公司加大资产重组力度，预计将为公司带来较大利润增长。

上菱 B 股(900925)：流通股 9 480 万，收益 0.324，净资产

6.23。每股净值高,AB股差价小,B股上升空间视乎A股。

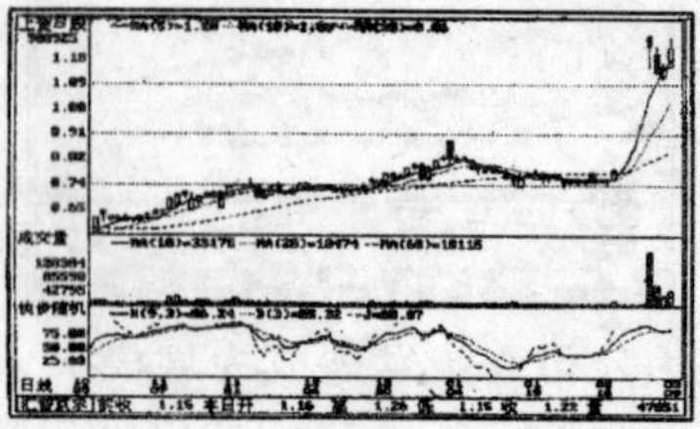

海通证券:2000年上半年公司通过募集资金的合理使用,主营业务由单一从事家电产品制造延伸至电梯、冷冻空调、印刷包装机械等高科技机电产品领域,资产质量根本改善,对上海永新彩色显像管有限公司等股权的投资,对人造板制造等绿色环保投资项目的实施,加快了产业结构的多元化,公司开始了由生产型企业向综合性高科技产业投资型公司的转型。

国泰君安:由于有上海电气集团作强大的后盾,另外公司目前拥有雄厚的资金实力,因其有业绩支撑,在上海本地上市公司中又属业绩佼佼者,上海市政府及电气集团准备对其进行二次重组,剔出冰箱业务的劣质资产,加大高科技、IT领域的投资,同时有望争取到上海信息港20%的股权。

ST钢管B股(900926):流通股8 800万,收益-0.119,净资产1.14。开禁后天天涨停,强势毕现,是否扭亏尚待观察。

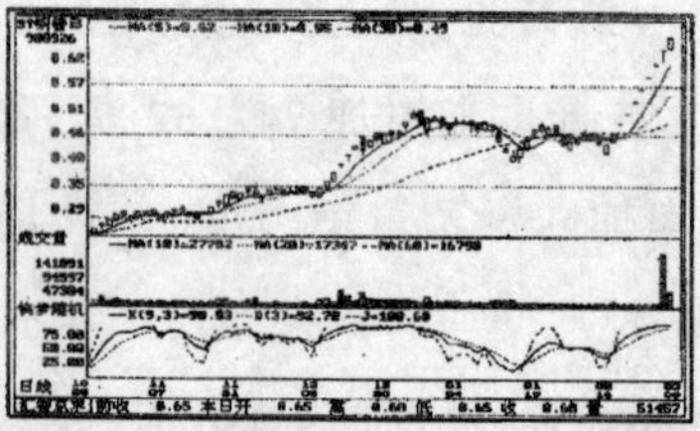

海通证券：主要从事生产、加工和销售以"双固牌"为商标的无缝钢管、高频焊接钢管和镀锌钢管。2000 年上半年完成销售收入 11 415 万元，但由于合同订单不足，状况没有根本改变，成本上升，毛利减少，导致经营继续亏损。

国泰君安：公司靠主业扭亏，难度较大。目前生产经营已连续三年亏损，生产难以为继，重组已成必然，即必须实施根本性的产业转移。宝钢的发展规划中已将其列为自然淘汰之列，因此该公司"壳资源"的价值已逐渐显现。

物贸 B 股(900927)：流通股 6 655 万，收益 0.001，净资产 1.35。盘小易炒，升浪继续。

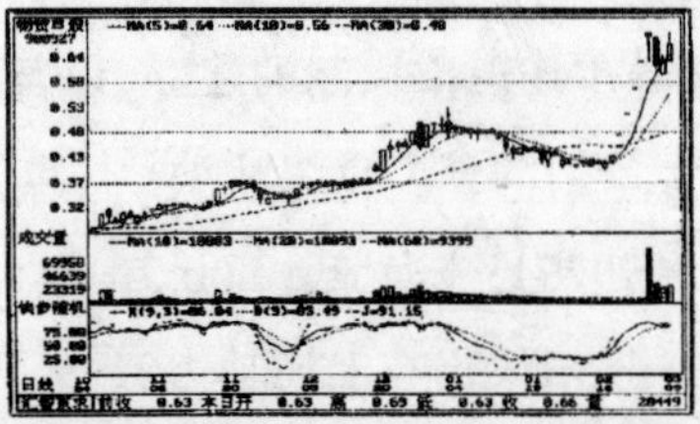

海通证券：主营各类生产资料和生活资料的批发、零售、协作串换、金属等各类期货交易，宾馆、旅游、仓储、运输等服务性行业、信息咨询、中介服务等。2000 年上半年，在汽车、酒店等业务面临销售不畅、价格低走的不利环境下，努力实现了"上半年扭亏"的阶段性目标。

国泰君安：公司油品业务将是未来的主要来源，有色金属业务的盈利能力不强、物业租赁和酒店经营呈现下滑趋势、对外投资暂无盈利前景可观的项目，但这几项业务仍能为公司获取一定的利润。总体来看，公司盈利状况 2001 年有较大改观。

自仪 B 股(900928)：流通股 10 714 万，收益 -0.027，净

资产 0.96。换手相对充分,后市上升空间取决于公司的重组力。

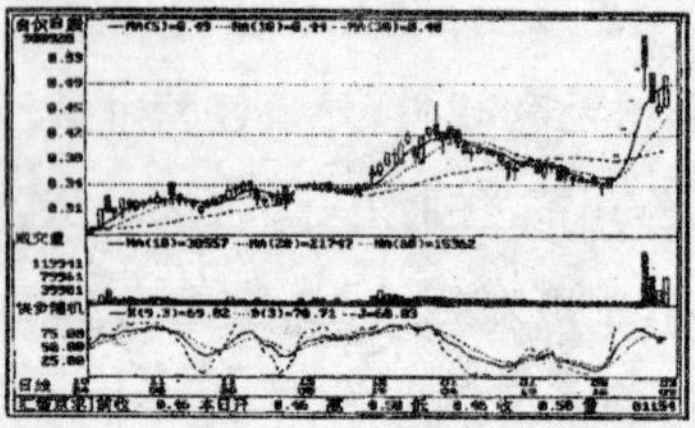

海通证券:主营自动化控制系统和自动化仪表及其相关的机电产品、元器件、仪表成套装置、仪器仪表元器件、工艺配套件、技术服务与咨询及投资兴办公司。

国泰君安:公司必须通过资产重组,使公司的基本面有根本的改变。证券市场退市机制的建立,以及 A、B 股的合并趋势,都将有利于公司的资产重组活动。

国旅 B 股(900929):流通股 6 600 万,收益 0.05,净资产 2.98。纯 B 股之一,短线仍有上扬动力。

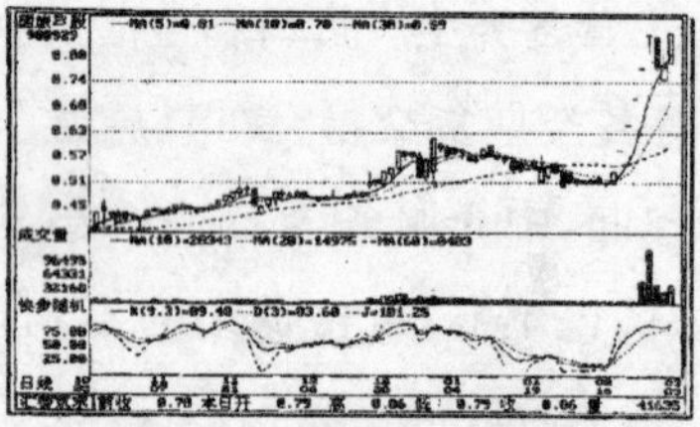

海通证券:主营组织海外游客入境旅游、中国公民国内旅游和出境旅游、交通票务代理以及物业出租等。2000 年上半年度公司主营业务收入 234 592 299 元、主营业务利润 41 991 458元、净利润 6 649 551 元,分别比上年同期上升 5.72%、5.31%和 13.65%。

国泰君安:2000 年 10 月以来,上海酒店业开始回暖,房价开始见底回升。但由于旅行社市场长期以来没有走出削价竞争怪圈，公司在上海并没有建立绝对的竞争优势，因此未来业务增长前景并不被看好。

邮通 B 股(900930)：流通股 12 480 万，收益 0.091，净资产 1.77。走势相对较强，1 美元以下仍可投资。

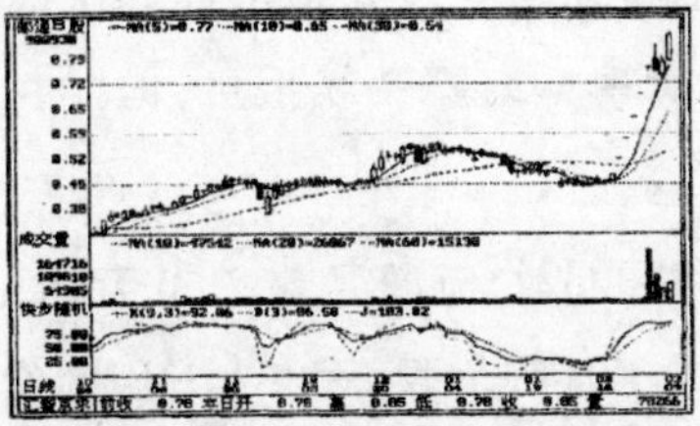

海通证券：主营为从事各类通信设备、计算机网络和外围配套设备、多媒体信息系统集成的开发、生产、销售，开通工程和售后服务。

国泰君安：2001 年国内运营商大举进行骨干网的建设和扩容，光传输设备市场规模大幅扩张，为业内企业带来良好的发展机会。预计 2001 年市场规模可达到 400 亿元，比 2000 年增长 100%。LUCENT 在国内市场的地位将虽不如上年，但销售仍然会实现快速增长。由于产品价格持续下降，估计该合资企业的利润增长将放缓。公司的主营业务在 2001 年仍然难有明显改善。

PT 水仙 B 股(900931)：流通股 11 000 万，收益 -0.225，净资产 0.12。风险品种，小心为上。

国泰君安：资产重组是水仙公司摆脱困境的唯一途径，而剥离银行债务是前提条件。2001 年 1 月 18 日公司公告水仙现任第一大股东上海纳赛斯投资发展中心欲承担水仙欠银行累计 2 亿元本金债务，并于 2001 年 3 月 18 日前将这部

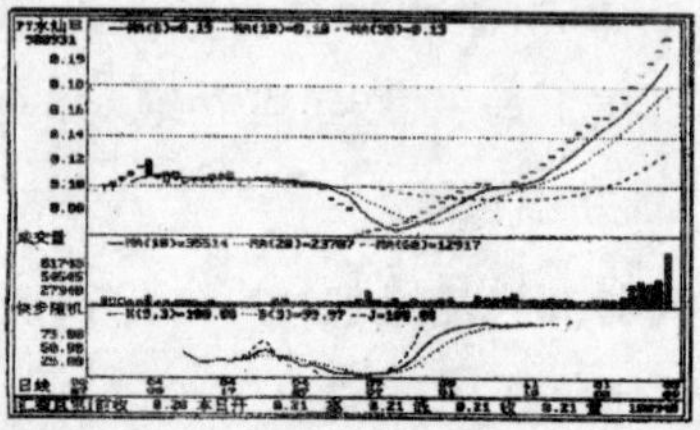

分债务转移给纳赛斯承担。如果水仙此次股权转让能够成功,可以说水仙实现重组露一线生机,但要在短期内实现扭亏仍然无望。

陆家B股(900932):流通股 50 960 万,收益 0.014,净资产 2.24。走势弱于其它个股,后市上升阻力位较多。

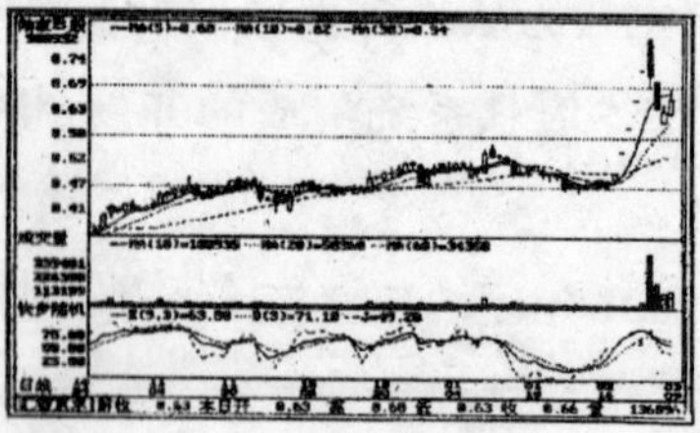

海通证券:主营本开发区内的房地产经营、市政公用基础设施的开发建设、工程承包与装饰、区内项目投资等。

国泰君安:2001 年,公司业绩预计将有较大幅度提高,主要理由有:1. 公司主营业务呈稳定回升态势;2. 股权置换对利润的影响将较为明显,预计可新增利润 2 500 万元以上;3.2000 年转让强生股份的 3000 万元投资收益将予确认;4. 上海市政府将公司作为国有股回购试点,如获成功,即可解决股本结构不合理问题,亦可提高每股股权的含金量;5.2001 年下半年,公司可能获准发行企业债,从而解决公司正常运营的资金问题。由于历史问题逐一解决,陆家嘴将进入稳步增长阶段。

华新 B 股(900933)：流通股 16 400 万，收益 0.012，净资产 2.18。走势随大市而动，上升动力仍在。

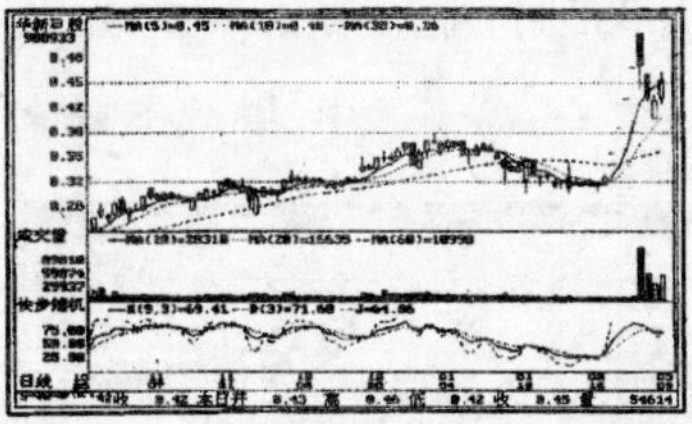

海通证券：专营水泥制造和销售、从事水泥技术服务、水泥设备的研究、制造及安装修理、水泥进出口贸易的专业化公司。2000 年上半年，公司主营业业务收入和主营业务利润分别为 28 476 万元和 8 978 万元，净利润 398.53 万元，分别比前年同期增长 48.92%、55.3%和 386%。受市场供大于求及无序的市场影响，公司盈利能力不强。

新亚 B 股(900934)：流通股 15 600 万，收益 0.085，净资产 2.87。走势偏强，在 AB 股比价效应下有潜力可挖。

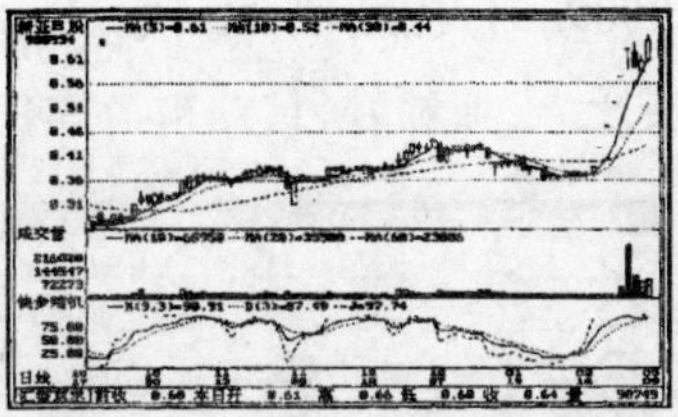

海通证券：主营宾馆、餐饮、食品生产及连锁经营、旅游、摄影等。2000 年上半年主营业务收入 34 831 万元，比前年同期增加 15.39%；实现税后利润 5 134 万元，比前年同期增加 25.71%。2000 年底公司增发新股，募集资金主要用于投资新亚"绿色厨房工程"系列项目，包括：(1)收购上海新亚大包有限公司 40%股权并增资；(2)投资组建上海新亚厨房食品加工配送有限公司;(3)设立上海新亚绿色厨房工程有限公司。

金泰 B 股(900935):流通股 8 000 万,收益 0.001,净资产 1.59。纯 B 股之一,盘子适中,继续上升。

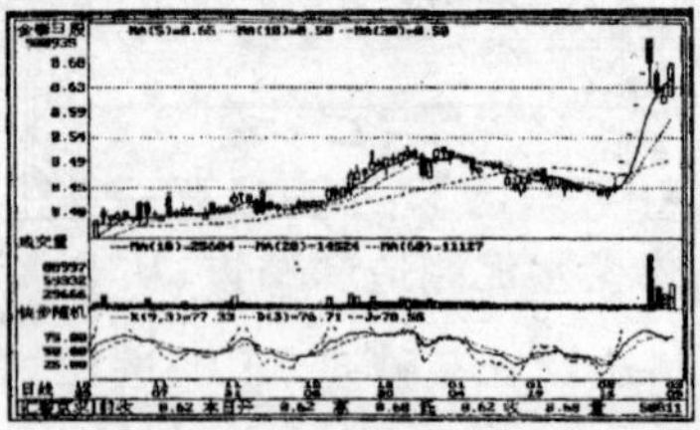

海通证券:主营柴油机、工程机械、建筑机械、地质机械等产品及服务。2000 年上半年通过对部分产品实施了降价促销,提高了产品在市场上的竞争力。同时,不失时机地把握出口市场发展势头,使公司产品在美国市场的占有率稳中有升,随着东南亚地区经济复苏,压路机、工程钻机市场有了较大幅度的增加。

鄂绒 B 股(900936):流通股 21 000 万,收益 0.47,净资产 3.58。纯 B 股之一,业绩好,目前市盈率仍偏低。

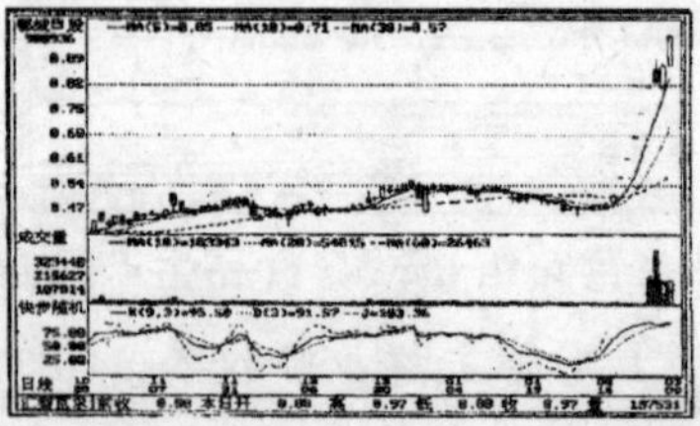

海通证券:公司主要产品有无毛绒、羊绒纱、羊绒衫、羊绒大衣呢系列;丝绒混纺系列;羊绒时装系列等 50 多个品类,形成完整的产品系列。产品销往日本、美国、意大利、法国、瑞士、荷兰、澳大利亚等 30 多个国家和地区。

国泰君安：公司建成了国家级水准的羊绒技术检测中心，生产的"KVSS"牌无毛绒是世界羊绒界公认的品质最好的"中国一号无毛绒"。目前已在41个国家完成鄂尔多斯商标注册。我国羊绒制造业具有劳动力低廉和原料垄断的双重优势。目前我国羊绒业的原料和制成品已占世界2/3以上。加入WTO后，随着配额限制的逐步取消，我国羊绒制品在国际市场的需求空间将被极大地拓展。鄂绒股份这样的优质名牌企业将获得巨大的发展空间。

龙电B股(900937)：流通股27 000万，收益0.321，净资产3.92。业绩好，净值高，短线上扬。

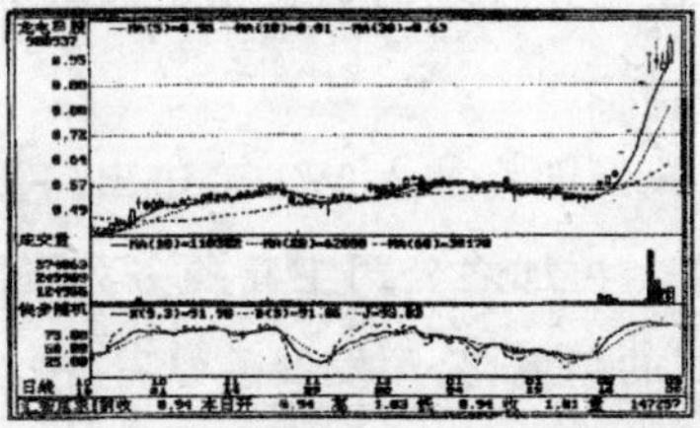

海通证券：公司属于电力行业，公司主要从事电力生产、电厂检修、电力技术服务和咨询，其拥有发电装机容量1006MW，发电量约占黑龙江省市场10%的份额。2000年用电需求量随黑龙江省内经济回升出现了恢复性增长，全省用电量增长达到5.2%，能使公司业绩保持稳定。

国泰君安：2000年黑龙江省的电力需求已走出低谷，但相对全国其他省份来讲，增幅仍然是较低的。该公司计划下一步的目标是占有全省四分之一的发电容量，即达到250～300万千瓦。同时，该公司将向电网自动化工程、新能源和风险投资等方面发展。使该公司具有较多的概念。

天海B股(900938)：流通股18 000万，收益0.141，净资

产 1.80。AB 股有价差可为,历史高位 0.82 美元。

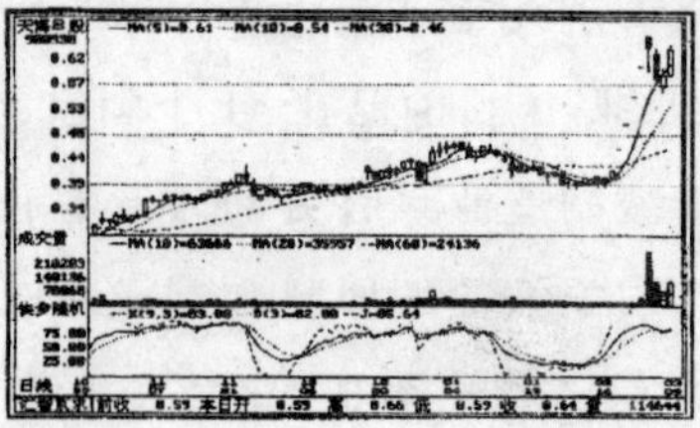

海通证券:公司所处行业为海洋运输,主营业务为国际近洋集装箱班轮运输及相关业务。公司拥有完善的国际近洋集装箱运输网络,经营及管理天津至香港,日本、韩国及上海至日本四条国际近洋直航运输航线,并可通过二程船公司的中转,完成通往世界各地的集装箱运输服务。近年业绩将有可能保持增长势头。

国泰君安:我国即将加入 WTO,进出口量的增加必然推动航运业的需求。再加之公司主营业务为国际集装箱运输,符合航运业发展的潮流,公司发展前景看好。

汇丽 B 股(900939):流通股 8 000 万,收益 0.028,净资产 1.78。纯 B 股之一,盘子小,有望攻击 1 美元大关。

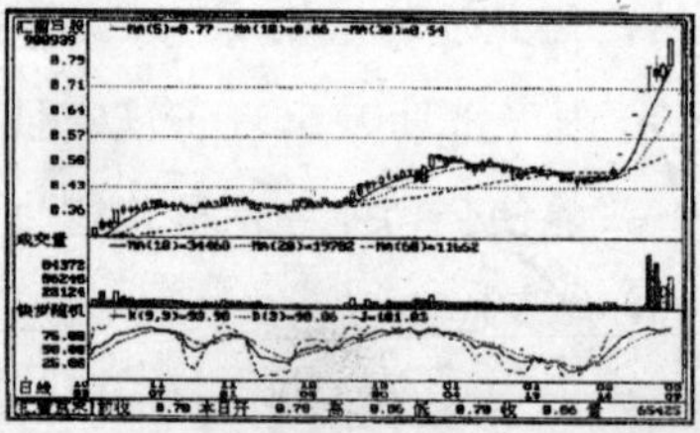

海通证券:主营新型化学建材、建筑涂料、装饰装潢、木业制品等生产开发、高科技产品销售及相关业务。由于建材市场的复收,公司通过对投资较大的汇丽地板有限公司的领导班子和销售策略进行了调整,调整和理顺了产品的销售价

格体系,使销售量和生产量出现上升势头,近年业绩有稳定增长的基础。

华源B股(900940):流通股20 700万,收益0.15,净资产2.90。业绩优良,历史阻力位0.82美元。

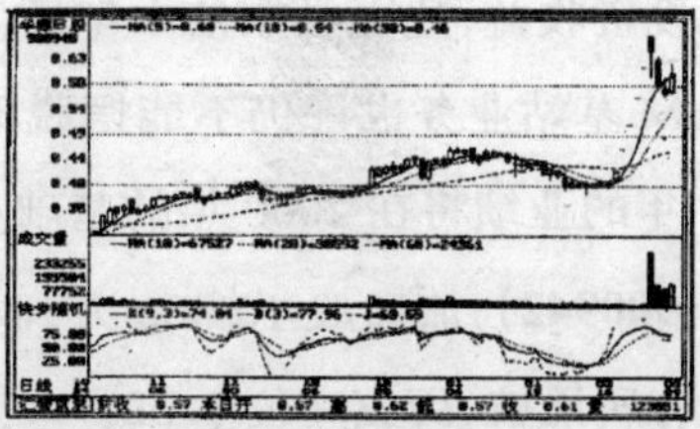

海通证券:公司属于化工化纤行业,主要从事聚酯切片、涤纶长丝、涤锦复合丝、织造、特种复合面料、成衣生产与销售。去年,公司实施二次跨越战略,在形成化工、化纤产业优势上有新的突破,实施增资配股计划,在股权融资上有新的突破;优化产业结构,进入生物工程和制药领域取得新的突破;突出营销战略,这使公司发展潜力大增。

东信B股(900941):流通股15 000万,收益0.292,净资产5.53。历史高位1.98美元。

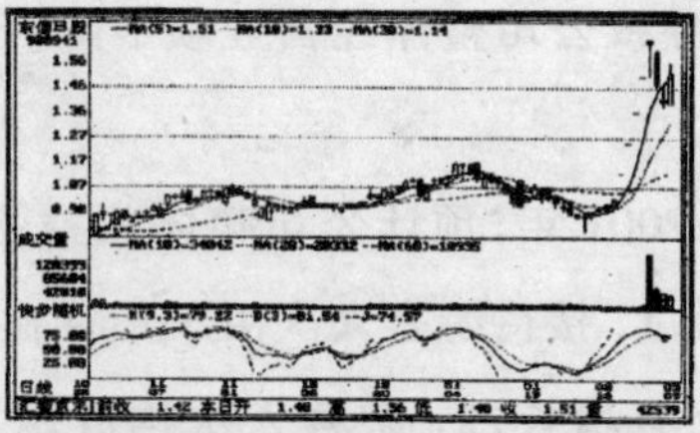

海通证券:公司从属于通信行业,主营业务突出,公司移动通信产品的业务收入占主营业务收入的96%。公司自主开发的CDMA交换机于2000年3月份通过信息产业部电信产品管理局入网评审级科技司指标测试,自主开发的EL600

新型双频手机完成研发，这将形成公司新的利润增长源。

国泰君安：东信自己品牌手机计划今年实现100万的销售，但对利润应贡献不大。在移动系统方面，联通启动CDMA后对MOTOROLA和东信都有促进，这将给东信带来5000万以上的投资收益，这也是东信本年最大的增长点。但东信原来的GSM基站业务也许仍不能摆脱下滑的趋势。预计该公司2001年的业绩将在2000年的基础上略有提高。

黄山B股(900942)：流通股10 400万，收益0.083，净资产2.35。业绩有所滑坡，历史高位1.32。

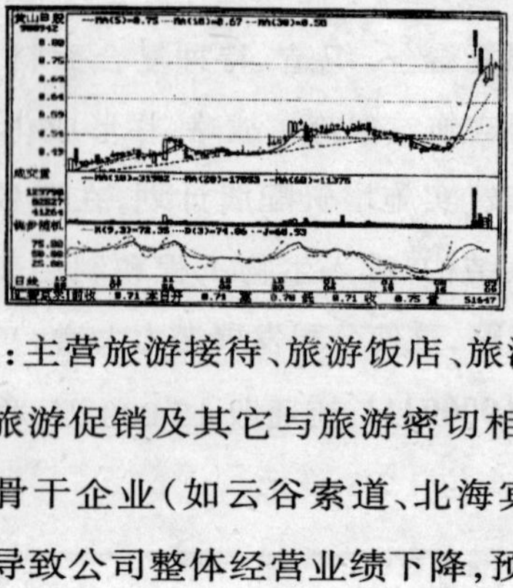

海通证券：主营旅游接待、旅游饭店、旅游交通、旅游商品、旅游娱乐、旅游促销及其它与旅游密切相关的领域。公司下属的一些骨干企业（如云谷索道、北海宾馆、贡阳山庄等）经营一般，导致公司整体经营业绩下降，预计近年公司业绩增长性一般。

国泰君安：2001年，预计公司整体收益将有较大幅度增长，主要理由为：1. 接待游客人次由于不存在停工改造因素，将比2000年略有增长；2. 游客人次构成基本与2000年相当；3. 收购太平索道将增加300万元的利润；4. 景区门票价格的提高将增加1000万元的利润。尽管多重因素使得我国旅游业强劲增长，但从上述可以看出，目前公司保持持续增长仍然缺乏有力支撑。

开开B股(900943):流通股8 000万,收益0.092,净资产2.24。A股发行价高,为其B股继续上升带来空间。

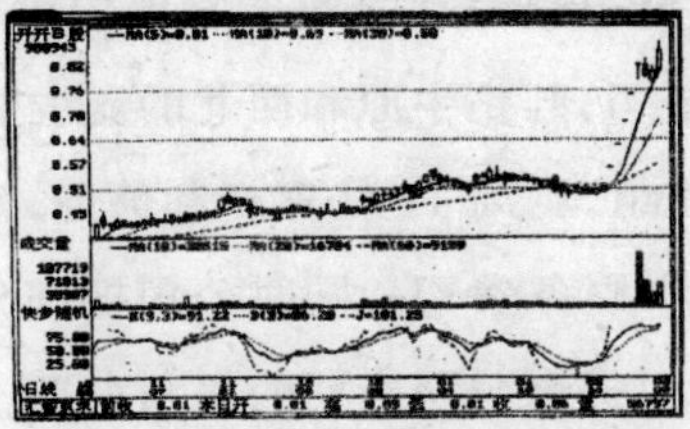

海通证券:主要生产衬衫、羊毛衫、针棉织品、服装、鞋帽等,今年,公司打算通过增发A股介入医药行业,积极拓展业务新领域,目前正在逐步形成服装——药业两大板块并重的新产业格局,未来增长潜力较大。

国泰君安:公司的服装业务预计能够维持现有水平,收购的医药资产尚需大力开拓市场,扩大销售规模。公司主营业务收入和净利润逐年滑坡,净资产收益率三年平均为8.45%,若按2000年增发后的业绩预测计算,近三年净资产收益率为6.6%,很可能丧失配股资格。但无论如何,挺进成长性行业,新收购的资产将带动公司2001年的业绩有较大增长。

海航B股(900945):流通股7 668万,收益0.036,净资产2.72。AB股差价小,上升空间有限。

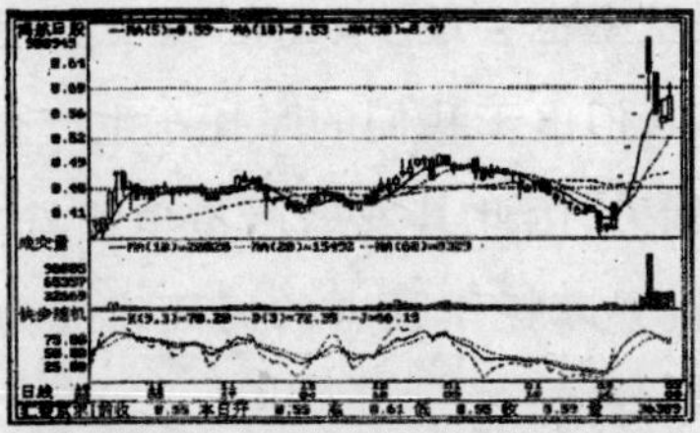

海通证券:从民航方面的形势来看,去年上半年我国民

航生产运输形势好转，尤其值得注意的是，民航货运业务增长迅速，成为航空运输企业业务收入和利润增长的新亮点。

国泰君安：公司制定支线业务发展的策略，2000 年 8 月出资长安航空公司，开拓中原和西北的支线业务。2001 年公司将进行财务重组，剥离 11 亿资产和债务，降低资产负债率水平 5 个点，减少财务费用。同时公司把部分融资租赁飞机转为经营租赁，以提高公司当期的赢利水平。预计公司 2001 年赢利将较 2000 年大幅增长 60%。

轻骑 B 股(900946)：流通股 23 000 万，收益 0.002，净资产 3.08。AB 股股价接近，上升空间有限。

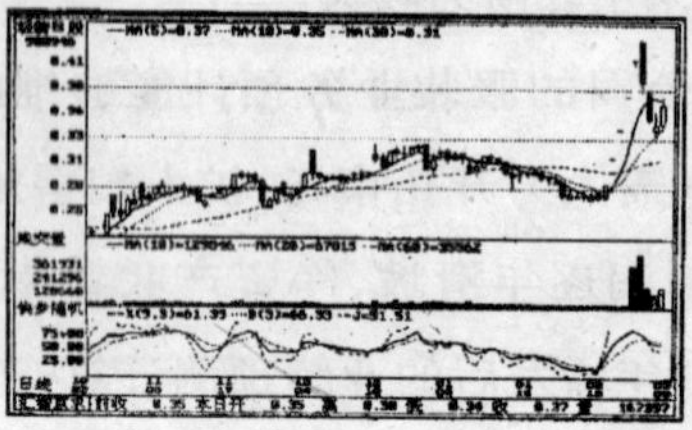

海通证券：主营为摩托车及其零配件的设计、开发、生产、销售。公司 2000 年继续在摩托车行业拓展主营业务，主导产品中四冲程摩托车占到 60%以上。目前，公司产品市场主要在国内大陆地区。业绩平稳，增长性一般。

国泰君安：随着我国即将加入 WTO，今后关税将逐步下调，而且非关税壁垒也会逐步取消。这虽然有利于企业进一步扩大产品出口，但由于我们的摩托车生产企业几乎没有自主的产品开发能力，因此其发展严重依赖日本本田、雅马哈和铃木等几大世界摩托车强者的局面将成为制约公司进一步发展的巨大障碍。

振华 B 股(900947)：流通股 11 000 万，收益 0.116，净资

产3.76。有机会定位1美元以上。

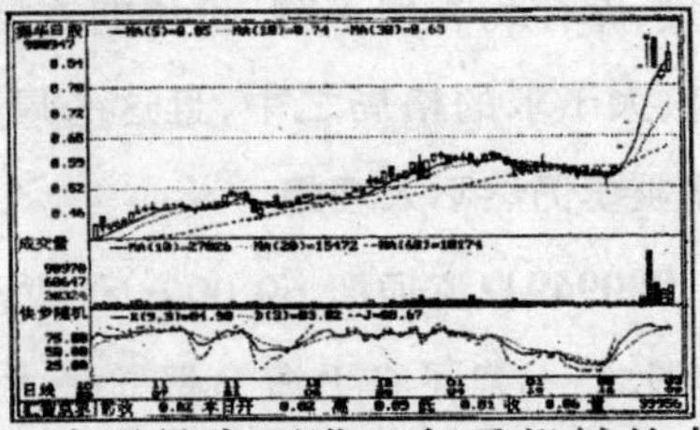

海通证券：公司是大型港口起重机械的专业厂商，主导性业务为岸桥、场桥的生产和销售，并已具备较为明显的在整个世界范围内的竞争优势。今年公司成功增发了A股，近期重点拓展欧洲市场，并积极开拓日本、韩国及其它新的市场，这将使得公司主营业务收入每年以较快的速度增长。

国泰君安：为了公司继续保持世界第一和其强大的市场竞争力，拟投资10亿元人民币，在上海长兴岛建设制造基地，第一期建设投资6亿元人民币，将在2002年上半年完工并形成生产能力；第二期建设投资4亿元人民币，时间为2002年起，2003年年底完工，形成全部生产能力。公司前景广阔，竞争力强，加入WTO后，会有更大的发展空间。

伊煤B股(900948)：流通股16 600万，收益0.014，净资产2.13。纯B股之一，历史高位0.68。

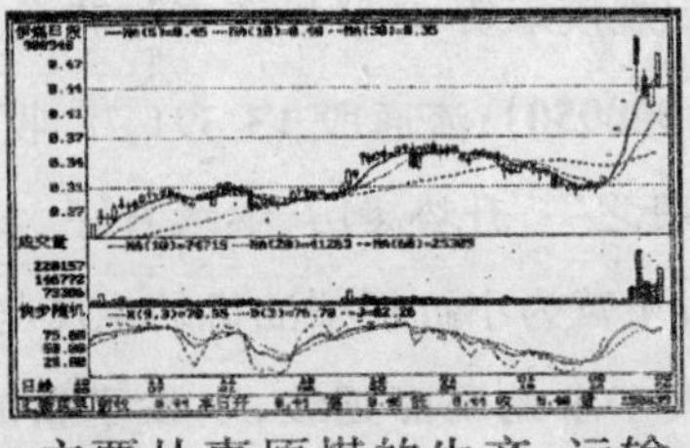

海通证券：主要从事原煤的生产、运输、洗选、焦化、销售。近年在国家调整煤炭产业结构的"三下一上"(总量减下

来、库存降下来、拖欠压下来、煤价涨上去)措施的实施下,全社会的煤炭产量、库存均有所下降,价格略有回升,但煤炭产业整体仍处于供大于求的格局之中,且这一局面一时还难以改变,公司整体业绩仍然不太理想。

东电B股(900949):流通股69 000万,收益0.180,净资产2.65。纯B股之一,盘子在上海B股总最大,谨慎看高。

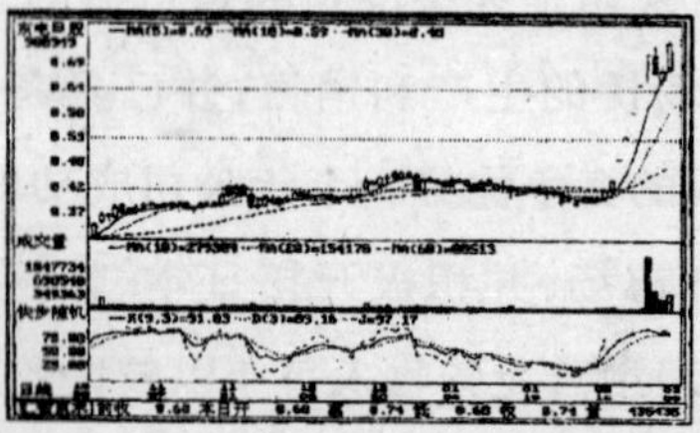

海通证券:主营电力的投资、开发及经营。由于公司地处的浙江省用电量近年出现较大幅度的增长,创近二十年来最高记录,增长幅度居全国前列,公司产销两旺,业绩增长迅速,是一只业绩较具成长性的公司。

国泰君安:浙江经济快速发展的环境,有利于该公司电力的稳步增长。银行、证券、保险等多元化投资,有助于该公司未来获得较稳定的利润。未来,浙江省的电力发展重点在燃放气发电,东电有抓住这次机遇的有利条件。同时,如果该公司再实施大规模筹资,B股投资者将获益。

五菱B股(900950):流通股13 391万,收益0.004,净资产1.83。纯B股之一,升势凌厉,继续看好。

海通证券:主营为小缸径柴油机的生产与销售。由于近年小柴市场供大于求的局面延续,引发了新的价格大战,加上钢材和油料等原辅材料价格大幅度上涨不利因素的影响,对小柴企业的经济效益造成了很大的冲击,公司已预亏。

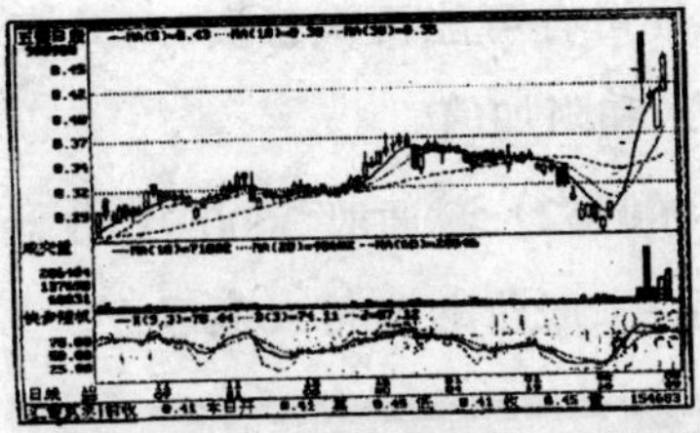

国泰君安:从行业和公司发展看,同城有江苏常柴股份有限公司(上市公司),同省有江淮动力股份有限公司(上市公司)、扬州新星动力股份有限公司(非上市公司)、无锡华源行星动力股份有限公司(非上市公司)等众多的企业,产业布局极不合理,有些生产企业势必会在激烈的竞争中被淘汰掉。从这点看,转型才是五菱公司的出路所在。

大化 B 股(900951):流通股 10 000 万,收益 0.039,净资产 2.00。纯 B 股之一,盘子适中,业绩好转,持有。

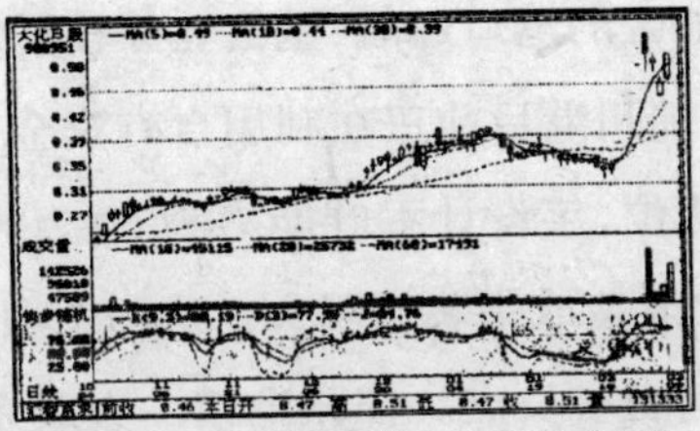

海通证券:公司属于基础化工产业行业,以纯碱和氯化铵为主导产品,是一个生产纯碱 80 万吨,氯化铵为 50 万吨的综合制碱企业。由于国内经济环境的好转,拉动了市场对公司产品的需求,公司产品的价格回升,经济效益好转,近年业绩有望保持稳定,并有一定程度的增长。

国泰君安:由于该公司只有 B 股,1997 年上市以来没有再从证券市场上融资,没有新建项目,只能靠现有的资产创造效益,没有成长性。随着 B 股市场向境内投资者开放,股价有望上升，该公司有可能再次融资，对其现有装置进行改造，提高产品档次和附加值。

锦港B股(900952)：流通股3000万，收益－0.036，净资产1.78。盘子适中，股价继续向A股靠拢。

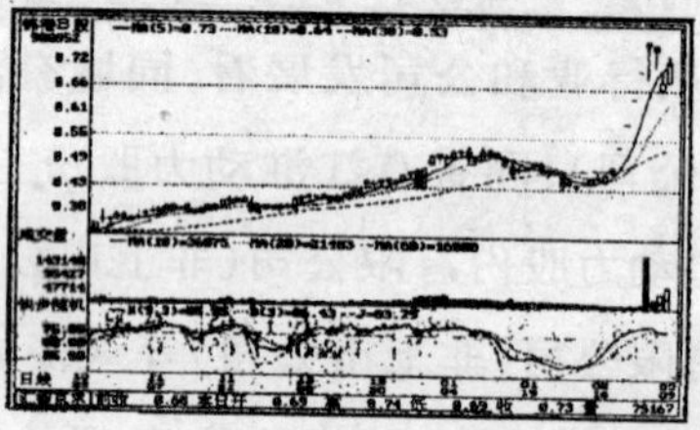

海通证券：主营为港务管理、港口装卸、水运辅助业、公路运输、物资仓储。公司主要装卸和仓储的货种为原油、成品油、粮、煤炭、木材、散矿、化肥、钢材、化工产品、集装箱等，目前与腹地数十家企业建立了长期业务合作关系，与世界二十多个国家和地区的港口通航，主营业务较具发展潜力。

国泰君安：锦州港目前正在利用自有资金建造一座5000吨级油品化工泊位，年设计吞吐能力为60万吨。此外，公司正在把5＃泊位改造成集装箱码头。这两个项目达产后将为公司带来新的利润增长点。锦州港第一大股东是东方集团，依靠大股东的雄厚实力，公司目前打算在资本运营上加大力度，在跨行业经营方面实现突破。

凯马B股(900953)：流通股24 000万，收益0.13，净资产2.11。纯B股之一，盘子偏大，业绩平稳，看高一线。

海通证券：主要从事内燃机、农用运输车、拖拉机整机及其零部件的研究开发、生产、技术咨询、销售。因农机行业价格竞争依然激烈，公司产品结构调整以及新的经济增长点培育尚需时日，要在短期内扭转经济效益下滑的趋势有一定的

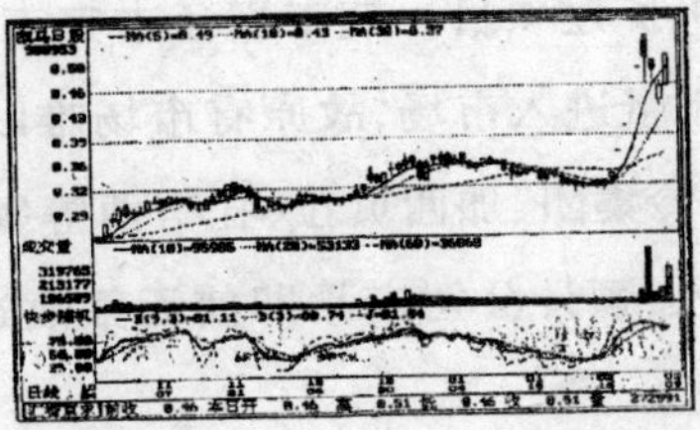

难度，因此公司业绩平平。

国泰君安：从发展看，公司新的经济增长点的培育尚需时日，而且作为一家实质上捆绑上市的公司，相关产品的生产企业分布在各地，在发展中遇到的内部矛盾是很大的。如果仍在现有领域开发所谓的新产品，前途并不十分看好。对此，投资者应有清醒的认识，要有风险意识。

东贝B股(900956)：流通股 11 500 万，收益 0.062，净资产 1.54。纯B股之一，业绩中等，继续看好。

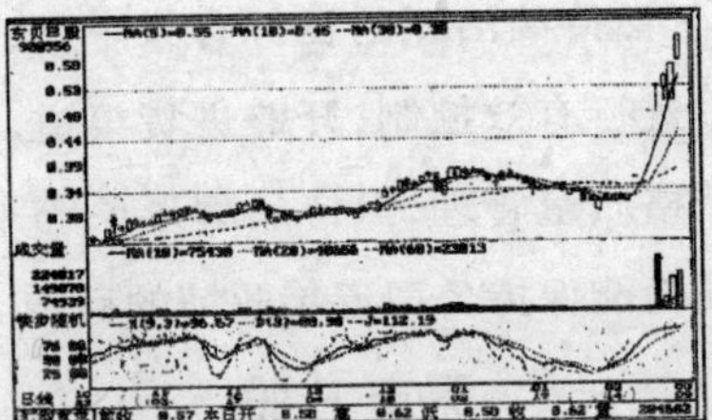

海通证券：主营制造、销售活塞式全封闭制冷压缩机。公司在开拓无氟产品的市场方面收到较好效果，目前公司无氟产品销量占总销量的比重已上升到 37.4%。同时，积极开发并建立零售市场营销网络，零售市场的销量迅速加大，成为公司销售的又一增长点。

国泰君安：公司在行业中并无多少优势。随着产品市场竞争的加剧，加之电冰箱行业的亏损企业数量的增多，对公司今后的发展前景极为不利。同时由于公司所募集资金投入的无氟压缩机扩建项目一期工程还未完工，R134a 无氟压缩机尚不能大批量进入市场，故原有市场难以完全恢复。随着恩布拉科、西泠集团、加西贝拉、扎努西等领先公司加大对无氟产品的投入，预计公司产品即使无氟改造完成后，也将难有多少作为。

凌云 B 股(900957)：流通股 18 400 万，收益 0.225，净资产 1.54。纯 B 股之一，升势凌厉，继续看好。

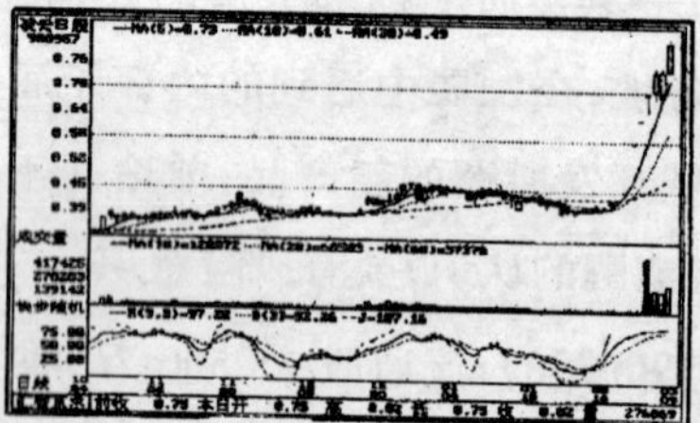

海通证券：主营建筑幕墙的设计、生产、销售及安装。在国内建筑市场仍然持续活跃的良好背景下，公司通过严格生产管理，对成本进行有效控制，开辟进货渠道，保证原材料库存充足，同时严格质量管理，保持品牌形象等举措，为公司赢得大量定单，从而能保持公司近年业绩的稳定。

深市 B 股

深万科 B 股(2002)：流通股 12 176 万，收益 0.182，净资产 4.49。净值高业绩好，继续上扬。

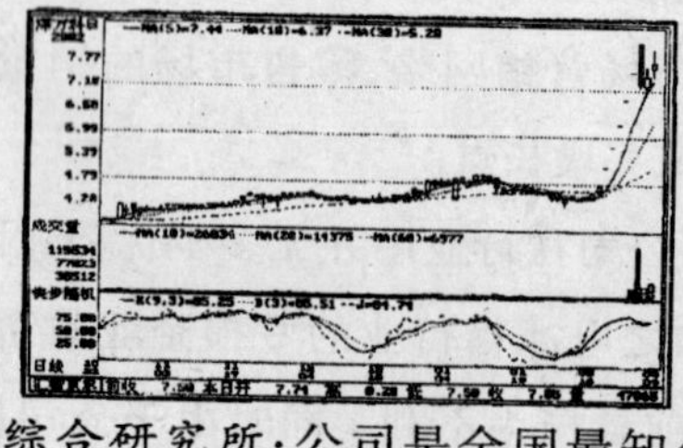

平安证券综合研究所：公司是全国最知名的房地产公

司，历年业绩优异。特别是去年中国华润入主成为第一大股东，增加了公司的土地储备与资金实力，无疑对其扩大规模大有裨益。2000 年涨幅 65.2%，目前 A 股价格是 B 股的 2.75 倍，B 股价格一直低于净资产值。投资建议：投资价值明显低估，建议中线买入。

国泰君安证券研究所：内部已成功建立起了一个有效的职业经理人队伍，内部管理规范，同时在市场上也成功树立起了企业品牌，经营呈现良性循环，预计公司仍能保持这种稳定增长的发展态势。近期华润集团又以受让法人股的方式成为公司的第一大股东，将给其后续发展形成有利支持。

ST 金田 B 股(2003)：流通股 7 423 万，收益 -0.215，净资产 0.09。面临 PT 局面，投资者追高宜慎重。

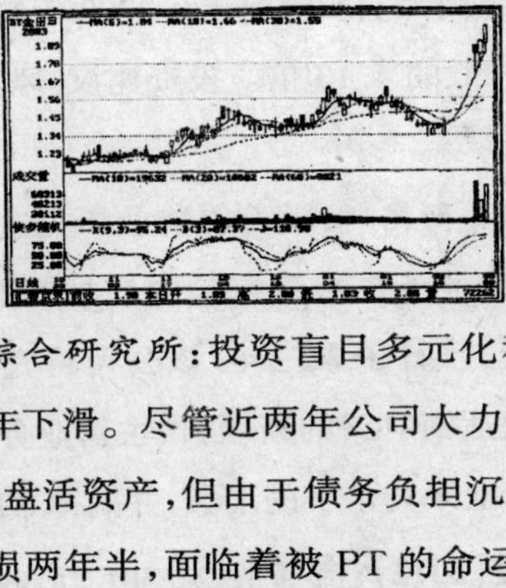

平安证券综合研究所：投资盲目多元化和管理混乱，致使公司业绩逐年下滑。尽管近两年公司大力收缩战线，不断清理应收帐款、盘活资产，但由于债务负担沉重而收效甚微。目前已连续亏损两年半，面临着被 PT 的命运。2000 年涨幅 20.69%，目前 A 股价格是 B 股的 4.1 倍。投资建议：风险较大，只能短线投机性买入。

国泰君安证券研究所：已经因多年出现巨额亏损而成为 ST 股票，目前公司财务状况恶化，债务负担沉重，诉讼不断，根本无法正常经营，预计今年还是亏损依旧，这样将有可能被PT,随着退出机制的建立,有可能最终被摘牌。总之,公司发展前景较为黯淡,不具备投资价值。

ST物业B股(2011):流通股6 145万,收益0.0195,净资产0.328。开禁后天天涨停板,盘小易炒,看好。

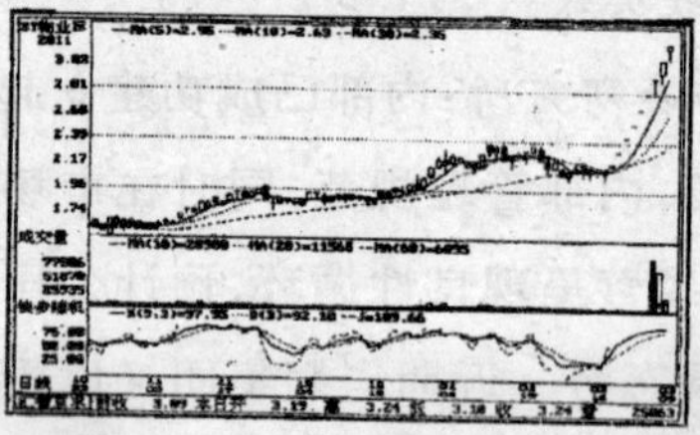

平安证券综合研究所:公司近三年始终在微利边缘徘徊,净资产值低于面值。尽管公司2000年上半年净利润比去年同期增长74.46%,但主营业务并没有实质性好转迹象,目前负债较重,重组尚无实质性进展。2000年涨幅82.5%。目前A股价格是B股的4.13倍。投资建议:风险较大,只能短线投机性买入。

国泰君安证券研究所:随着深物业历史遗留问题的逐步解决,以及房地产业务重新恢复公司支柱产业的地位,其发展前景较为乐观,预计未来三年,该公司将充分利用现有土地储备积极开发适销对路的新项目,主营业务收入和主营利润将保持高于行业平均水平的增长,并摘掉ST的帽子。

深南玻B股(2012):流通股22 301万,收益0.12,净资产2.7。股价虽已翻倍,但AB股价差大,看涨。

平安证券综合研究所:经过99年大力收缩房地产业务、提取房地产存货跌价准备、追加投资IT显示材料和IT电子元器件为主的高科技业务等举措,公司一举扭转了连年微利和亏损的局面,2000年中期净利润同比增长575.2%。2000

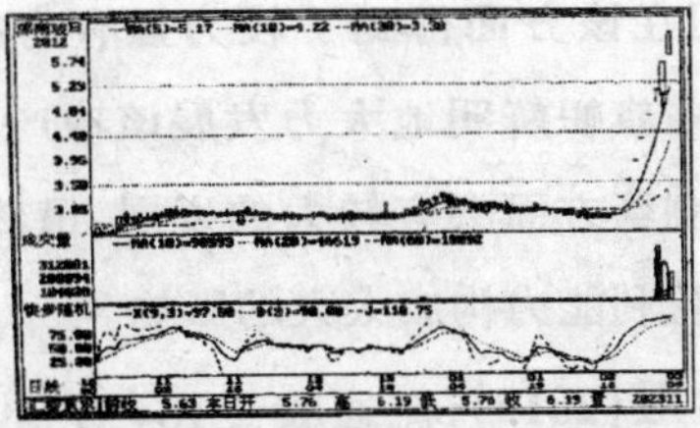

年涨幅126.56%。目前A股价格是B股的7.56倍。投资建议:可中线买入。

国泰君安证券研究所:玻璃行业在2000年内实现了大转折。这是公司目前盈利大幅增长的基础。公司在新材料方面一直持续投入,到2000年已经开始逐步进入投资回报期,公司在该方面的盈利潜力较大,预计未来几年内高科技方面业务的利润在公司利润总额中的比例会越来越大。

深石化B股(2013):流通股3 176万,收益0.0604,净资产1.81。AB股仍有价差可追,持有。

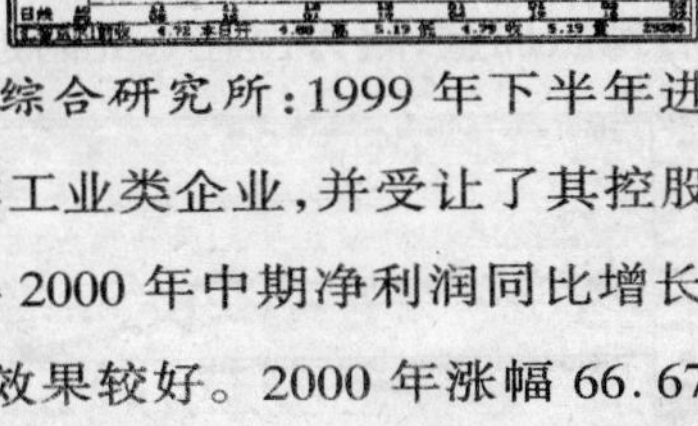

平安证券综合研究所:1999年下半年进行了战略性重组,转移了原非工业类企业,并受让了其控股股东原有的工业类企业,使得2000年中期净利润同比增长82.12%,表明公司战略重组效果较好。2000年涨幅66.67%。目前A股价格是B股的3.9倍。投资建议:有一定投资价值,可中线买入。

国泰君安证券研究所:公司未来的希望应该在生物制药

方面，目前公司在该方面得到了较为强有力的的技术支持，再加上公司目前旗帜鲜明地大力发展该项产业，所以估计未来公司在生物制药方面会有较大的发展，虽然该项业务不会对公司近期的盈利能力构成太大的影响。

PT中浩B股（2015）：流通股2 184万，收益－0.375，净资产－3.73。高位放量，暂不介入。

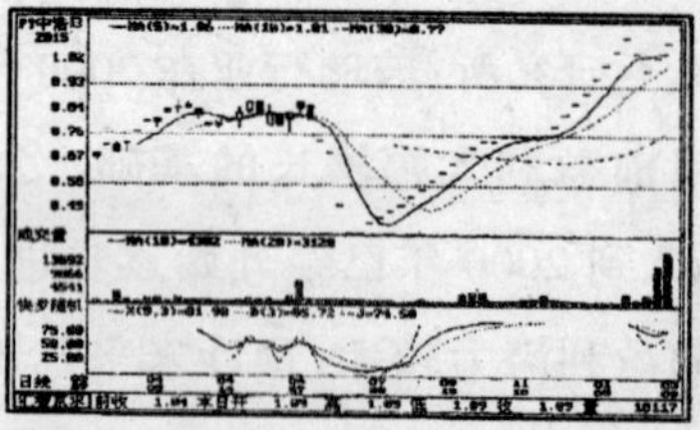

平安证券综合研究所：因盲目投资和管理失控，公司连续三年巨额亏损。由于公司前期投资大、债务多、且多沉淀在尚未开发的土地上，因此公司债务沉重，资产重组也始终难有起色，今年被摘牌的可能性非常大。2000年涨幅48.48%。目前A股价格是B股的4.29倍。投资建议：风险很大，不介入。

深康佳B股（2016）：流通股6 380万，收益0.204，净资产5.61。填权后抛压加重，阻力位在8元附近。

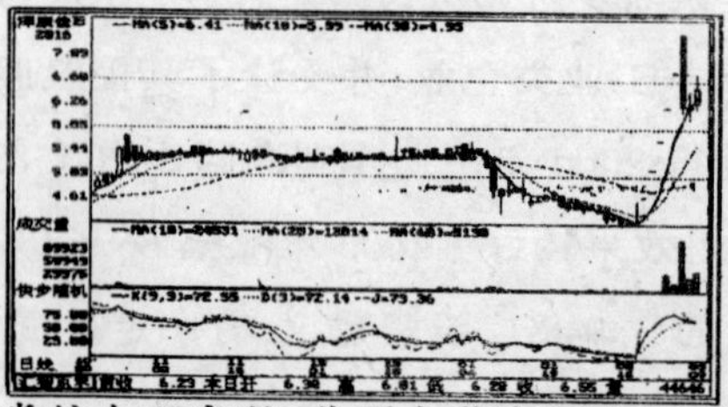

平安证券综合研究所：公司主营家用电器制造。由于行业内竞争激烈，平均利润水平降低，公司2000年中期收入水

平出现大幅下滑。长远来看，公司成长性较不佳，急需寻找新的利润增长点。2000 年下跌 6.8%，目前 A、B 股价差 2.71 倍。操作建议：短期持仓。

国泰君安证券研究所：深康佳对业务发展的规划主要是巩固彩电业务、大力拓展手机业务，并积极储备网络设备产品。彩电方面，今后几年能否在产品技术开发方面取得进展，重新赢回城镇市场，将直接关系公司的发展前景。移动通信领域，公司的手机产品在种类、款式等方面还不具备与跨国公司的竞争能力。以上两方面都需要深康佳花费较长时间来完善。

ST 中华 B 股(2017)：流通股 17 862 万，收益 -0.135，净资产 0.297。年报将继续亏损，但低价可为，可投机。

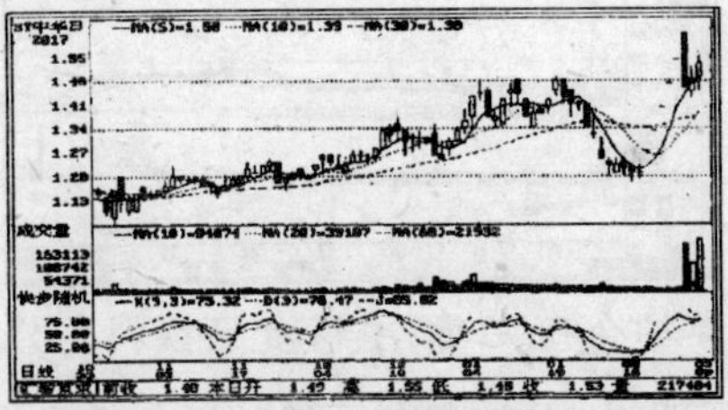

平安证券综合研究所：主营自行车制造。由于受行业限制，公司经营业绩一直不佳，已经沦为 ST 一族，并可能面临 PT 的境地。公司目前资产质量较差，债务沉重，依靠现有主营业务难以摆脱困境，资产重组是公司今后的唯一出路，可密切关注其重组的进展。2000 年涨幅 132.1%，目前 A、B 股价差 5.61 倍。操作建议：短期持有。

深中冠 B 股(2018)：流通股 2 662 万，收益 0.022，净资产 1.80。洗盘后上扬，盘小易炒，持股待涨。

平安证券综合研究所：主营纺织印染。行业属性一般，

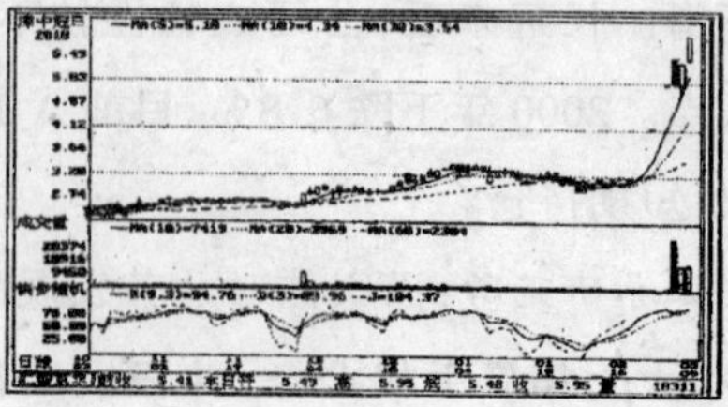

公司的经营业绩也没有突出之处。但公司属于典型的小盘股,重组难度小,有股本扩张的可能性,因此应长期跟踪。2000年涨幅52.3%,目前A、B股价差4.75倍。操作建议:买进持有。

深深宝B股(2019):流通股2 614万,收益0.05,净资产2.04。继续上扬,短期阻力位7.28元。

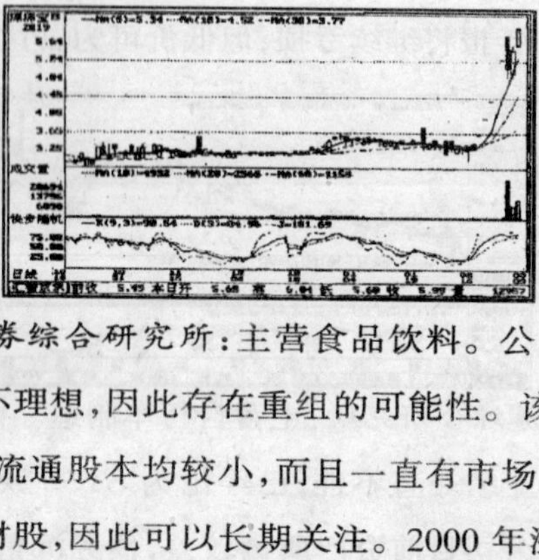

平安证券综合研究所:主营食品饮料。公司业绩一般,行业属性也不理想,因此存在重组的可能性。该公司总股本及A、B股的流通股本均较小,而且一直有市场主力关照,属于潜在的题材股,因此可以长期关注。2000年涨幅65.1%,目前A、B股价差3.56倍。操作建议:买进持有。

国泰君安证券研究所:饮料行业是典型的过度竞争行业,公司的发展前景不容乐观。笔者认为,在未来的两三年内,公司能保持住目前的经营状况,已难能可贵。

深华发B股(2020):流通股3 953万,收益0.01,净资产1.06。AB股差价大,持股看高。

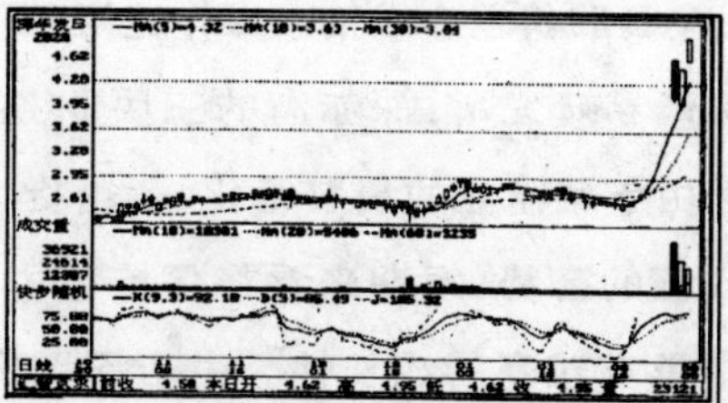

平安证券综合研究所：主营家用电器。行业竞争激烈，曾导致该公司被 ST，刚刚摘帽之后，2000 年中期业绩又开始滑坡，出现亏损。可见公司单纯依靠主营业务已经难以摆脱被动局面。资产重组是公司彻底解脱的惟一途径。2000 年涨幅 177.5%，目前 A、B 股价差 6.09 倍。操作建议：短期持有。

国泰君安证券研究所：公司目前的状况已不可能通过公司自身的资源来获得进一步的发展。公司 1998 年和 1999 年处理了大量不良资产，公司资产负债率低，现有资产质量较高，并有升值潜力，因此其是一个相当理想的壳资源。

深赤湾 B 股(2022)：流通股 10 645 万，收益 0.101，净资产 2.851。在 AB 股比价效应下继续上扬。

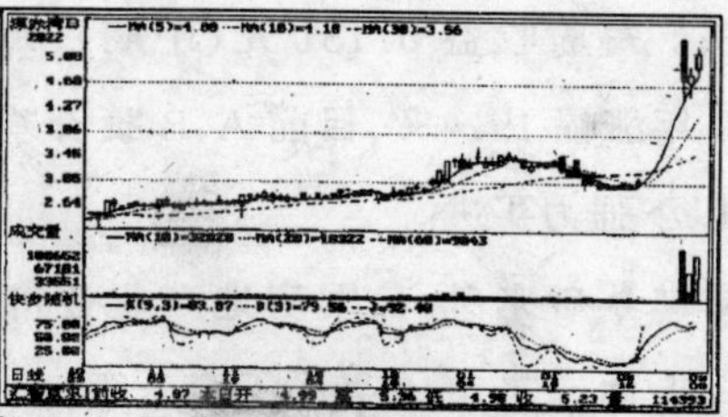

平安证券综合研究所：主营港口服务。公司经营状况稳定，并开始呈现出增长态势。我国加入 WTO 日益临近，这对港口服务业将起到直接的利好作用，长期来看，所属行业有一定发展潜力，公司业绩有望出现稳定增长。2000 年涨幅

41.7%，目前A、B股价差3.6倍。操作建议：买进持有。

国泰君安证券研究所：深赤湾的三块业务中，散杂货和路海运输业务由于运输业的集装箱化、适箱货物的比例增加长期来看呈收缩的态势，短期来看将保持稳中有升的局面。集装箱业务则具有较高的成长性。由于深圳集装箱码头业务的蛋糕将增大，因而公司的集装箱业务仍具有一定的成长性。

招商局B股(2024)：流通股13 622万，收益0.182，净资产4.446。净值高，AB股股价有距离，看好。

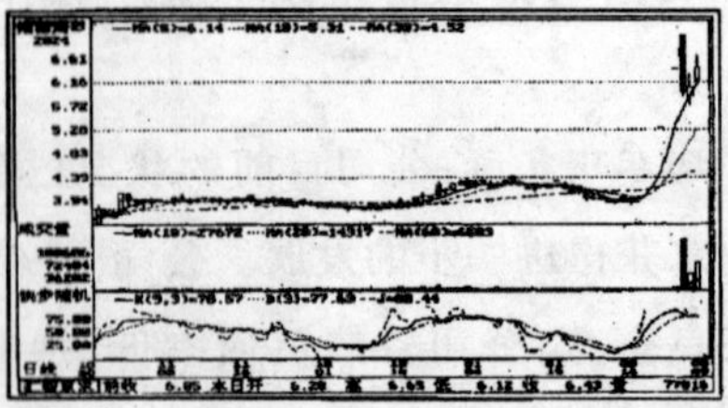

平安证券综合研究所：主营散杂货与集装箱的港口装卸，存储，房地产开发与实业投资，在港口和地产的双轮驱动下业绩逐步提升，在连接香港与蛇口的“西部通道”的开发中将会受益非浅。每股收益0.181元（中期），每股净资产4.446元。2000年涨幅19.4%，目前A、B股价差3.04倍。操作建议：6元以下强力买进。

国泰君安证券研究所：公司房地产业务将进一步看好；港口业务业务方面未来市场竞争不容乐观，将逐渐收缩；供水、供电将呈现稳定增长态势。综合看来，公司业绩未来几年应能保持稳中有升的局面。

ST特力B股(2025)：流通股2 640万，收益-0.38，净资产0.63。绝对价位仍偏低，震荡上扬。

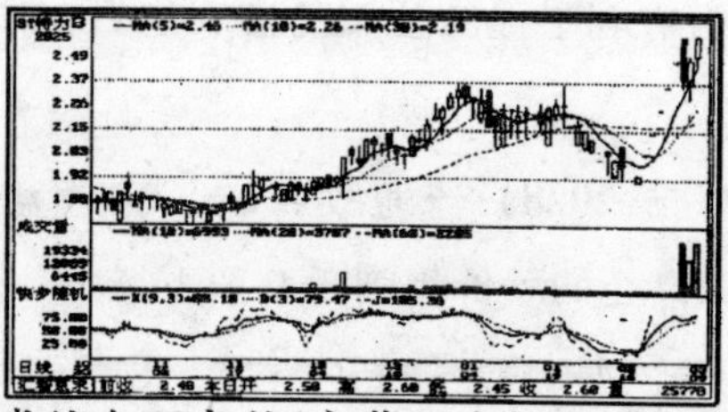

平安证券综合研究所：主营五金机电设备加工与房地产开发，公司经营状况恶化，地产，工业生产，进出贸易大幅滑坡，且不良负债和商业纠纷较多。每股收益 -0.38 元（中期），每股净资产 0.63 元，全年亏损已成定局。2000 年累计上涨 21.6%，目前 A、B 股价差 4.64 倍。操作建议：无明确消息前不要轻易介入。

飞亚达 B 股（2026）：流通股 5 832 万，收益 0.029，净资产 2.36。在 AB 股比价效应下继续上扬，阻力位 7.88 元。

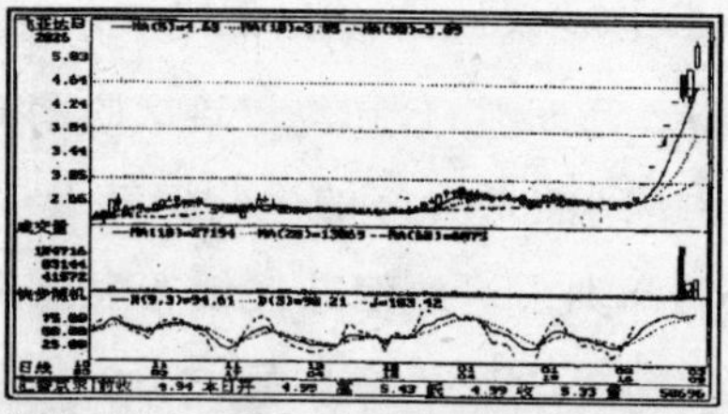

平安证券综合研究所：主营钟表业，近年来业绩有逐渐下滑趋势，2000 年中期每股收益 0.0298 元，每股净资产 2.36 元。2000 年累计上涨 64.1%，截止最近交易日，A 股报收 14.8 元，B 股报收 2.74 元，二者价差 5.11 倍。操作建议：5 元以下谨慎介入。

国泰君安证券研究所：公司拟投资 4 亿元兴建的“飞亚达高科技工业园”总建筑面积达 10 万平方米。该科技园将设立与制表业相关的光学仪器、仪表的研究中心、航空部的研发中心等，该项目有利于提升公司的盈利能力和抵抗市场风险的能力。

深益力 B 股(2028)：流通股 5 489 万，收益 0.037，净资产 1.22。A 股高企的股价将刺激 B 股上扬。

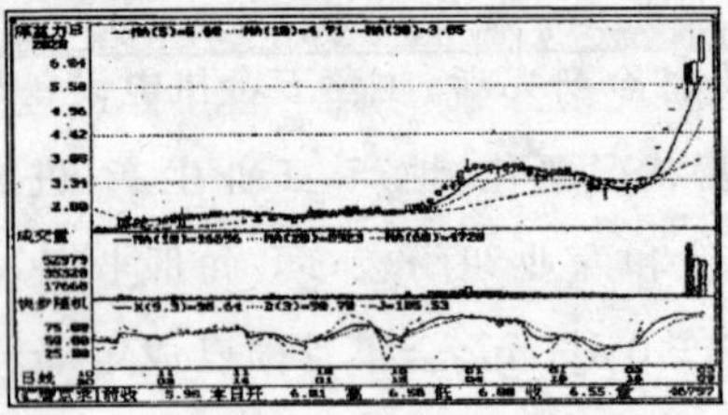

平安证券综合研究所：原来主营矿泉水生产和销售，2000 年底成功重组为西药和中成药开发，已发布 2000 年预亏公告，每股净资产 2.20 元。2000 年累计涨幅为 190%，截止最近交易日，A 股以 19.90 元报收，B 股收盘 3.35 元，两者价差 5.11 倍。操作建议：视重组进展谨慎介入。

国泰君安证券研究所：公司经过这次脱胎换骨般的资产置换，将全面转型到前景看好的生物医药及 IT 行业中来。其旗下新加盟的深圳市一致医药连锁有限公司目前在全国拥有 150 多家连锁店，其中在深圳的 130 多家。此外，旗下另一主要企业特发现代计算机公司，目前已获得深圳市及外省市多项重大网络工程建设的项目。预计今年公司总体上将取得较好的经营业绩。

深深房 B 股(2029)：流通股 12 000 万，收益 0.018，净资产 1.52。抛压增大，真正阻力区在 5 元以上。

平安证券综合研究所：主营房地产开发。2000 年借数码港题材爆炒。累计涨幅为 108%，每股收益 0.018 元，每股净资产 1.52 元，截止最近交易日，A 股报收 9.25 元，B 股报

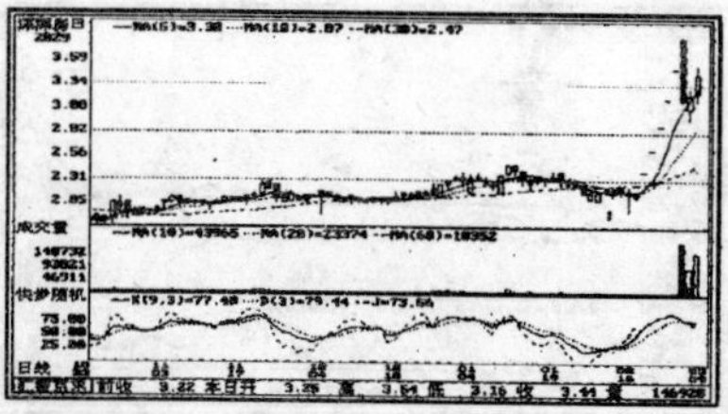

收 2.17 元,二者价差为 4.02 倍。操作建议:先持观望策略。

国泰君安证券研究所:经过前几年的努力,公司度过了年年巨额亏损的最困难时期,经营开始恢复正常,财务状况趋好。加之公司所投的深圳数码港项目获得市场认同和政府支持,在公司完成国有股回购之后,企业将有较好的发展机遇。

ST 英达 B 股(2030):流通股 3 960 万,收益 -0.1642,净资产 0.04。盘子小,绝对价位低,持股看涨。

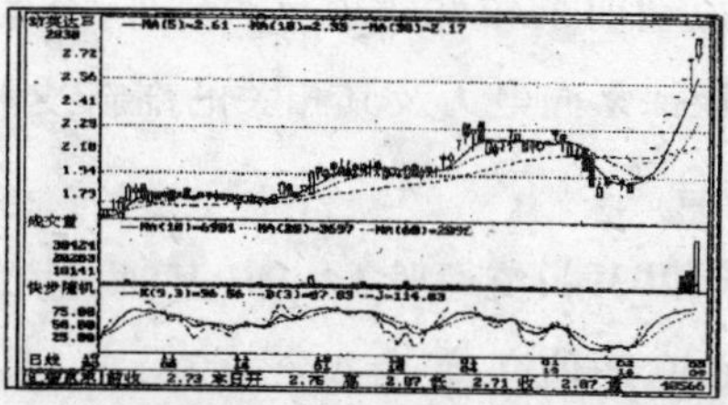

平安证券综合研究所:主营自行车,食品,印刷等综合性工业生产。公司资产及经营状况恶化,1999 年靠债务重组勉强盈利,2000 年中期又跌入亏损深渊(每股收益 -0.16 元),每股净资产 0.04 元。截止最近交易日,A 股报收 12.58 元,B 股报收 1.94 元,二者价差 6.11 倍。操作建议:复盘后不要轻易介入。

深南电 B 股(2037):流通股 7 326 万,收益 0.150,净资产 1.82。AB 股同步上扬,必有题材支持,持有。

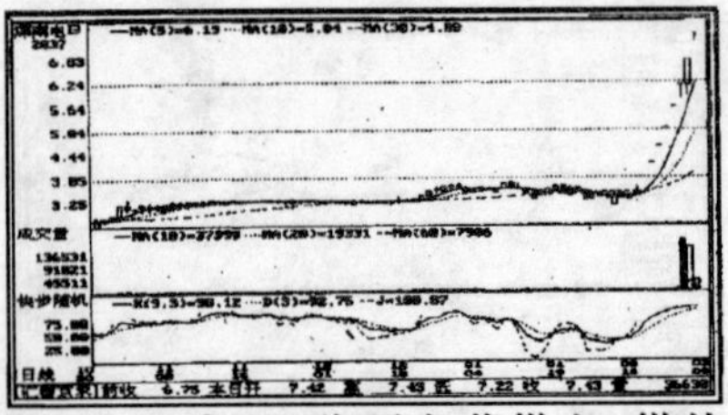

平安证券综合研究所：公司主营供电、供热、常规能源电力和新能源的开发、生产与销售。公司拥有燃油燃汽发电机组35万千瓦，占深圳发电装机容量的14.37%，随着深圳电力市场的需求旺盛，该公司主营有望稳定发展。2000年涨幅85.6%。目前A、B股相差倍数为4.35倍。操作建议：积极介入。

国泰君安证券研究所：如果未来几年深圳电力市场仍然可看好，则公司争取的燃气轮发电机组“以大代小”技术改造，将是一个盈利前景较好的项目。另外，公司由深能集团控股以来，积极探索向电力及其相关的高新技术产业方向发展。

中集B股(2039)：流通股14 240万，收益0.606，净资产5.59。业绩优良，净值高，仍有投资价值。

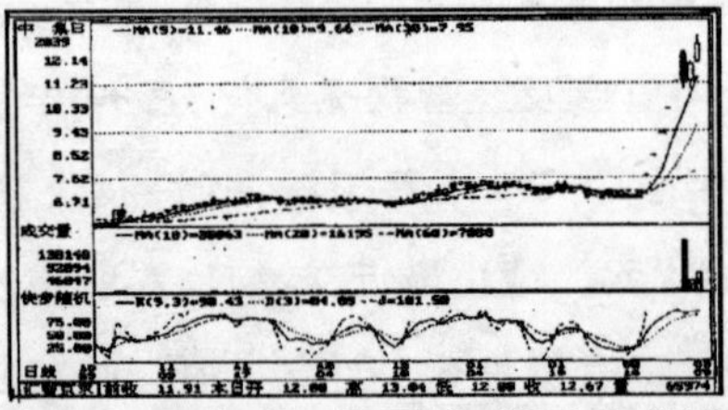

平安证券综合研究所：公司主营干货集装箱设计、制造及推销业务等。公司业绩稳定，成长性良好，属典型的绩优蓝筹股。2000年8月16日，该公司与韩国韩进海运有限公司签署了总额 2 942 万美元的 6 年期集装箱融资协议,将带来新的利润增长点。去年涨幅 41.3%,目前 A、B 股相差倍数为 3.67 倍。操作建议:长期持有。

国泰君安证券研究所:中国加入 WTO 在即,集装箱的市场需求将有较大幅度的增长。另外,随着深圳房地产业的复苏,公司的房地产业务也将为公司业绩作出较大的贡献。综合看来,在 2001 年、2002 年,中集集团仍将能保持良好的增长势头。

深本实 B 股(2041):流通股 1 573 万,收益 -0.013,净资产 2.15。纯 B 股之一,盘子最小,易受追捧。

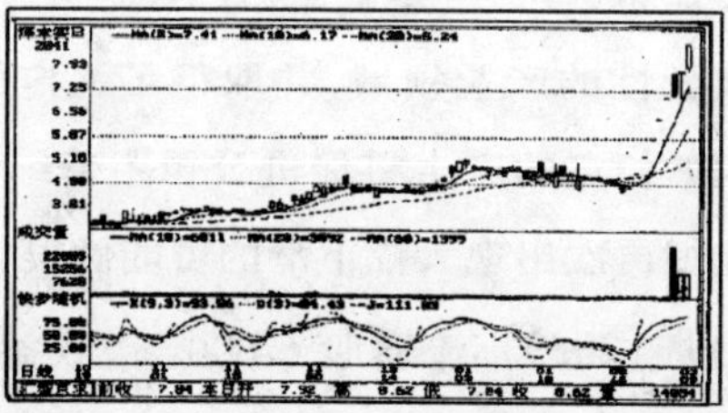

平安证券综合研究所:公司主营磁碟、盒式微型录音带、微型电子线路及有关产品的制造与销售。属典型袖珍的小盘股。2000 年底,公司与其第一大股东进行彻底资产置换,公司有望扭亏为盈。去年涨幅 56%,2001 年 2 月 19 日收盘价为 4.64 元。操作建议:后市潜力巨大,大胆介入。

国泰君安证券研究所:经过资产置换,公司已经完全进入了医药领域,2001 年的业绩及日后的增长将主要取决于瑞德生物的血液制品药品。由于血液制品市场竞争非常激烈,因此我们预计此项资产虽能

深纺织 B 股(2045):流通股 2 217 万,收益 0.078,净资产 1.70。AB 股仍有差价可为。

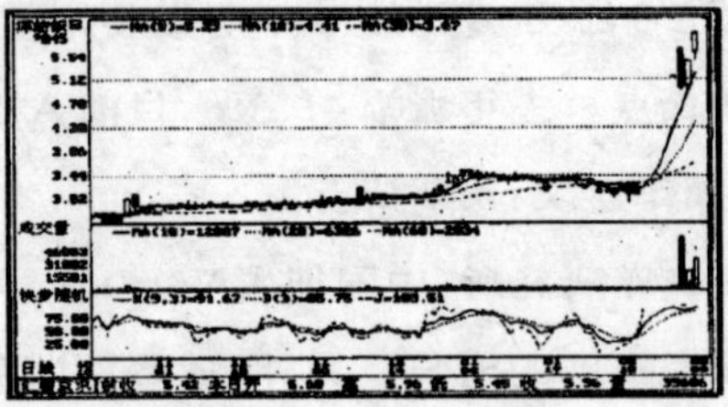

平安证券综合研究所：公司主营纺织、服装、针纺、百货等。公司控股的深化纺乐凯光电子材料有限公司生产液晶显示器用偏光片销售前景看好，有望成为公司新利润增长点。去年涨幅 78.9%，目前 A、B 股相差倍数为 4.29 倍。操作建议：继续持有。

国泰君安证券研究所：鉴于公司已经进入了光电子材料这一具有高成长性的产业领域，并取得了一定的成效，应该说这一新利润增长点的产生将促进公司主营结构的调整，未来两年公司业绩再次出现大幅下滑的可能性很小。

深基地 B 股(2053)：流通股 6 000 万，收益 0.088，净资产 2.24。纯 B 股之一，绝对价位低，继续买进。

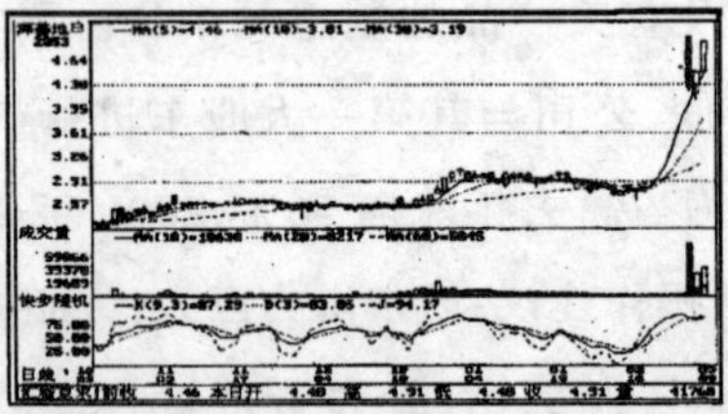

平安证券综合研究所：该公司主营码头和装卸服务、仓储、办公楼出租、海洋工程修造等。公司业绩稳定，成长性一般，属公用事业股。去年涨幅：55.5%，2001 年 2 月 19 日收盘价为 2.99 元。操作建议：继续持有。

国泰君安证券研究所：公司 2000 年下半年决定成立东莞

分公司发展储运业务，目前该计划还在实施过程中，预计该项目对公司业绩不会有较大影响。由于国际石油价格的持续回升以及中国南海东部的石油勘探活动增加，再加之参资公司经营业绩将有所好转，预计公司业绩近两年应能保持稳中有升的态势。

深建摩B股(2054)：流通股12 000万，收益0.005，净资产1.03。纯B股之一，绝对价位低，可投机。

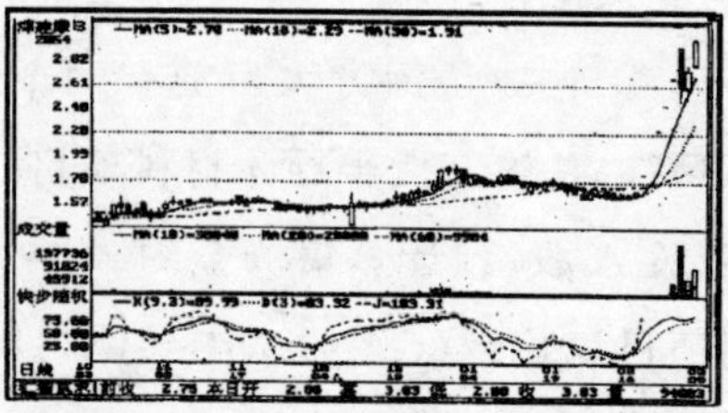

平安证券综合研究所：该公司主营摩托车、摩托车主要零部件、配件、机械产品加工制造等。公司主营产品销售不畅，业绩不佳，发展潜力有限。2000年涨幅：92.8%，2001年2月19日收盘价为1.77元。操作建议：继续持有。

国泰君安证券研究所：随着我国即将加入WTO，今后关税将逐步下调，而且非关税壁垒也会逐步取消。这虽然有利于企业进一步扩大产品出口，但我国的摩托车生产企业几乎没有自主的产品开发能力，而且改变这一现状非一朝一夕可完成。对此投资者应有高度的风险意识。

深方大B股(2055)：流通股12 000万，收益0.23，净资产3.45。AB股仍有差价可为。

平安证券综合研究所：公司主营新型建筑材料、金属制品及金属结构设计、制作、安装等。目前正积极实施产业升级和战略调整，逐步向高科技领域扩展。其中，氮化镓基半

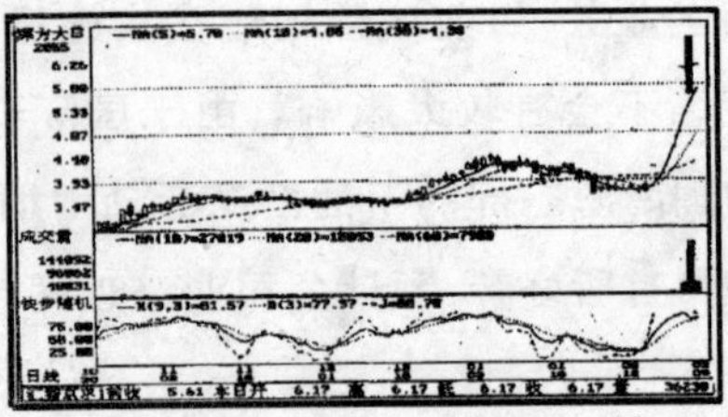

导体材料产业化项目及地铁屏蔽项目等发展潜力巨大。2000年涨幅25%,A、B价差比为4.01倍。操作建议:有中长线投资价值,可介入持有。

国泰君安证券研究所:深方大目前有两个新项目:一是地铁屏蔽门项目;二是第三代半导体材料项目。公司将增发不超过6000万股A股,预计募集资金约8.17亿元,将用于国家863计划项目氮化镓(GAN)基半导体材料及其器件项目的投资。该项目应用十分广泛,市场前景广阔。

深国商B股(2056):流通股7 200万,收益0.0197,净资产1.91。绝对价位不高,阻力位6.93元。

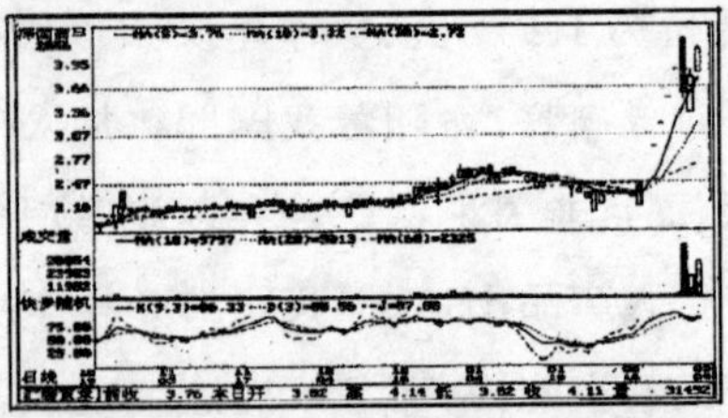

平安证券综合研究所:公司主营商品零售业及房地产业务。公司将连锁商业和地产经营作为发展的主要方向,同时在进出口贸易方面有所作为。目前看公司加大了资本运营力度,力争培育公司新的增长点。2000年涨幅77.5%,A、B价差比为4.32倍。操作建议:3元左右介入。

国泰君安证券研究所:公司发展前景不容乐观。一是公司大股东深圳经济特区发展(集团)公司对公司的扶持有限;二是公司产业结构、商品结构仍未打破传统方式的框框;三是公司商品零售主业经营缺乏竞争优势,其他业务短期内也难有大的起色。四是公司涉及多项巨额财务诉讼案件。

ST大洋B股(2057):流通股7 920万,收益-0.07,净资产0.19。业绩亏损,但绝对价位低,真正阻力在4元以上。

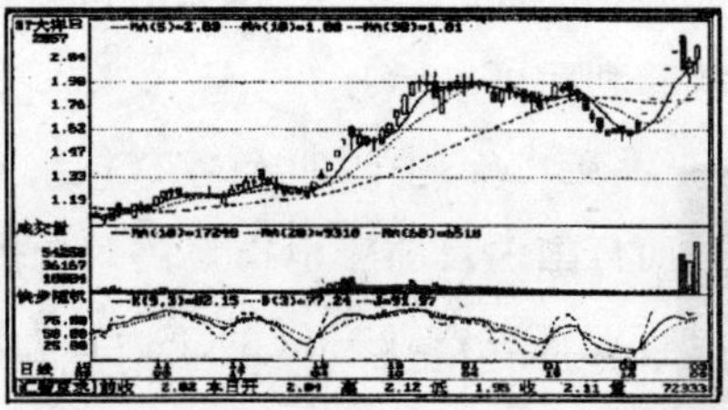

平安证券综合研究所:纯B股公司,是深圳唯一从事全集装箱运输的海运企业。近年来,公司经营状况不佳,业绩不断下滑,继1999年亏损后,近期公布预亏公告称2000年主营业务一直处于全面停顿状态,无任何营业收入。最新收盘价1.63元,2000年涨幅132%。操作建议:由于业绩太差,短线冲高后可减磅。

国泰君安证券研究所:如果考虑追溯调整的因素,ST大洋连续亏损2000年已进入第三年,面临被PT的可能。公司目前业务停顿,诉讼缠身,虽然深业工贸和深圳东欧工贸等公司有对深大洋重组的可能,但可能会受到债权人的阻力,根据公司现状,重组的难度很大。

深赛格B股(2058):流通股22 804万,收益0.02,净资产2.34。盘子大,抛压大,短期阻力位在4.38元。

平安证券综合研究所:主营从事彩色显像管、彩管彩显玻壳、电子系统工程等高科技电子信息产品的生产经营。近

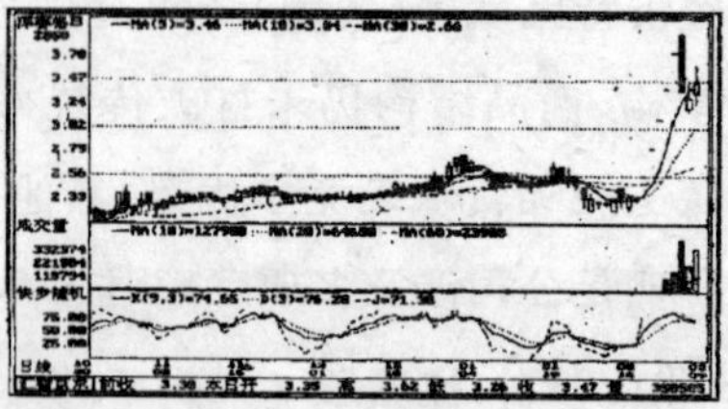

年由于受彩电价格战及原材料上涨等因素影响，公司利润率大幅萎缩。2000 年涨幅 -9.28%，A、B 股价差比为 4.45 倍。操作建议：短线获利后可出局。

国泰君安证券研究所：中国加入 WTO 后，彩管行业将受到直接的冲击，而且国内目前彩电市场需求已缺乏进一步增长的动力，彩电行业面临产业升级的压力日益加剧，所以公司的彩管业务将在今后几年面临巨大的市场挑战，公司未来的发展还需要在其它新业务方面进行突破。

山航 B 股(2152)：流通股 14 000 万，收益 0.233，净资产 1.33。纯 B 股之一，业绩好，买进。

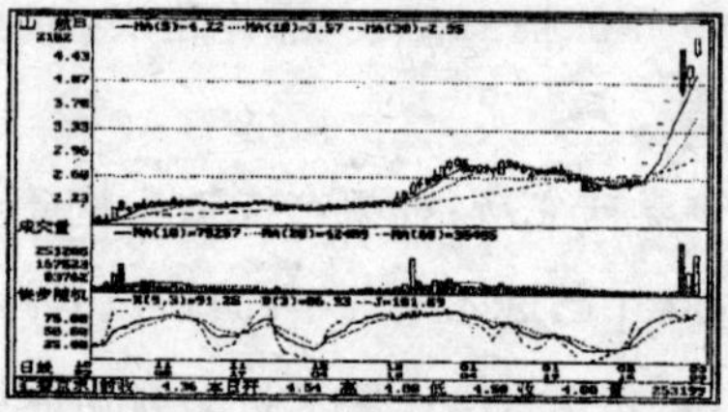

平安证券综合研究所：纯 B 股公司，主要从事航空客运服务。公司所属行业具有一定垄断性。近年来增长稳定，经营业绩较好，公司未来有较稳定的发展空间。19 日收盘价 2.59 元(2.745 元)。2000 年涨幅 21.37%。操作建议：3 元左右可介入。

国泰君安证券研究所：由于规模偏小，公司预计仍会积极拓展业务规模。公司计划两年内引进5架B737用于干线飞行,15架CRJ飞机用于支线飞行。公司的干线运输业务在未来的竞争更为激烈,特别是三大航空集团的重组,压缩了公司在干线业务发展的空间。预计2001年公司的收入增长15%,与行业发展速度基本保持一致。

帝贤B股(2160):流通股11 500万,收益0.053,净资产1.62。纯B股之一,去年9月上市,题材独特,持有。

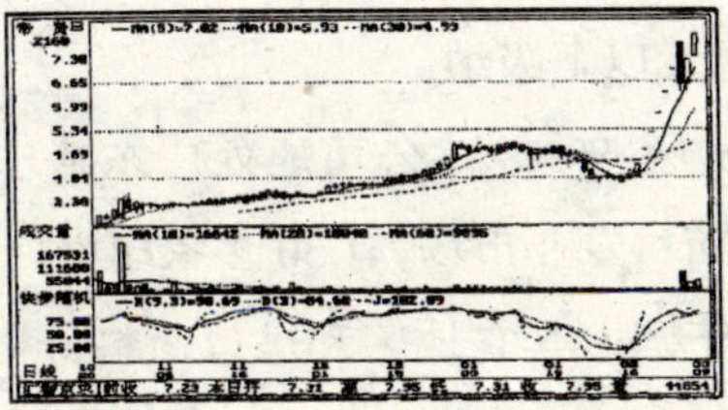

平安证券综合研究所:纯B股公司,属纺织服装业。公司经营稳定,业绩保持较好水平。经过发展公司已成为集纺纱、化纤合成丝、化纤仿真布、织布、印染、缝制及针纺服装出口于一体的大型企业。19日收盘价4.33元(4.59元),2000年涨幅88.46%。操作建议:可在5元之下介入。

国泰君安证券研究所:公司发展前景主要取决于募股资金的投向,2000年发行B股募集资金所投项目均可在2001年陆续投产,公司预测2002年起每年将增加销售收入4亿元以上,增加利润约8 800万元,每股收益可达0.7元左右。但笔者认为公司的盈利预测过于乐观,因作为竞争性行业的针织业,行业壁垒很低,不可能维持长久的超额利润。

雷伊B股(2168):流通股6 900万,收益0.099,净资产。纯B股之一,2000年10月上市,盘小绩优,看好。

平安证券综合研究所:2000年10月份上市,主营进出

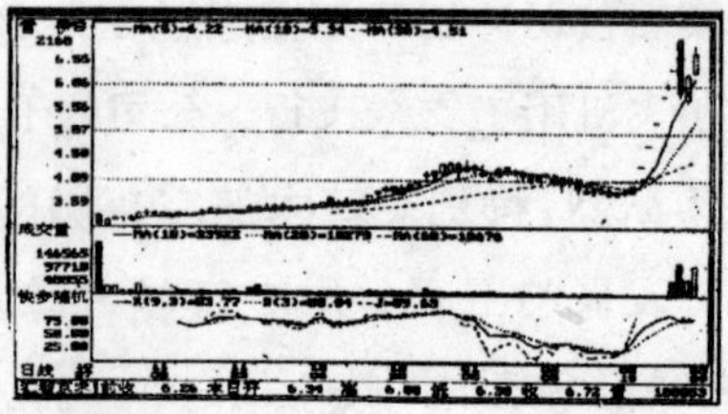

口商贸，业务发展比较稳定。今年上半年中国若成功入世，将有助于其业绩进一步提升。该股上市以来累计涨幅30%，目前市盈率仅为15倍左右，目前收市价3.97港元。操作建议：建议4.5港元以下吸纳。

国泰君安证券研究所：公司地处广东普宁市，该市拥有大规模的纺织面料专业市场，有30多家印染厂。因此该地区的面料价格低于国内其它地区和进口面料价格，充足且低廉的面料为该公司的原料提供了保证，并使其具有低成本的竞争优势。入世后国际服装市场需求将被空前地拓展，该公司面临新的发展机遇。

宝石B股(2413)：流通股10 000万，收益0.0608，净资产1.19。AB股仍有差价可为，看涨。

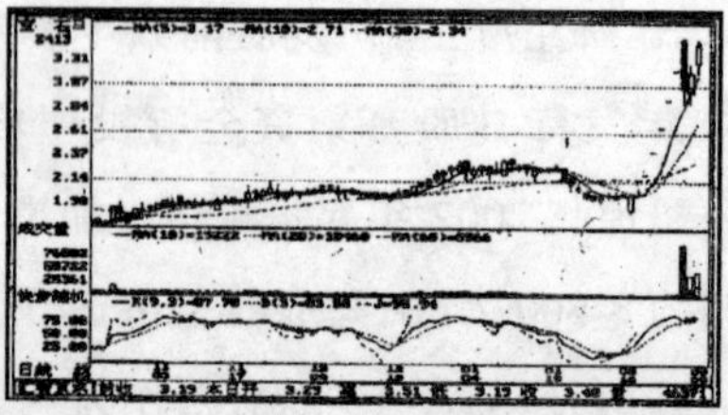

平安证券综合研究所：资产重组类强势股，主营电真空玻璃器件及配套电子元器件等的生产。该公司1999年底与大股东资产置换后，2000年上半年净利润同比增加4.5倍，主营收入也大幅增长，但其资产负债率仍然偏高，财务状况

不佳。去年涨幅约 184%，目前 A 股股价为 B 股价 4.7 倍。操作建议：介入。

国泰君安证券研究所：彩色玻壳行业在 2000 年出现的供不应求只是一个短期的状况，随着境外玻壳企业恢复生产，这种局面已很快逆转，而且彩电行业市场需求结构的变化和产业升级的需求，使玻壳市场需求出现了相应的结构矛盾，玻壳市场价格进入 2000 年后立即出现下跌，这将大大影响宝石的盈利能力，其今后几年的发展前景难以乐观。

小天鹅 B 股(2418)：流通股 12 736 万，收益 0.3135，净资产 5.56。目前价位离净值不远，有中长线投资价值。

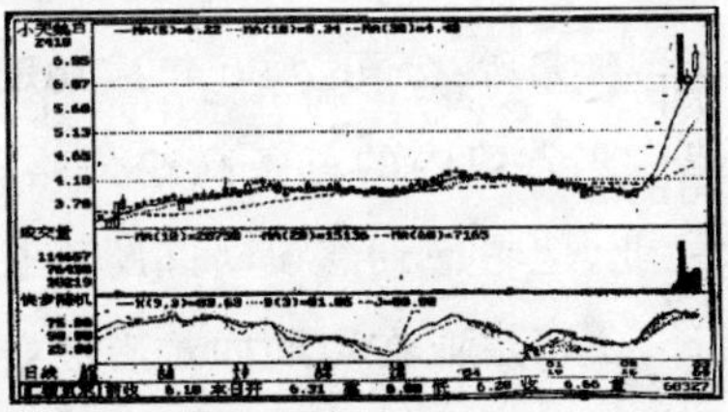

平安证券综合研究所：主营家电生产，业务发展稳定。其主导产品洗衣机的市场占有率达 22.4%，毛利率也在 27% 以上，这在家电行业效益普遍下滑的背景下实属不易。去年涨幅不到 40%。目前 A 股股价为 B 股的 3.56 倍。操作建议：买入。

国泰君安证券研究所：公司主营业务受国内家电市场大环境不景气的影响，有发展速度放缓的迹象，同时公司利用近年来的募股资金发展的洗碗机、冰箱及其压缩机、工业洗衣机等新项目见效甚微，给公司的发展造成了拖累。预计公司今后几年业绩将出现下滑的趋势。

粤高速 B 股(2429)：流通股 20 250 万，收益 0.1314，净

资产 4.00。盘子偏大，但短线仍有上升空间。

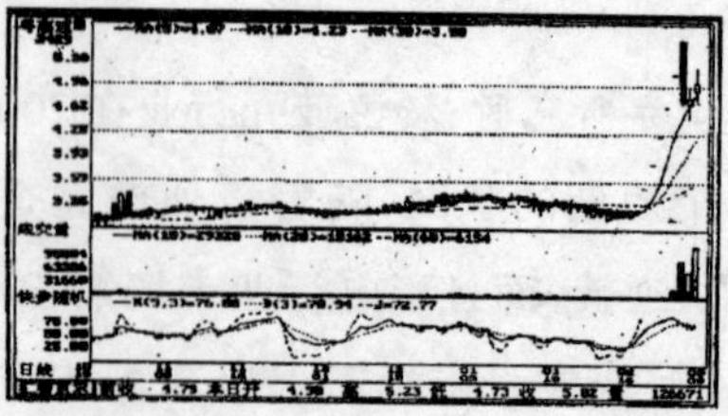

平安证券综合研究所：属公用事业板块，主要从事高速公路和特大桥梁的商业开发。其项目收入有广佛高速公路、佛开高速公路和深圳惠盐高速公路等路段的收费。2000 年经营状况略有下降，主要是各项费用的增长过快。去年涨幅 44%。目前 A、B 股价差 3.2 倍。操作建议：积极介入。

国泰君安证券研究所：公司 2000 年成功配股，募集资金拟参股投入修建广东省境内的三条高速公路（部分路段）的建设，积极扩大主业，但考虑到建设时间跨度长，资金占用量大，投资回收期长，公司主业在短期内难有改善，获利水平的增长缓慢，而其股本因配股扩张，预计公司 2000 年、2001 年的每股收益会有所下降。

宁通信 B 股(2468)：流通股 10 000 万，收益 0.024，净资产 2.28。纯 B 股之一，绝对价位不高，可持有。

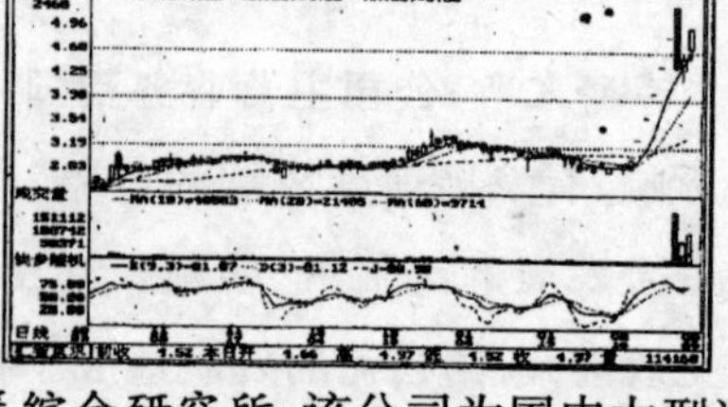

平安证券综合研究所：该公司为国内大型通信设备生产企业，每年以 30% 的速度发展。今年公司继续加大 ATM 网

络设备开发,CDMA 接入设备和无线分组项目等的投入,行业成长性良好。然而目前公司的盈利状况一般。去年涨幅:近 62%。该股 2.19 收市价 3.00 港元。操作建议:4 元以下可作为投资选择。

国泰君安证券研究所:目前宁通信虽已调整战略,重点进军数据通信这一前景极为广阔的领域,但由于数据通信领域竞争极为激烈,宁通信在研发、生产、营销实力等方面均相对较弱,未来发展仍不容乐观。如公司未来没有重大的资本运营方面的举措,业绩难以出现实质性的提升。

晨鸣 B 股(2488):流通股 16 100 万,收益 0.268,净资产 6.39。A 股偏高的定位为 B 股提供了继续上扬空间。

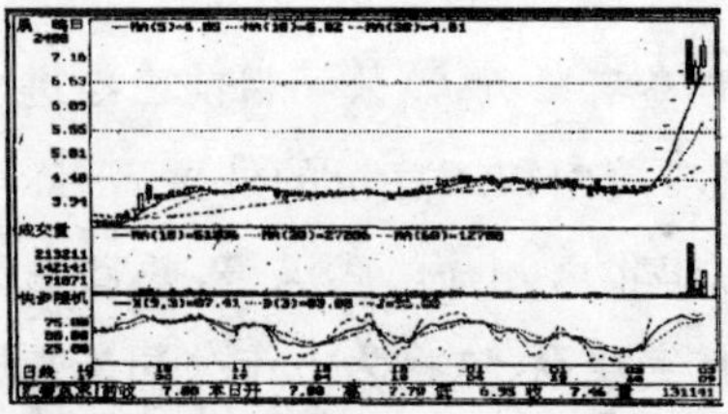

平安证券综合研究所:主要从事文化用纸的生产销售。2000 年 11 月增发 A 股 7 000 万,募资近 11.13 亿元,用于 15.3 万吨高档铜版纸生产设备的引进项目,该项目完成后,预计可增加每股收益 0.57 元。去年涨幅:60%。目前 A、B 股价差 3.73 倍。操作建议:积极介入。

国泰君安证券研究所:晨鸣纸业这几年的发展,使我们看到了民族造纸业的希望,虽然其产品受到国内合资企业如金东纸业、中华纸业等的竞争。但合资企业其产品成本普遍较高,且产品用途并不完全相同,威胁并不很大。因而可以认为晨鸣纸业是一个业绩优良、具有高成长性的公司。

琼江B股(2505):流通股5 750万,收益-0.034,净资产1.01。绝对价位不高,回落时适当吸纳。

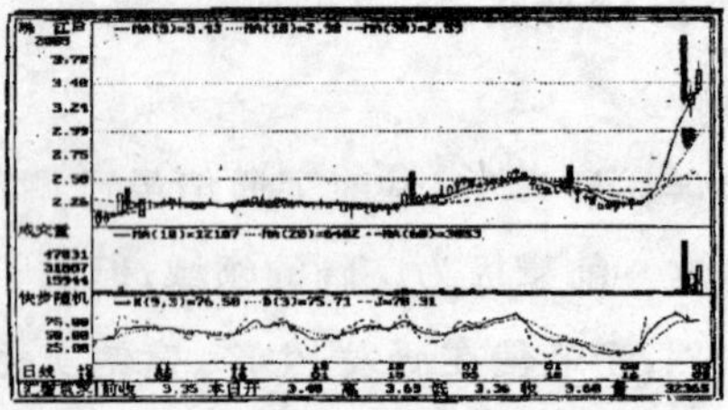

平安证券综合研究所:公司主营房地产业,现正逐步向综合性的投资控股公司转型。最近,公司转让龙脉公司40%的股权,获得2.44亿元人民币资金。2000年涨幅:119.6%。目前A、B股股价差比为4.06倍。操作建议:买入,中线持有。

国泰君安证券研究所:该公司目前已经进入新的发展时期,在逐步完成对海南积压存量的处置后,公司已经在不断扩大开发区域,如北京、上海、武汉等,并且主要是市场前景较好的中高档住宅建设,这将为上市公司未来提供稳定的利润增长。另外作为西南证券的第二大股东,公司将从中获得较好的投资回报。

闽灿坤(2512):流通股12 188万,收益0.20,净资产1.81。纯B股之一,业绩好,绝对价位不高。

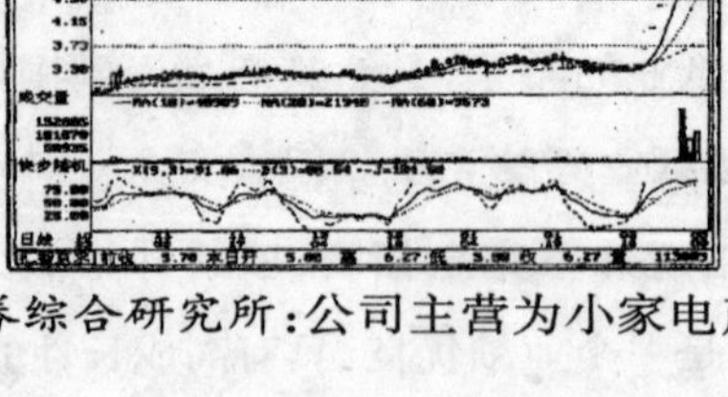

平安证券综合研究所:公司主营为小家电产品的生产和

销售。公司的小家电产品在市场上有较高的占有率,其海外市场业务也发展迅速。公司已计划向信息智能家电发展,2000年全年可实现每股0.4元。公司现只有B股,去年最高涨幅55%,收盘价$3.34元。操作建议:可买入,中长线持有。

国泰君安证券研究所:闽灿坤属国内小家电行业之翘楚,公司今后几年仍将有较大的发展空间。同时,公司拟与戴尔的国际供应商建立策略联盟,实现给戴尔产品配套,以便实现IT技术方面的积累。此外,公司还投资1500万美元组建通信网络产品公司,并控股75%。

丽珠B股(2513):流通股10 314万,收益0.02,净资产2.98。AB股差价大,B股可看高一线。

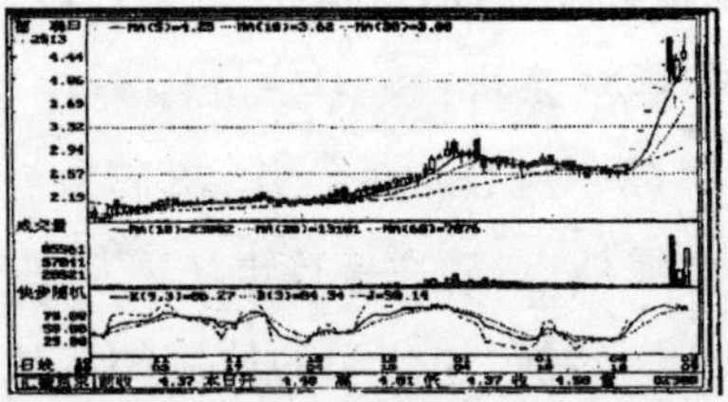

平安证券综合研究所:是医药类综合性企业集团,主业涉及中西药和生物工程各领域制剂的产销。经过几年的经营整合,以及人力资源资本化的探索,有可能形成经营好转的拐点,增长潜力极大。2000年B股最大涨幅77%,目前A、B股价差4.09倍。操作建议:买入。

国泰君安证券研究所:虽然公司近一两年来经营有一定的起色,但还难以看到令人振奋的利润增长点,没有从根本上扭转公司目前的不利局面。我们认为,短期内公司的基本面不会发生太大的变化,但公司的股权仍有发生转移的可能，应引起投资者的关注。

皖美菱 B 股(2521)：流通股 11 310 万，收益 0.005，净资产 3.40。目前价位与净值接近，仍有投资价值。

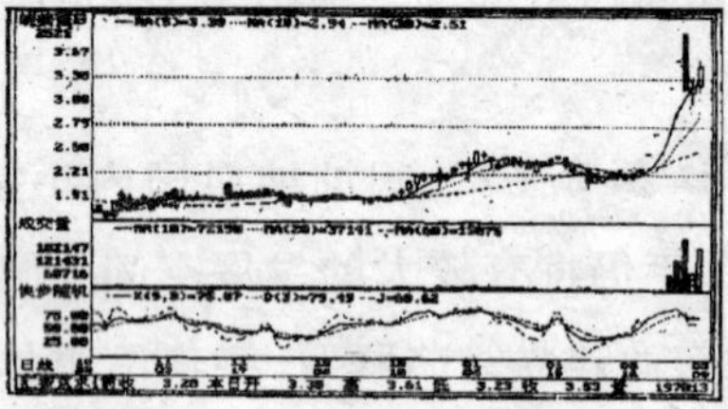

平安证券综合研究所：公司主营以冰箱为主导的美菱品牌的家电产品。公司品牌在国内市场虽有一定知名度，但因家电产品竞争激烈，公司的经营环境相当严峻。2001 年 2 月 19 日 B 股收盘价 2.23 元，2001 年 2 月 23 日 A 股收盘 8.55 元，价差 3.62 倍。操作建议：可买入，中短线持有。

国泰君安证券研究所：预计公司将会在与摩托罗拉、NEC、美泰克等国际一流公司的合作，巩固自身的已有竞争优势；进一步拓展海外市场，在保持市场占有率同时，寻求新的增长点；加快机制转换，使公司的体制能尽快适应国际竞争；降低制造成本，控制销售管理费用，以提高企业的整体效益等方面下功夫。

大冷 B 股(2530)：流通股 11 500 万，收益 0.10，净资产 3.12。净值较高，回落吸纳。

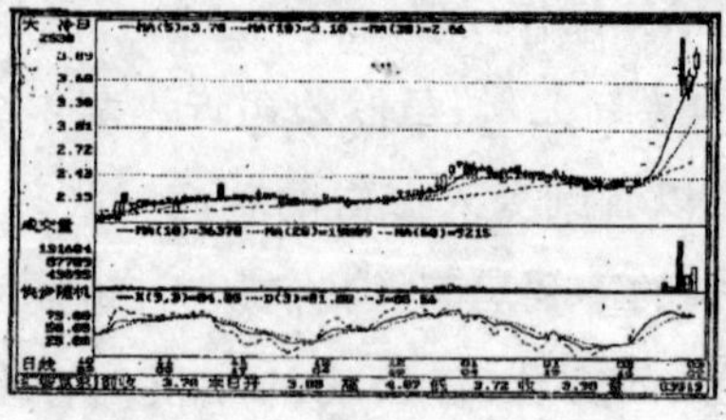

平安证券综合研究所：公司主营制冷设备及配套产品。公司是国内最大的制冷设备生产企业，在国内市场有一定的优势，主导产品的技术含量也较高，海外市场的开拓也较成功。目前公司在酝酿参与”西气东输”工程建设。目前 A、B 股价差 3.73 倍。操作建议：可买入，中长线持有。

国泰君安证券研究所：随着公司调整的结束，预计公司将逐步迈进高速发展的阶段。公司在产品升级方面主要以合资合作、技术引进为侧重，加快产品结构调整，达到较强的竞争能力、高利润和高市场占有率。另外，公司还进军高新技术领域，特别是积极开发电子、信息通讯、生物工程和节能环保等产品。

粤电力 B 股(2539)：流通股 66 534 万，收益 0.185，净资产 1.78。盘子大，震荡将加剧。

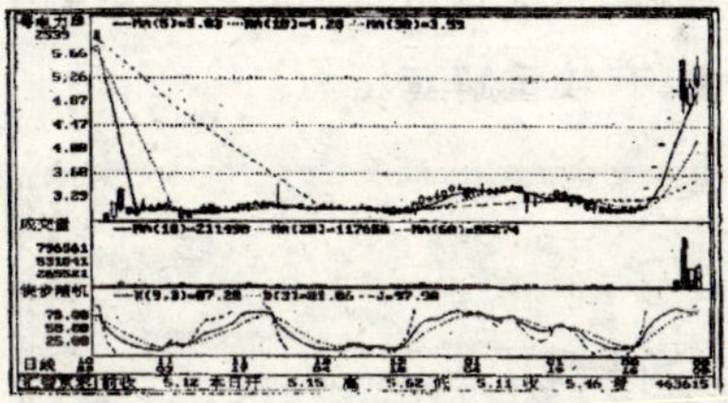

平安证券综合研究所：主营电力开发与生产，是广东省最主要的电力生产企业之一。随着广东电力需求的快速增长和国家电力体制改革的推进，公司将可能获得超常发展。去年涨幅：105.08%，目前 A、B 股价差倍数为 2.14。操作建议：投资者在 6 港元以下买入。

国泰君安证券研究所：如果推行市场化，粤电力仍然会有相当的竞争力，发展潜力大。如果维持目前的市场格局，广东省的电力生产形势，将有利于粤电力的发展，在增发收购优质沙角电厂之后,公司仍维持着较高的盈利能力。随着,国际化的接轨,其蓝筹股的形象将日渐凸现。

粤照明 B 股(2541):流通股 8 250 万,收益 0.21,净资产 5.38。业绩好,净值高,可投资。

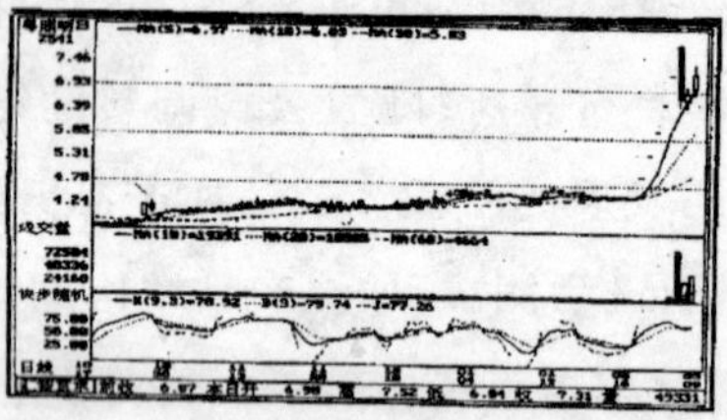

平安证券综合研究所:粤照明主营各种照明灯具,目前已全面向绿色照明工程发展。经营稳健,业绩优异,典型的绩优蓝筹股。2000 年涨幅:31.3%(复权),目前 A、B 股股价相差倍数为 2.66 倍。操作建议:在 6 元以下买入,长线持有。

长安 B 股(2625):流通股 35 000 万,收益 0.028,净资产 1.96。盘子偏大,有较重解套压力。

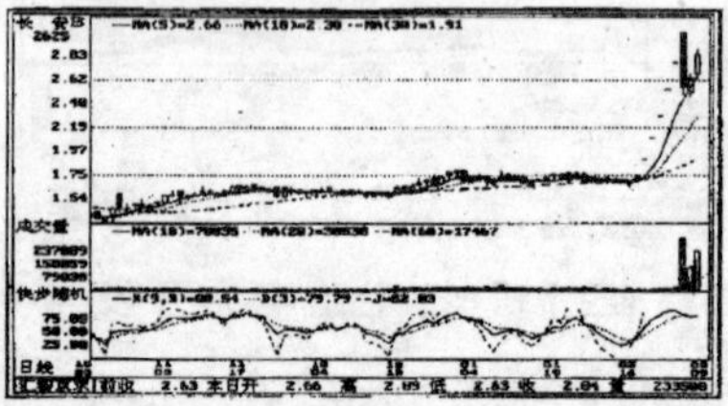

平安证券综合研究所:主营微型汽车的开发、制造和销售。公司具有较强的开发能力,近年来相继开发出一系列新型微型客车和微型轿车,市场占有率不断提高。不足之处是由于市场竞争激烈,导致公司盈利能力不高。2000 年涨幅:106%,目前 A、B 股价相差倍数为 2.73 倍。操作建议:可在 4 港元以下介入。

国泰君安证券研究所：考虑到目前长安汽车的合资外方是日本铃木公司，而铃木公司是美国通用汽车公司的战略伙伴，而且长安汽车的新产品的发展还有赖于“以老养新”。因此，如果与美国福特汽车合资的新一代产品最终不能以适应市场的价位成功占领市场，则长安汽车可能会两头落空。

瓦轴B股(2706)：流通股13 000万，收益0.087，净资产3.08。纯B股之一，绝对价位低，持有。

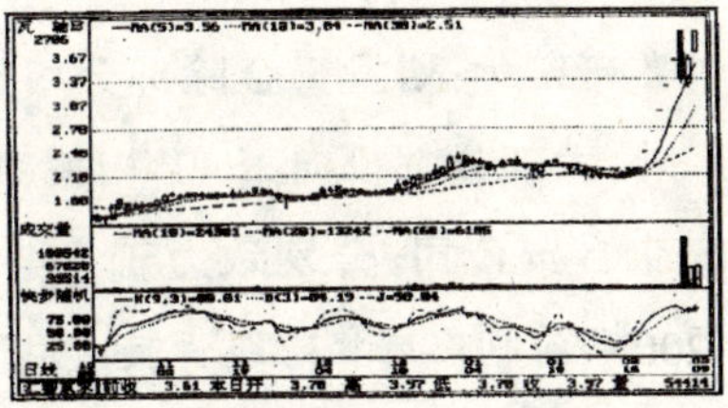

平安证券综合研究所：公司主营轴承的生产和销售。1998年起因轴承产品结构性过剩的矛盾突出，公司效益下滑。公司正在进行产品结构的调整，努力开拓市场。随经济形势回升，今年会有好转。去年涨幅38%，2001年2月19日收盘价为2.23元。操作建议：积极介入。

国泰君安证券研究所：2000年下半年至2001年，公司经营环境进一步好转，经营业绩有可能比上半年好，各项财务指标可能趋于改善。但由于国内轴承行业竞争依然激烈，加入WTO，国内尚面临国外实力厂商的压力，预计公司业绩改善的程度不会还大。

京东方B股(2725)：流通股14 950万，收益0.09，净资产3.82。A股定位高，为B股上扬提供了较大空间。

平安证券综合研究所：公司属电子信息产业，主要产品有网络视讯产品、“一卡通”系统、软件与机具、显示器件、新

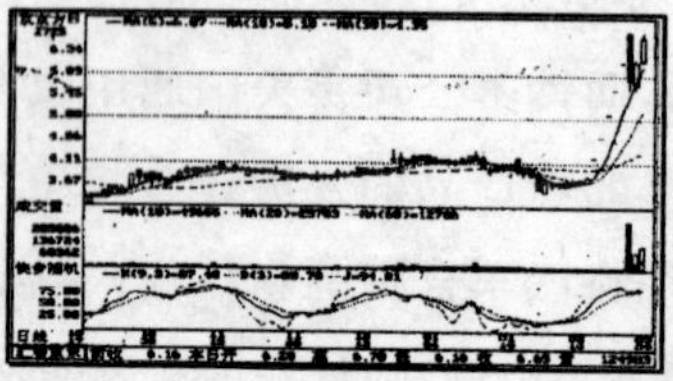

型真空微电子器件及精密电子零件与材料五大类。公司发展潜力巨大。2000 年涨幅:50%。目前 A、B 股股价差比为 4.3 倍。操作建议:大胆买入,长线持有。

国泰君安证券研究所:增发资金除部分用于现有项目和合资公司的扩产外,大部分都投向了 IT 相关领域。同时,公司又公告组建三个合资公司,分别致力于光电子、移动科技和数码视像。但短期盈利格局将继续保持。

鲁泰 B 股(2726):流通股 8 000 万,收益 0.209,净资产 5.98。A 股定位不低,AB 股价差有望继续接近。

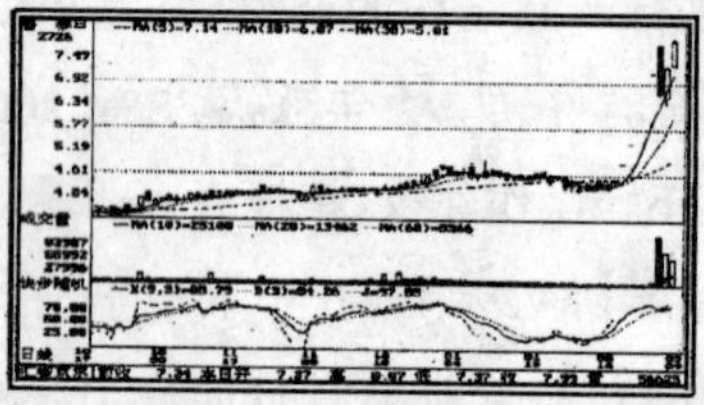

平安证券综合研究所:该公司主营棉涤纶纱、色织布、衬衣、服装饰品、保健内衣的生产销售,公司业绩稳定,成长性良好。公司 2000 年增发 5 000 万股 A 股,募集资金主要用于年产色织布 3 300 万米和 4 500 万米的技改项目。去年涨幅:54.25%,目前 A、B 股相差倍数为 3.43 倍。操作建议:长期持有。

国泰君安证券研究所:公司生产的高档色织布近几年在

国际市场一直畅销不衰。到2004～2005年公司生产规模将达到:纺纱105,000锭,年产色织布5 800万米,服装500万件。而届时正值我国加入WTO后纺织品取消配额之时,机遇难得。

本钢板B股(2761):流通股40 000万,收益0.1804,净资产2.8994。盘子大,业绩不错,绝对价位不算高。

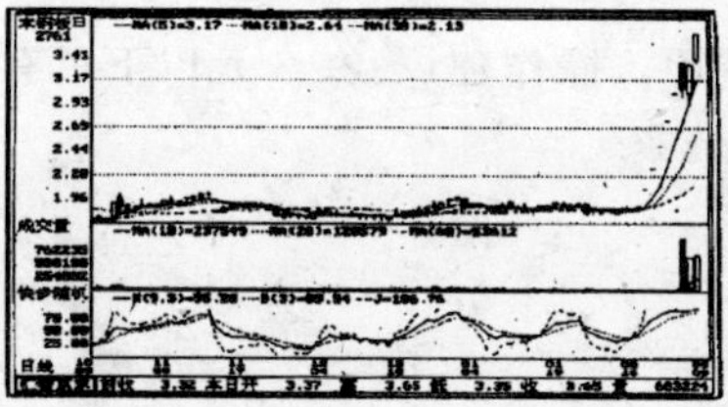

平安证券综合研究所:公司主营热轧板材的生产和销售。2000年本溪市政府减赋,使本钢留利9亿元;债转股,本钢将卸掉近30亿元的历史包袱。轻装前进使本钢发展后劲十足。去年涨幅51%,目前A、B股相差倍数为3.98倍。操作建议:现价买入。

国泰君安证券研究所:公司通过大规模的技术改造,将使其板材生产线的工艺装备水平大幅提高,生产成本大大降低,公司的整体实力和产品市场竞争力显著增强。但公司效益的好坏最终决定于市场价格的走势。如板材市场价格能够止跌起稳的话,2001年公司的效益将在去年的基础上继续保持稳步增长态势。

武锅B股(2770):流通股12 500万,收益0.004,净资产1.66。纯B股之一,绝对价位低,继续"补涨"。

平安证券综合研究所:主营各类锅炉和压力容器的生产及销售,行业景气度不高,获利能力较差。公司在环保方面

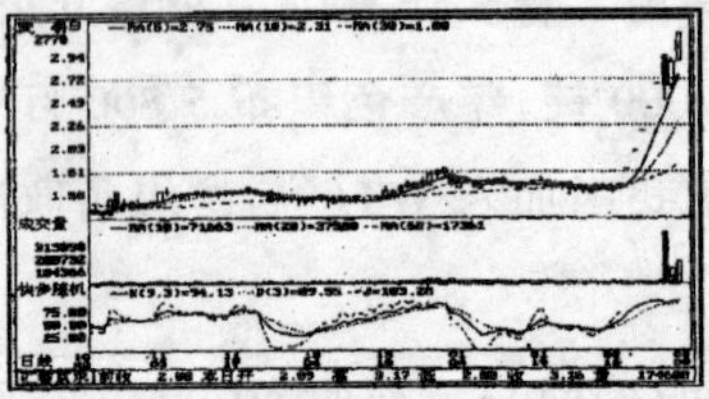

的研究具有一定的技术优势,有广阔的市场前景。公司每股净资产1.66元。2000年涨幅:62.1%,2001年2月19日收盘价为1.65港币。操作建议:在3元以下具有较高的投资价值。

北京科文剑桥图书有限公司

1. 欢迎您到当地新华书店购买本公司的书。

2. 邮购　单次邮购金额须超过人民币50.00元，免邮费。在收到您的订单3个工作日内，我公司即平邮发出。如需特快，请另付费。

3. 缺书　如果您所订的书籍在20天内仍缺货，我们会马上退款。

4. 换书　您收到的书如有质量问题，我们将免费为你调换。请10天之内，将图书和发票一起寄回本部。我们收到退书，将在3个工作日内为你换发。

5. 汇款、联系地址：

北京市东城区安定门外大街208号三利大厦（100011）

北京科文剑桥图书有限公司

E-Mall：Zhujianxia@Beijingkewen. com

6. 服务热线 010－64203023

版别	书名	著（译）者	定(估)价	出版日期
新书推荐				
北大科文	经济学:原理、问题对策		126.00元	2001.1
中国标准	别忘了，我们都是人——马斯洛论管理	[美]阿伯拉海姆·马斯洛	24.00元	
中国标准	从最差到第一	[美]贝休恩	22.00元	
中国标准	把公司搬上网	[美]乔纳森·伊佐	36.00元	2001.1
中国标准	企业经营失败案例分析	[美]戴维·里克斯	14.00元	2001.1
中国标准	面试轻松过关	[美]罗恩·弗莱	14.00元	2001.1
中国标准	ISO9000质量体系实用指导	[美]戴维·霍利	28.00元	2001.1
中国标准科文	投资理念制胜	[美]迪恩·利马郎 罗成什·瓦迪伦格姆	22.80元	2001.1
中国标准科文	经营风险与危机处理	[英]迈克尔·雷吉斯特 朱迪·拉金	16.00元	2001.1
中国标准科文	零重力:高科技风险投资与上市	[美]哈蒙	45.00元	2001.1
中国标准科文	管理咨询	[美]菲利浦·萨德瑞	68.00元	2001.1
中国标准	迪斯尼原理	[美]比尔·卡波戴尔 莱恩·杰克逊	19.00元	2001.3
中国标准	用户驱动下的创新——世界上首台商用计算机的奇迹	[英]戴维·卡米纳	19.00元	2001.3
中国标准	卢茨挑战经典商业法则——克莱斯勒总裁的7条军规	[美]罗伯特·卢茨	19.00元	2001.3
全美最新工商管理权威教材系列				
北大科文	管理学	[美]贝特曼	65.00元	2001.1

续表

版别	书　名	著(译)者	定(估)价	出版日期
北大科文	财务报表分析	[美]伯恩斯坦	45.00元	2001.2
北大科文	投资学	[美]汉姆·列维	98.00元	2000.1
北大科文	财务案例	[美]W·凯斯特	65.00元	2000.1
北大科文	会计学	[美]罗伯特·N·安索尼	55.00元	2000.1
北大科文	管理会计	[美]唐·R·汉森	98.00元	2000.1
北大科文	市场营销管理	[美]约翰·A·昆克	98.00元	2000.3
北大科文	作业管理	[美]罗杰·G·施罗德	80.00元	2000.9
北大科文	战略管理	[美]亚瑟·A·汤普森	110.00元	2000.5
北大科文	财务管理分析	[美]罗伯特·G·希金斯	30.00元	2000.1三版
北大科文	产品管理	[美]唐纳德·R·莱曼	50.00元	2000.1三版
	营　销　系　列			
中国标准科文	市场调研－计划、方法与评估	[英]可罗·海格 波德·杰克逊	16.00元	2001.1
中国标准科文	公司广告运作－如何做好你的广告	[英]罗德里克·怀特	22.00元	2001.1
中国标准科文	创建销售渠道优势	[美]英伦斯·G·弗里德曼 蒂莫西·R·弗瑞	20.00元	2000.7
中国标准科文	创造永远的“酷”—儿童用品市场的营销	[美]基思·德尔·威切欧	18.00元	2000.7
中国标准科文	21世纪的营销	[荷]保尔·保斯特曼	14.00元	2000.7
宇航科文	塑造企业形象101法	[英]蒂莫西·RV·福斯特	15.00元	1999.6二版
宇航科文	口碑营销妙用101法	[美]古德弗瑞·哈瑞斯 格里格瑞·哈瑞斯	15.00元	1999.6二版
宇航科文	树立干练的专业形象101法	[英]埃勒瑞·萨姆森	15.00元	1999.6
宇航科文	获得更多商机101法	[英]蒂莫西·RV·福斯特	15.00元	1999.6二版
宇航科文	获得更多利润101法	[英]大卫·李	15.00元	1999.6二版
宇航科文	增加顾客满意度101法	[英]蒂莫西·RV·福斯特	15.00元	1999.6二版
宇航科文	产品经理手册	[英]林达·葛彻尔斯	24.00元	2000.1二版
宇航科文	赊销管理手册	[英]波特·爱德华	28.00元	2000.1二版
宇航科文	美国市场协会顾客满意手册	[美]阿伦·杜卡	19.00元	2000.1二版
宇航科文	低费用的市场营销	美国商场协会编	19.00元	1999.6二版
宇航科文	顾客服务技巧	英国市场协会编	19.00元	1999.6二版
宇航科文	产品经理的营销计划	[美]唐纳德·R·莱曼	16.00元	2000.1
宇航科文	销售明星秘诀	[美]巴里·J·法伯	10.00元	2000.1
宇航科文	如何制定营销计划	[美]约翰·韦斯特伍德	12.00元	2000.1
工商科文	3000＝1“诺氏”连锁销售经典	[美]罗伯特	15.00元	1999.6二版

续表

版别	书　　名	著(译)者	定(估)价	出版日期
管　理　系　列				
中国标准	即时制管理	[英]大卫·哈钦斯	22.00元	2000.1
中国标准	企业教练法—利用转换式教练法创建高效的企业文化	[美]托马斯·G·克兰	12.00元	2000.1
中国标准	商战之魂—战略管理的定性与定量	[英]苦热·瓦斯康塞洛斯·伊·萨	14.00元	2000.1
中国标准	招兵买马—现代企业招聘过程	[美]凯文·C·克林维克斯	14.00元	2000.1
中国标准	造就卓越的咨询顾问	[美]杰伊·A·贝切斯	18.00元	2000.1
中国标准	绩效管理	[美]罗伯特·马克沃	16.00元	2000.1
中国标准	员工激励	[美]安妮·布鲁斯	16.00元	2000.1
中国标准	ISO9000管理体系手册	[美]詹姆斯·S·戴维斯	15.00元	2000.1
大百科	价值评估—公司价值的衡量和管理	[美]科普兰科勒	36.00元	2000.1
大百科	质量铄金—企业竞争致胜的武器	[美]隆美尔·布吕克	22.00元	2000.1
大百科	协作型竞争——全球市场的战略联营与收购	[美]布利克	22.00元	2000.1
宇航	成功的职业经理手册	[美]奈杰尔·李纳克尔	19.00元	1999.6二版
宇航	企业管理表格手册	英国企业管理协会	45.00元	1999.6二版
宇航	服务业国际标准手册	[英]布赖恩·罗瑟瑞	18.00元	1999.6二版
宇航	成为更出色的经理	[英]迈克尔·阿姆斯特朗	26.00元	1999.6二版
宇航	24小时经营计划	[英]罗恩·约翰逊	19.00元	1999.6二版
宇航	经理备忘录	[英]大卫·富林曼特	19.00元	2000.1
宇航	卓越管理的新思维:理念、工具和人	[英]尼尔·M·格拉斯	28.00元	2000
宇航	设计最好的公司	[美]约翰·辛格	15.00元	2000.1
宇航	减低项目风险	[英]拉尔夫·L·克莱因 欧文·S·路丁	18.00元	1999.4
建材	本田动力	[美]大卫·尼尔森	19.00元	1999.12
沟　通　系　列				
中国标准	成功的会务组织	[美]安·J·博姆	15.00元	2000.1
宇航	谈判要点	[英]盖温·肯尼迪	29.00元	1999.6二版
宇航	秘书如何与老板共事	[英]伊丽莎白·库克	10.00元	1999.6二版
宇航	老板如何与秘书共事	[英]德布勒·欧科克	10.00元	1999.6二版
宇航	成功的商务推介	[英]乔伊斯·库什	20.00元	2000.1二版
宇航	不不为赢—如何婉言说不	[美]艾伦·亚瑟罗德 吉姆·杰荷	9.00元	1999.5
宇航	时来运转—有效管理你的时间	[美]艾伦·亚瑟罗德 吉姆·杰荷	9.00元	1999.5
宇航	傲客看招—如何对付难缠的人	[美]艾伦·亚瑟罗德 吉姆·杰荷	9.00元	1999.5

续表

版别	书　　名	著(译)者	定(估)价	出版日期
		求　职　系　列		
宇航	精通英语面试	[美]克里斯托弗·帕森斯	18.00元	2000.1
宇航	外企面试中常见问题(中英文对照)	[美]约翰·凯德	16.00元	2000.5
宇航	叩开外企之门——全美101份最佳求职简历	[美]杰伊·艾·布洛克	29.00元	2000.5
		金　融　系　列		
宇航	全球证券市场风险及监管	[英]里查德·戴尔	28.00元	2000.1
		财　务　系　列		
宇航	中小企业财务管理——发展中的控制	[英]科林·科罗	18.00元	2000.5
宇航	财务报表分析及案例	[美]S·B·科斯特斯 盖泽·斯泽罗威	18.00元	2000.5
		证券点金丛书		
工商	笑傲股市	[美]威廉·奥尼尔	26.00元	1999.5三版
宇航	专业投机原理	[美]维克多·斯波朗迪	58.00元	2000.9
宇航	固定收益证券	[美]布鲁斯·塔克曼	26.00元	2000.9
宇航	混沌操作法	[美]比尔·威姆	19.00元	2000.9
宇航	股票K线战法	[美]史蒂夫·尼森	34.00元	2000.6
标准	世纪炒股赢家—共同基金之父罗伊·纽伯格	[美]罗伊·纽伯格	19.00元	2000.1
标准	谁执股市与政坛牛耳—华尔街投资大师马鲁克传奇	[美]詹姆斯·格兰特	28.00元	2000.1
		著名总裁谈经营管理系列		
宇航	品牌分销与资本运作——可口可乐CEO戈伊祖塔的超级管理魔方	[英]戴维·格里森	26.00元	2000.1二版
宇航	传媒业的创新经营——《今日美国报》创办人努哈斯谈一本万利经营	[美]艾尔·努哈斯	22.00元	2000.1二版
宇航	特许经营为何物——汉堡王总裁谈加盟式连锁经营	[美]吉姆·W·麦克拉摩	22.00元	2000.1二版
宇航	整合并购企业——人事总裁谈用人之道	[英]沃拉德	24.00元	2000.1
宇航	遭遇家族企业——威利食品公司总裁的企业变革论	[英]沃德	19.80元	2000.1
工商	娱乐业的扩张经营——派拉蒙公司总裁迪勒现身说法	[美]乔治·梅尔	19.80元	2000.1二版
工商	信息产业的适者生存战略——布隆伯格的金融信息经营之道	[美]麦克·布隆伯格	15.00元	2000.1二版
工商	兼并经典——震惊华尔街的伟恩投资策略	[美]盖尔·迪乔治	19.80元	2000.1二版
知识	甜苹果？酸苹果？——苹果电脑公司总裁的500天	[美]吉尔·阿米里奥	19.00元	1999.6

续表

版别	书　　名	著(译)者	定(估)价	出版日期
信息经济系列				
中国标准	网际搏杀——网景微软生死之争	[美]迈克尔·卡苏曼诺大卫·约菲	28.00元	2000.1
中国标准	新经济规则——硅谷新生代重新洗牌	[美]卡伦·索斯威克	19.00元	2000.1
建材	数字化经济——电子商业的七大网络趋势	[美]查克·马丁	19.00元	1999.6
赚钱之神系列				
中国经济	邱永汉——理财秘诀	邱永汉	10.80元	2000.12
中国经济	邱永汉——赚钱自传	邱永汉	12.80元	2000.12
中国经济	邱永汉——谈赚钱秘诀	邱永汉	12.80元	2000.12
中国经济	邱永汉——谈创业之道	邱永汉	14.80元	2000.12
中国经济	邱永汉——股票入门	邱永汉	12.80元	2000.12